PROKLA 164

Kritik der Wirtschaftswissenschaften

PROKLA-Redaktion: Editorial 340

Hans-Peter Büttner: Kritik der herrschenden ökonomischen Lehre
Der ökonomiekritische Diskurs des Cambridge Ökonomen Piero Sraffa .. 347

Hanno Pahl: Textbook Economics: Zur Wissenschaftssoziologie
eines wirtschaftswissenschaftlichen Genres 369

Leonhard Dobusch / Jakob Kapeller: Wirtschaft, Wissenschaft und Politik:
Die sozialwissenschaftliche Bedingtheit linker Reformpolitik 389

Katharina Mader / Jana Schultheiss: Feministische Ökonomie –
Antworten auf die herrschenden Wirtschaftswissenschaften? 405

Katrin Hirte / Walter Ötsch: Institutionelle Verstetigung von
paradigmatischer Ausrichtung – Das Beispiel Sachverständigenrat 423

Vanessa Redak: Europe's next model: Zur Bedeutung von
Risikomessmodellen in Finanzmarktlehre, -aufsicht und -industrie 447

Luise Görges, Ulf Kadritzke: Corporate Social Responsibility –
vom Reputationsmanagement zum politischen Projekt 459

Außerhalb des Schwerpunkts

Philippe Kellermann: Anarchismus-Agnolismus. Über die misslungene
Inszenierung eines libertären Marx im „Marxismus-Agnolismus" 487

Summaries 509

Zu den AutorInnen ....

PROKLA-Redaktion

Editorial: Kritik der Wirtschaftswissenschaften

Die Finanzkrise der Jahre 2008/2009 und die folgende Wirtschaftskrise hat nicht nur die Ökonomie, sondern auch die herrschende ökonomische Theorie erschüttert. Weitgehend deregulierte Finanzmärkte, nach neoklassischer Lehre der Gipfel ökonomischer Effizienz, stürzten in kürzester Zeit in eine tiefe Krise. Nur durch umfangreiche staatliche Bürgschaften und Finanzspritzen für Großbanken – ganz im Widerspruch zu den bis dato weithin geteilten marktradikalen Glaubenssätzen – konnte ein weitgehender Zusammenbruch des internationalen Finanzsystems verhindert werden. Die analytische Hilflosigkeit der Neoklassik war angesichts der Krise offensichtlich, so manche Auftritte ihrer Vertreter wirkten nur noch peinlich. Angesichts der enormen Konjunkturprogramme, mit denen die USA, Deutschland und andere Staaten auf die Finanzmarkt- und Wirtschaftskrise reagierten, sahen manche Beobachter schon eine Renaissance des Keynesianismus am Horizont. In manchen Medien erinnerte man sich sogar wieder der Marxschen Theorie, die immer schon argumentiert hatte, dass Krisen notwendigerweise zum Kapitalismus gehören.

Geschadet hat dies alles der Neoklassik aber nicht sehr viel. Der Ruf ist zwar etwas angeschlagen. Dass der Markt die Beste aller möglichen Welten liefert, dass die Privatisierung staatlicher Unternehmen automatisch zu mehr Effizienz und höherem Wohlstand führe, lässt sich in der Öffentlichkeit nicht mehr genauso leicht vertreten wie noch vor ein paar Jahren. Heterodoxe, keynesianische und an Marx orientierte Stimmen sind etwas lauter geworden. Aber institutionell, an Hochschulen, in Forschungsinstitutionen, in Beraterstäben ist die Dominanz der Neoklassik ungebrochen – sowohl auf der „Angebots"- als auch auf der „Nachfrageseite".

Seit Jahren steht die Betriebswirtschaftslehre in der Beliebtheit der Studierenden an deutschen Hochschulen unangefochten auf Platz eins. Mehr junge Menschen denn je ziehen sie den Rechtswissenschaften oder der Medizin vor und selbst bei jungen Frauen rangiert sie inzwischen weit vor der früher favorisierten Germanistik. Die wenigsten der angehenden Manager, Finanz- und Unternehmensberater entscheiden sich aus Neigung oder Interesse für dieses Studium, sondern meist, weil sie sich davon prestigeträchtige Berufe und ein relativ hohes Einkommen versprechen. Innerhalb der Wissenschaftscommunity wird dem Fach der wissenschaftliche Charakter zwar oftmals abgesprochen, da weite Teile davon weder theoretisch noch empirisch höhere Ansprüche verfolgen, sondern in erster Linie auf Klassifizierungen und Handlungsempfehlungen ausgerichtet sind. Häufig werden etwa „Kundenorientierung", „Intrapreneurship", „Corporate Branding" oder „Guerilla-Marketing" als Patentlösungen vermarktet, ohne auf die Grenzen und inneren Widersprüche derartiger Konzepte auch nur ansatzweise einzugehen. Die MBA-Ausbildung (*Master of Business Administration*), quasi die

Königsdisziplin der Manager-Ausbildung, wird selbst intern von manchen kritisiert, weil komplexe Realitäten auf Kennzahlen reduziert werden, die schnelle Entscheidungen ohne Kenntnis des wirtschaftlichen und sozialen Kontextes ermöglichen sollen. Genauso unkritisch wie solche Inhalte von vielen Lehrenden präsentiert werden, werden sie auch von den meisten Studierenden akzeptiert.

Die Popularität des Fachs ist Symptom eines gesellschaftlichen Zustandes, in dem betriebswirtschaftliche Rezepturen nicht auf die Gestaltung der Wirtschaft beschränkt bleiben, sondern ebenso auf Kultur und Bildung oder den Sozialstaat angewendet werden sollen – die Tendenz zur „Verbetriebswirtschaftlichung" wurde bereits in PROKLA 148 (2007) thematisiert. Die Akteure in den Mittelpunkt zu rücken und Märkte als effizienteste Form für die Allokation von Ressourcen zu propagieren, gehört für die Volkswirtschaftslehre zum Traditionsbestand des Faches. Doch war die fortgesetzte Dominanz der Neoklassik in den letzten Jahrzehnten auch mit einer Neugewichtung wirtschaftswissenschaftlicher Schwerpunkte verbunden. Gegenüber der Makroökonomie, die in ihren keynesianischen Varianten stets im Verdacht stand, den Weg des reinen Glaubens an den Markt ein Stück weit zu verlassen, hat die Mikroökonomie stark an Terrain gewonnen. Dabei hat sich die Mikroökonomie durchaus als lernfähig erwiesen hat, indem sie sich vom Idealtyp des *homo oeconomicus,* dieser unablässig ständig ihren Nutzen oder Gewinn kalkulierenden Rechenmaschine auf zwei Beinen, weitgehend verabschiedet hat. Dass Menschen über begrenzte Informationen verfügen, in ihrem Verhalten von anderen abhängen und kulturelle Prägungen aufweisen, war in der Soziologie seit jeher Gemeingut, hat sich nun aber auch bei den *behavioral economics* herumgesprochen und Spezialisierungen wie die *behavioral finance* bieten neue Erkenntnisse zum Verhalten der Akteure auf den Finanzmärkten an. Die Einsicht, dass sich diese Akteure keineswegs immer zweckrational verhalten (können), sondern unter Umständen „risikoavers" sind, für Informationen ein „cognitive framing" anwenden und häufig ein „Herdenverhalten" an den Tag legen, bedeutet zweifellos eine Annäherung an die Realität. Dennoch erweisen sich derartige Erklärungen, mit denen Zusammenhänge der Gesellschaft auf „irrationale" psychische Dispositionen ihrer Mitglieder reduziert werden, als halbherzig, da sie die strukturellen Momente kapitalistischen Wirtschaftens ausblenden – etwa den Druck, unter dem viele dieser Akteure stehen, auf deregulierten Märkten und unter der Peitsche der Konkurrenz kurzfristig Profite zu maximieren. Zweifellos handeln sie dabei unter Unsicherheit, können aber – soweit sie wie Banken über eine gewisse Machtposition verfügen – davon ausgehen, dass es ihnen gelingen wird, die Risiken fehlgeschlagener Kalküle auf schwächere Marktteilnehmer oder den Staat abzuwälzen. Insofern wären nicht nur systemische Zwänge der Orientierung am Profit, sondern auch unterschiedliche Handlungsspielräume der Akteure und gesellschaftliche Machtverhältnisse zu analysieren, Dimensionen, die von der modernisierten Mikroökonomie geflissentlich ausgeblendet bleiben, wenn sie von einer Bilderbuchwelt formal und faktisch gleichgestellter Akteure ausgeht.

Dabei ist der Vorwurf der Realitätsferne an die Adresse der dominanten Volkwirtschaftslehre alles andere als neu. Hans Albert erhob ihn bereits in den 1960er Jahren gegenüber einer Wissenschaft, die sich in der Konstruktion von eleganten Modellen gefiel, in denen sämtliche Akteure stets rational handelten und die

Wirtschaft ein System von Anpassungen und wiederkehrenden Zuständen des Gleichgewichts darstellte, das allenfalls von außen gestört werden konnte – er bezeichnete diese Realitätsverweigerung als „Modellplatonismus". Gekontert wurden solche Argumente mit der Behauptung, man befinde sich halt erst am Anfang eines noch langen, aber durchaus erfolgversprechenden Forschungsweges – eine Behauptung, die auch noch vier Jahrzehnte und mehrere Krisen später mit dem gleichen Recht wiederholt wird.

Wesentlich stärker als die bloß formale Kritik am Modellplatonismus ist eine Kritik, die sich inhaltlich auf die Neoklassik bezieht. Dazu gibt es prinzipiell zwei unterschiedliche Ansatzpunkte. Man kann einerseits eine an der Marxschen Kritik der politischen Ökonomie orientierte Kritik neoklassischer Grundkategorien leisten oder aber immanent aufzeigen, dass die Neoklassik nicht einmal ihre eigenen Erkenntnisansprüche erfüllen kann: Für die Gültigkeit zentraler Aussagen der Neoklassik bedarf es nicht nur der üblichen, wirklichkeitsfremden Abstraktionen, die oben schon erwähnt wurden, man muss noch weitergehen und eine „Ein-Gut-Ökonomie" voraussetzen (d.h. eine Ökonomie, in der mit nur einer einzigen Art von Kapitalgütern produziert wird). Bereits bei einer „Zwei-Gut-Ökonomie" erweisen sich beliebte Lehrsätze als falsch, wie etwa der, dass Reallohnsatz und Umfang der Beschäftigung in einem inversen Verhältnis zueinander stehen, woraus dann abgeleitet wird, dass der Beschäftigungsstand nur erhöht werden kann, wenn die Lohnsätze (oder auch die Lohnnebenkosten) sinken.

Deutlich wurden solche Defizite in der sogenannten Cambridge-Cambridge-Debatte (Cambrigde USA versus Cambridge England), die in den 1960er Jahren auf die Veröffentlichung von Piero Sraffas *Production of Commodities by Means of Commodities* folgte. Weithin bekannt sind die logischen Inkonsistenzen der neoklassischen Theorie deshalb aber noch lange nicht. *Hans-Peter Büttner* resümiert in seinem Beitrag die zentralen Punkte dieser Kritik an der Preis-, Kapital- und Wettbewerbstheorie. Allerdings blieb auch sie für die Neoklassik weitgehend folgenlos. Derselbe Paul Samuelson, der als Hauptvertreter der Neoklassik in der Cambridge-Cambridge-Debatte in einem Zeitschriftenbeitrag einräumen musste, dass bis dahin vertretene zentrale Positionen nicht mehr haltbar sind, legte die widerlegten Positionen sowohl vor als auch nach dieser Kontroverse seinem auch heute noch einflussreichen Lehrbuch der Volkswirtschaftslehre zugrunde. Dass die Studierenden der Volks- oder Betriebswirtschaftslehre während ihres Studiums überhaupt etwas von der Existenz der Debatte und den Inkonsistenzen der Neoklassik hören, ist eine eher seltene Ausnahme. Im akademischen Unterricht und in den allermeisten Lehrbüchern ist es verpönt sich mit solchen Fragen auseinanderzusetzen.

Das zeigt sich deutlich, wenn *Hanno Pahl* die Gattung der nationalökonomischen Lehrbücher unter die Lupe nimmt. Bemerkenswert an ihnen ist sowohl ihr hoher Grad an Standardisierung wie auch, dass sie meist zwar nicht dem Forschungsstand der Disziplin entsprechen, dennoch entscheidend dazu beitragen, den hegemonialen Wissensstand als Kanon abzusichern und zu legitimieren. Diese *Textbook Economics* markieren nicht nur den Wissenshorizont der Studierenden der Volkswirtschaftslehre, so wie er in den einschlägigen Modulen vorgezeichnet wird, sondern ebenso denjenigen der eingangs genannten immer zahlreicheren Studierenden der Betriebswirtschaftslehre, die angesichts der Überfülle an Stoff in den übrigen Fächern noch weniger Chancen haben, hierzu jemals eine kritische Distanz zu finden.

Weitere Bausteine zur Erklärung für die institutionelle Absicherung der Neoklassik werden von *Leonhard Dobusch* und *Jakob Kapeller* bereitgestellt. Sie untersuchen das Verhältnis von Orthodoxen und Hetererodoxen in der ökonomischen Forschung und Lehre. Die Gegenüberstellung dieser beiden Gruppen knüpft an historische Kämpfe der katholischen Kirche gegen Abweichler und Ketzer an. Wenn auch der Scheiterhaufen heutzutage zur Ausgrenzung Andersdenkender nicht mehr üblich ist, so erweisen sich die Methoden des orthodoxen Mainstreams gleichwohl ebenfalls als äußerst wirksam: die Verhinderung von Pluralismus und offenen Debatten durch schlichtes Ignorieren der Heterodoxen, insbesondere durch Nicht-Zitieren in wissenschaftlichen Journalen und durch Nicht-Berufungen auf einschlägige Lehrstühle. Auch die beliebten Zeitschriften-Rankings zeigen hier einen weiteren Verstärkungs-Effekt des „methodischen Monismus" im Rahmen des vorherrschenden Paradigmas. Zu den Abweichungen, die der Mainstream allenfalls mit scheelem Blick betrachtet, gehört auch die von *Katharina Mader* und *Jana Schultheiss* portraitierte feministische Ökonomie, so wie sie sich seit den 1970er Jahren entwickelt hat. Die Autorinnen betonen, dass diese kein geschlossenes System darstellt, sondern eine große Variationsbreite aufweist, da ihr verschiedene feministische wie ökonomische Ansätze zugrunde liegen. Dennoch gibt es einen gemeinsamen Ausgangspunkt, nämlich die Kritik an der Vorstellung, Wirtschaft sei geschlechtsneutral. Sobald diese unzulässige Vereinfachung aufgegeben wird, erscheinen bisherige Leerstellen in einem neuen Licht – etwa formelle und informelle Macht- und Herrschaftsverhältnisse oder die Frage der Reproduktion einer Gesellschaft und der damit verbundenen Arbeit – Ergebnisse, die sich bisher vor allem im Bereich der Arbeitsmarktökonomie als schlüssig erwiesen haben und bei denen es sich keineswegs nur um „Frauenthemen" handelt, sondern mit denen allgemeine Unzulänglichkeiten der herrschenden ökonomischen Theorie aufgedeckt werden.

Die Dominanz der Neoklassik hat nicht nur Bedeutung für das akademische Leben, sondern auch für die reale wirtschaftliche Praxis von Staat und Unternehmen, wie in drei ausgewählten Bereichen gezeigt wird. *Katrin Hirte* und *Walter Ötsch* fragen danach, wie sich der jeweilige ökonomische Mainstream in den Gutachten des „Sachverständigenrats zur Begutachtung der gesamtwirtschaftlichen Entwicklung" Deutschlands (SVR), dem wichtigsten wirtschaftspolitischen Beratungsgremium der Bundesregierung, niederschlägt. Unter anderem haben bestimmte Lehrer-Schüler-Verhältnisse an den Universitäten dafür gesorgt, den monolithischen Charakter der Volkswirtschaftslehre zu befestigen und als Grundlage für wirtschaftspolitische Weichenstellungen der Bundespolitik zu legitimieren. *Vanessa Redak* widmet sich der besonders engen Verschränkung zwischen universitärer Forschung, dem Wandel der Bankenpraxis und der Politik von Aufsichtsbehörden, wie sie seit den 1990er Jahren für den Bereich der Finanzmärkte entstanden ist. Der Siegeszug der „quantitativen Risiko-Messmodelle" wurde von der Wissenschaft befördert, durch Nobelpreise mit höheren Weihen versehen und durch Aufsichtsbehörden institutionell verankert. Dieser Prozess hat innerwissenschaftlich zwar auch eine Reihe von kritischen Stimmen auf den Plan gerufen, die methodische Mängel und erhebliche systemische Probleme der zunehmenden Verbreitung solcher Modelle nachgewiesen haben; das dramatische Versagen dieser Modelle wurde spätestens in der weltweiten Finanzkrise der letzten Jahre mehr als deutlich. Trotz aller gegenläufiger Erfahrung gelten „Stresstests" der Politik jedoch nach wie vor als bevorzugtes Mittel zur Bändigung der Finanzmärkte. *Luise Görges* und *Ulf Kadritzke* greifen einen weiteren *shooting star* der neueren wirtschaftswissenschaftlichen Diskussion und unternehmerischen Praxis auf, die „Unternehmensethik" oder *corporate social responsibility*. International agierenden Konzernen wurde in den letzten Jahrzehnten durch *non-governmental organizations* zunehmend öffentlichkeitswirksam vorgehalten, sie würden ökologische und soziale Standards sowie Menschenrechte missachten. Die Konzerne reagierten auf ihre Weise, indem sie Selbstverpflichtungen eingingen, gelegentlich punktuelle Verbesserungen vornahmen, vor allem aber mit wissenschaftlicher Begleitung eine CSR-Industrie ins Leben riefen, die ihnen laufend Persilscheine ausstellt. Dies wirft auch für dieses modische Aktivitätsfeld die Frage auf, inwieweit Gesellschaften es einigen wenigen, wirtschaftlich äußerst mächtigen Akteuren überlassen wollen, die Interessen und Angelegenheiten ihrer Stakeholder nach eigenem Gutdünken in unternehmerische Strategien aufgehen zu lassen und gleichzeitig den Abbau staatlicher und überstaatlicher Regelungen weiter zu forcieren.

Außerhalb des Schwerpunkts schließt *Philippe Kellermann* mit seinem Beitrag an die in PROKLA 160 und 162 zwischen Jan Schlemermeyer und Alex Demirović geführte Debatte über Agnolis „Kritik der Politik" an. Gegenüber dieser Debatte nimmt Kellermann allerdings einen interessanten Perspektivenwechsel vor, indem er die libertären Positionen, die Agnoli Marx zuschreibt, viel eher im Anarchismus eines Bakunin verortet.

PROKLA 165 Gesellschaftstheorie und Gesellschaftskritik heute (Dezember 2011)

Im Anschluss an Marx wurden zwar die kapitalistischen Produktionsverhältnisse vielfach untersucht, der Zusammenhang zwischen der Ebene der Produktionsverhältnisse und den Ungleichzeitigkeiten der Entwicklung der jeweiligen Gesellschaften, den Klassenstrukturen, Geschlechterverhältnissen, Formen politischer Herrschaft, den Selbstverhältnissen der Individuen etc. wurde häufig nur mehr oder weniger oberflächlich aufgegriffen. Erst in den letzten Jahrzehnten wurde dieser Zusammenhang verstärkt zum Thema gemacht, doch scheint es noch immer schwierig zu sein die Kluft zu überwinden. Während sich die Kritik der politischen Ökonomie in der Analyse der jüngsten Finanzmarkt- und Wirtschaftskrisen durchaus auf der Höhe der Zeit befindet, bleibt die Analyse der gegenwärtigen sozialen Verhältnisse, Entwicklungsalternativen und Konflikte weit zurück. Die Debatten über die Kritik der politischen Ökonomie, über verschiedene Formen der Ungleichheit, über Geschlechterverhältnisse, Rassismus, über sexuelle Orientierungen, über Jugendkulturen, Alltagswelten oder Formen der Sozialkritik verlaufen weitgehend getrennt voneinander.

Materialistische Gesellschaftstheorie und -kritik muss aber versuchen, den Zusammenhang der verschiedenen Formen von Herrschaft ebenso wie die Möglichkeiten der Emanzipation zu analysieren. Welche Begrifflichkeiten, welches Verhältnis von Theorie und Kritik ist aber dazu nötig? Wie ist heute am Subjekt als Bezugspunkt emanzipatorischer Praxis anzusetzen? Was ist heute materialistische Gesellschaftstheorie und in welchem Verhältnis steht sie zu dem weiten Feld poststrukturalistischer Theorien? Was macht gegenwärtig Ansätze wie die von Rancière, Žižek, Badiou so attraktiv? Die Diskussion über diese und verwandte Fragen soll in dem Heft geführt werden.

Hans-Peter Büttner

Kritik der herrschenden ökonomischen Lehre
Der ökonomiekritische Diskurs des Cambridge-Ökonomen Piero Sraffa

Die Wirtschaftswissenschaften werden heute von der ökonomischen Lehre der sog. „Neoklassik" dominiert, welche in ihrem gültigen Kern in den siebziger Jahren des 19. Jahrhunderts entstand und deren rascher, globaler Siegeszug bis heute alternative Entwürfe zu einem akademischen Nischen-Dasein verdammt.[1] Die Grundaussagen dieses Lehrgebäudes beschränken sich in ihrer Relevanz freilich nicht auf eine von der gesellschaftlichen Praxis getrennte Existenz im „akademischen Elfenbeinturm", sondern liefern den theoretischen Hintergrund der konkreten wirtschaftspolitischen Konzepte und der Interpretationen globaler Krisenphänomene. Keine Bundestagsdebatte und keine Kontroverse über Mindestlöhne oder Wirtschafts- und Finanzkrisen wäre ohne implizite oder explizite Bezugnahmen auf die neoklassische Lehre denkbar. Die Neoklassik stellt freilich ein höchst fragiles Konstrukt dar, das an klar identifizierbaren logischen Fehlern bereits im Fundament krankt. Der vorliegende Aufsatz beschränkt sich auf die möglichst gemeinverständliche Darstellung der theorie-immanenten Konstruktionsfehler dieses Modells, soweit sie von der an Piero Sraffas Werk orientierten neoricardianischen Schule der Nationalökonomie in mehreren Etappen herausgearbeitet wurden. Der Text unterteilt sich deshalb in drei Teile, welche drei historische Debatten zur neoklassischen Theorie behandeln und dabei auch kurze Hinweise auf die aktuelle Relevanz dieser Kontroversen geben.

1 Theoriegeschichtlich ist natürlich klar, dass die moderne Neoklassik auf bestimmten Theoremen früherer Ökonomen aufbaut, welche allerdings nur isolierte, eher rudimentär formulierte Einzelelemente der späteren Lehre vorwegnahmen (vgl. dazu Söllner 2001: 51). Die drei exponiertesten Gegenentwürfe zur Neoklassik sind die an Karl Marx orientierte Kritik der Politischen Ökonomie, die von Piero Sraffa gegründete neoricardianische Schule und der Keynesianismus. Selbstverständlich sind diese Schulen in sich heterogen und haben sich auch teilweise miteinander zu „Synthesen" verbunden. Es gibt auch wiederum Teilsynthesen dieser Schulen mit der Neoklassik, z.B. den „Analytischen Marxismus" als Verbindung des Marxismus mit neoklassischen Elementen oder die „neoklassische Synthese" als genuin neoklassische Formalisierung und Adaption der (von der Neoklassik unterstellten) Keynesschen Grundaussagen.

PROKLA. Verlag Westfälisches Dampfboot, Heft 164, 41. Jg. 2011, Nr. 3, 347–368

1. Die Kostenkontroverse

§ 1. Ökonomische Standard-Lehrbücher beginnen in aller Regel mit einigen allgemeinen Erwägungen über menschliche Bedürfnisse, die Knappheit der zu ihrer Befriedigung vorliegenden Ressourcen und die Notwendigkeit rationalen Wirtschaftens angesichts dieser existentiellen Ausgangssituation. Im nächsten Schritt werden dann der Markt als Ort der effizientesten Allokation der in Privatbesitz befindlichen Güter und die Einteilung der Marktsubjekte in Haushalte und Unternehmen eingeführt, wobei die Haushalte durch Sparen (als Alternative zum Konsum) den Unternehmen die Produktionsfaktoren abtreten, damit diese wiederum für die Haushalte jene Güter produzieren können, welche in aller Regel nicht geeignet sind für die haushaltsinterne Produktion. Schließlich einigen sich Unternehmen und Haushalte auf dem Markt auf markträumende Preise, so dass über diese Preise – verstanden als „Knappheitsindices" der Güter – Angebot und Nachfrage zum Ausgleich gebracht werden.[2] Ein solches Angebots-Nachfrage-Diagramm – nach seinem „Urvater" *Alfred Marshall* (1842-1824) auch „Marshall'sches Kreuz" genannt – sieht dann folgendermaßen aus:

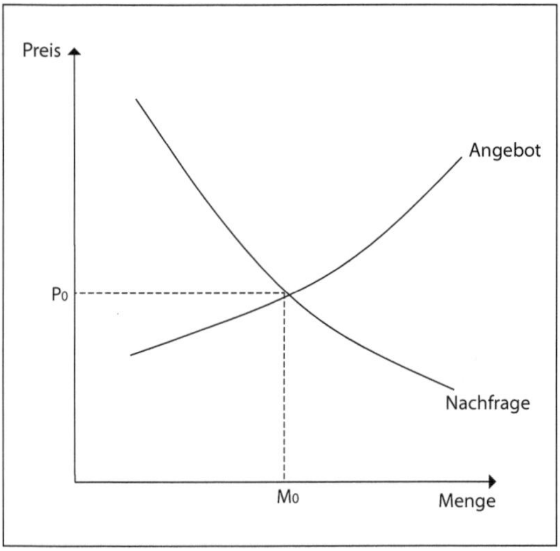

Wir sehen hier die steigende Angebots- und die fallende Nachfragekurve und ihren Schnittpunkt, dem die Menge M0 und der Preis P0 entsprechen. Dieses Schema gilt zunächst nur für einen bestimmten, „partiellen" Markt, auf dem ein gleichartiges, einheitliches Gut von konkurrierenden Unternehmen produziert wird. Man spricht deshalb auch von der *„partiellen* Gleichgewichtstheorie" im Unterschied zur *„allgemeinen* Gleichgewichtstheorie", welche alle (Teil-)Märkte gemeinsam in ihrer Wechselwirkung untersucht. Betrachten wir wiederum *ein einzelnes Unter-*

2 Als Musterbeispiele dieses logischen Aufbaus unter den unzähligen Lehrbüchern seien exemplarisch die Bücher von Samuelson/Nordhaus (2007: 20ff) und Hardes/Uhly (2007: 2ff) genannt.

nehmen dieses partiellen Marktes, dann stellt sich die Angebotskurve analog dar, während die Nachfragekurve durch eine horizontale Gerade parallel zur Mengenachse gebildet wird. Dies ist deshalb der Fall, weil sich der Preis für das einzelne, in einem „vollkommenen Wettbewerb" mit den Konkurrenten stehende Unternehmen als „äußeres Datum" darstellt, das durch die Produktionsmenge des Einzelunternehmens nicht beeinflusst werden kann.[3] Der einzelne Betrieb agiert lediglich als sog. „Mengenanpasser", der seine Angebotsmenge so auswählt, dass die Kosten der letzten produzierten Einheit mit den Erlösen durch den Marktpreis identisch sind.[4] Würde das Unternehmen mehr produzieren, wäre jede weitere Einheit teurer als der Marktpreis; würde es weniger produzieren, wäre eine weitere gewinnbringende Investition (in die nächste Einheit) nicht genutzt worden. Das Unternehmen befindet sich folglich erst im Gleichgewicht – und damit in seiner optimalen Betriebsgröße –, wenn es weder zu wenig noch zu viel produziert, sondern die effizienteste Menge. Dieses Grundmodell von Angebot und Nachfrage kann als das beständig wiederholte „Mantra" der modernen Volkswirtschaftslehre bezeichnet werden.

Der aus Italien stammende Cambridge-Ökonom *Piero Sraffa* (1898-1983) hat nun bereits in den zwanziger Jahren gezeigt, dass die sowohl für den Markt als auch das einzelne Unternehmen unterstellte steigende Angebotskurve ein äußerst fragwürdiges Konstrukt darstellt.[5] Er hat nämlich genau untersucht, auf Basis welcher Voraussetzungen die Angebotsfunktion konstruiert wird.[6] Sraffa, der selbst ursprünglich ein „Marshallianer" war, ging es um eine exakte Analyse der teils offen, teils weniger offen aufgeführten Modellannahmen, welche in die Konstruktion der Angebotsfunktion zwingend eingehen. Dieses Verfahren kann somit als eine Form der „*immanenten* Kritik" angesehen werden, denn es wird

3 Könnte das einzelne Unternehmen durch sein Produktionsvolumen den Marktpreis beeinflussen, hätte es Spielräume für monopolistische Extragewinne und die Effizienz des Marktes für die Befriedigung der Kundenbedürfnisse wäre suboptimal. Dieser wichtige Punkt wird in § 8 genauer erörtert.

4 In unserem Fall würde entsprechend die Preisgerade P0 aus Grafik 1 den für jedes Einzelunternehmen bindenden Marktpreis darstellen. Durch den Punkt, in dem die individuelle Angebotskurve die Kostengerade P0 schneidet, wird entsprechend die optimale Angebotsmenge des Unternehmens festgelegt.

5 Sraffa tat dies im Rahmen einer längeren national-ökonomischen Kontroverse im angelsächsischen Raum, der sog. „Cost Controversy".

6 Zur Kritik der – von uns hier aus Platzgründen nicht näher behandelten – neoklassischen Konsumtheorie und der in diesem Zusammenhang konstruierten Nachfragefunktion vgl. Keen/Lee (2003) und Ganßmann (2009). Eine ausführliche, sehr detaillierte Kritik aus Sicht des kritischen Rationalismus findet sich bei Albert (1998: 178ff).

zuvorderst die Konsistenz des inneren logischen Aufbaus des zu untersuchenden Theorems betrachtet.

Zunächst wäre es naheliegend anzunehmen, dass die Angebotskurve steigt, weil die Unternehmen bei steigenden Preisen mehr anbieten, da sie dann mehr Gewinn machen. Diese immer wieder auch in Lehrbüchern gegebene Erklärung[7] ist aber schlicht falsch, weil per definitionem entlang der gesamten Angebotskurve nur kostendeckend produziert wird, also die produktiven Beiträge aller beteiligten Faktoren – nämlich der Arbeitskräfte und der sachlichen Produktionsmittel – ohne einen Extragewinn ausgeschöpft werden. Kein Punkt der Kurve ist in diesem Sinn für das einzelne Unternehmen „profitabler“ als irgendein anderer. Dies bedeutet natürlich nicht, dass in der Unternehmensbilanz kein Gewinn auftauchen würde, sondern nur, dass der unternehmerische Gewinn ganz und gar „leistungsbezogen“ ist, also per definitionem den produktiven Leistungen des „Produktionsfaktors Kapital“ entspricht. An einem höheren Punkt der Angebotskurve ist also nicht der Gewinn höher, sondern vielmehr der Einsatz weniger ertragreich bzw. die Produktion zunehmend „erschöpft“. Wenn die Angebotskurve mit dem Marktpreis des produzierten Gutes steigt, dann bedeutet dies bei einem „Nullgewinn“ der ganzen Kurve entlang, dass die *Durchschnittskosten* pro Stück mit steigender Produktionsmenge ebenfalls steigen müssen – denn sonst würden in der Tat Extragewinne anfallen mit der Ausweitung der Angebotsmenge. Und genau *dieser* Kostenverlauf – mit der Produktionsmenge steigender Stückkosten – wird von den Standard-Ökonomen der neoklassischen Schule angenommen. Sehen wir uns mit Sraffas Hilfe dieses Kostenkonstrukt genauer an, um zu einer kritischen Bewertung zu gelangen.

§ 2. Es muss weiterhin bedacht werden, dass steigende Kostenfunktionen fallende Erträge und fallende Kostenfunktionen steigende Erträge implizieren. Dies deshalb, weil Erträge nichts anderes sind als das Endergebnis wirtschaftlich eingesetzter Mittel, und wenn dieser notwendige Mitteleinsatz zur Produktion einer weiteren Einheit des Endproduktes nicht konstant steigt, sondern progressiv zunimmt (bzw. degressiv abnimmt), spricht man von fallenden (steigenden) Erträgen.

In den Wirtschaftswissenschaften wurde ein derartiges Gesetz fallender Erträge (das sog. „Ertragsgesetz“, auch ausführlicher „Gesetz des abnehmenden Ertragszuwachses“ genannt) erstmals im 18. Jahrhundert von dem französischen

---

7 So schreibt beispielsweise Helmut Schneider (1998: 72) in seinen “Grundlagen der Volkswirtschaftslehre“, dass „die Angebotskurve die angegebene [nämlich steigende, H.-P. B] Gestalt hat“, weil sich „die Ausdehnung der Produktion und damit des Angebotes für ein Unternehmen umso eher lohnt, je höher der Verkaufspreis ist“.

Ökonomen *Anne Robert Jacques Turgot* (1727-1781) im Zusammenhang mit landwirtschaftlichen Studien aufgestellt. Seine moderne Form erhielt dieses Gesetz dann etwa ein halbes Jahrhundert später durch den Deutschen Agrarwissenschaftler *Johann Heinrich von Thünen* (1783-1850). Thünens grundsätzlicher Gedankengang war der, dass ein fortwährend bearbeitetes Stück Land im Laufe seiner Bewirtschaftung zuerst steigende und dann – infolge Überdüngung, Platzmangels etc. – fallende Erträge aufweisen würde. Entsprechend würden sich die durchschnittlichen Kosten pro Mengeneinheit spiegelbildlich als erst fallend und dann steigend darstellen. Graphisch veranschaulicht ergibt diese Kostenfunktion eine sog. „U-Kosten-Kurve", denn die Kosten fallen zunächst mit Ausweitung der Produktion und steigen dann wie die Form des Buchstabens U. Das bearbeitete Stück Land liegt im Theorem des Ertragsgesetzes als „fixer Faktor" vor[8] und die das Land bearbeitenden Arbeiter als „flexibler Faktor". Der *Ertrag* des flexibel eingesetzten Faktors kann dann als zunächst zunehmend und schließlich abnehmend dargestellt werden in einer Art umgedrehter „U-Ertrags-Kurve". Für die neoklassische Theorie ist dieses Ertragsgesetz deshalb so wichtig, weil letztlich ihre gesamte Verteilungs- und Produktionslehre darauf aufbaut. Die sog. „Grenzproduktivitätstheorie der Verteilung" – ebenfalls im Kern bereits von Johann Heinrich von Thünen ausgearbeitet – geht nämlich davon aus, dass der Beitrag eines jeden an der Produktion beteiligten Faktors zur Herstellung eines Endproduktes eine streng determinierte Funktion seiner Einsatzmenge darstellt. Mit steigendem Mehreinsatz eines Faktors – bei Konstanz aller anderen Faktoren, was wieder eine „Ceteris-Paribus-Klausel" impliziert – fällt annahmegemäß dessen Produktivität. In der Grenzproduktivitätstheorie der Verteilung muss also eine ertragsgesetzliche Produktionsfunktion vorausgesetzt werden. Das Problem hierbei liegt freilich darin, dass „Grenzprodukte" entsprechend nur ermittelt werden können, wenn der Beitrag des „flexiblen" Faktors streng isoliert von den „fixen" Faktoren gemessen werden kann. Im Prinzip ist dieser Fall

8 Man spricht in diesem Zusammenhang auch von einer sog. „Ceteris-Paribus-Klausel", also der Ausweitung der Produktion *unter sonst gleichen Bedingungen* (nämlich konstanter Bodenfläche mit invarianten Eigenschaften). Unter der „Ceteris-Paribus-Klausel" kann ganz allgemein eine Wenn-dann-Aussage verstanden werden, innerhalb derer Voraussetzungen (im „Wenn-Satz") benannt werden, bei deren Geltung bestimmte Effekte (im „Dann-Satz" aufgeführt) auftreten. Allerdings sollen von den Voraussetzungen alle bis auf eine konstant gehalten werden. Es ist offensichtlich, dass die „Ceteris-Paribus-Klausel" mit Bezug auf das Ertragsgesetz höchst delikat ist, denn in einem laufenden Produktionsprozess isolierte Faktoren konstant zu halten führt zu weitreichenden Problemen in Bezug auf die Frage, was hier genau unter „konstant" zu verstehen sein soll. Vgl. hierzu auch § 3.

extrem realitätsfern und unplausibel, was denn auch von kritischen Ökonomen eingehend nachgewiesen wurde.[9]

§ 3. Um nun auf unsere allgemeine Angebotskurve des Angebot-Nachfrage-Diagramms zurückzukommen: Es ist zur Generalisierung dieser Ertragsfunktion notwendig, ihren Gesetzesinhalt von der Landwirtschaft auf *sämtliche* Produktionsprozesse, auch und vornehmlich auf die industriellen, zu übertragen; und genau dies ist, im Gefolge des Siegeszugs der Angebots-Nachfrage-Analytik Alfred Marshalls, auch geschehen.[10] Wie Sraffa in den zwanziger Jahren des 20. Jahrhunderts in seinen Studien feststellte, ist dieses „Ertragsgesetz" allerdings schon im landwirtschaftlichen Kontext höchst dubios und voller Ungereimtheiten. Zunächst zeigte Sraffa auf, warum im landwirtschaftlichen Bereich die Annahme eines komplett invarianten, „fixen Faktors" Boden logisch nicht überzeugen kann. Er fragte nämlich was passiert, wenn „der konstante Faktor zwar nicht *vermehrbar*, aber durchaus *verminderbar* ist" (Sraffa (1925/1986: 142, Hervorh. H.-P. B.) und so in abgestuften „Dosierungen" eingesetzt werden kann. Es besteht ja keinerlei sinnvoller Grund, diese Möglichkeit in der landwirtschaftlichen Produktion per se auszuschließen. In Bezug auf die Landwirtschaft bedeutet dies, dass die in zunehmender Anzahl eingesetzten Arbeiter nicht sofort das *gesamte* Feld bestellen, sondern sukzessive den bearbeiteten Teil erweitern können, bis das gesamte Feld bestellt wird.

In diesem realitätsnahen Fall fällt die ertragsgesetzliche Funktion interessanterweise in sich zusammen; wenn z.B. auf einem 100 Hektar großen Feld die optimale „technologische" Bearbeitung fünf Arbeiter pro Hektar betragen würde (und jede andere Kombination unproduktiver wäre), würden die ersten fünf Arbeiter auf einem Hektar beschäftigt, die nächsten fünf auf dem zweiten Hektar usw. Erst wenn 500 Arbeiter eingesetzt würden, überschnitten sich die

---

9 Vgl. dazu Herr/Heine (1999), S. 62 ff. sowie Feess-Dörr (1992: 156ff). Um nur ein einfaches Beispiel für diese Problematik zu nennen: Selbstverständlich muss mit dem variablen Einsatz eines einzelnen Faktors in aller Regel auch der Energieverbrauch im Produktionsprozess variieren, was aber im Rahmen der „Ceteris-Paribus-Klausel" ausgeschlossen werden muss.

10 Es sei erwähnt, dass auch die „Österreichische Schule der Nationalökonomie" als in Teilen heterodoxer Seitenzweig der Neoklassik das Theorem des „industriellen Ertragsgesetzes" in neoklassischer „Reinheit" vertritt, so z.B. *Ludwig von Mises* (1881-1973) in seiner großen Monographie zur Nationalökonomie (Mises 1940: 95ff). Mises' wichtiger Schüler, der Nationalökonom *Murray N. Rothbard* (1926-1995), hat die Verbindung des Ertragsgesetzes mit der Grenzproduktivitätstheorie der Verteilung klar gesehen (Rothbard 2009: 33ff) und beide Konzepte als originär „österreichische" Theoriebestandteile reklamiert (vgl. hierzu Rothbards enthusiastische Besprechung der Leistungen Turgots als Ökonom, Rothbard 1999).

neoklassische Verteilung und die „Sraffa-Verteilung" notwendigerweise, denn dann hätten die 500 Arbeiter keine Ausweichräume mehr auf dem Feld und die „optimale Technologie" würde sich auch bei neoklassischer Verteilung in diesem einen Punkt „automatisch" einstellen.

Bis zu dieser Überschneidung wären „neoklassische" Landwirte aber schlechte Landwirte, denn sie würden ihre Arbeiter unproduktiv einsetzen und Ressourcen verschwenden, weil sie gegen die ihnen unterstellte ökonomische Rationalität den „fixen Faktor" nicht entsprechend seiner effektivsten technologischen Kombination (nämlich 5 Arbeiter pro Hektar Anbaufläche) bearbeiten würden. Bis zum Schnittpunkt beider Ertragsfunktionen bei Vollauslastung – Sraffa nennt ihn den „Punkt der maximalen Produktivität" – *gibt es allerdings bei den „Sraffa-Landwirten" gar kein „Ertragsgesetz"*, sondern nur *konstante* Ertragszuwächse, denn der Landwirt (bzw. auf die Industrie übertragen: das Unternehmen) orientiert sich natürlich bei jedem Beschäftigungsgrad an der optimalen Verteilung von fünf Arbeitern auf einen Hektar Anbaufläche.[11] Abnehmende Erträge treten also erst auf, wenn mehr als 500 Arbeiter beschäftigt werden, denn dann ist die optimale Verteilung von Arbeitern zu Anbaufläche nicht mehr realisierbar und es müsste begonnen werden, sechs Arbeiter pro Hektar einzusetzen usw. „Unter Gleichgewichtsbedingungen ist dieses Phänomen aber gänzlich uninteressant", so der österreichische Ökonom *Oskar Morgenstern* (1902-1977) in seiner ausführlichen Besprechung der Sraffaschen Kritik, „da die Produktion eben unmittelbar vorher", nämlich an jenem *Punkt der maximalen Produktivität*, „abgebrochen wird" (Morgenstern 1931: 499).

Weitgehend konstante Ertragszuwächse wiederum unterminieren einerseits das Universalprinzip von Angebot und Nachfrage[12] und führen andererseits das Modell des vollkommenen Wettbewerbs ad absurdum, da eine horizontale *Angebots*gerade aufgrund konstanter Kosten in Verbindung mit der in § 1 erwähnten horizontalen *Nachfrage*gerade auf der Ebene des Einzelunternehmens zu dem Problem führt, dass Angebot und Nachfrage sich entweder nie oder unendlich oft schneiden. Ein einheitlicher und eindeutiger Marktpreis kann sich in beiden Fällen unmöglich herausbilden und die optimale Unternehmensgröße nicht bestimmt werden.

---

11 Selbstverständlich wäre die Ertragsgerade leicht abgestuft, da beispielsweise der 201. Arbeiter nicht ganz so produktiv wäre wie der 200. Arbeiter, da ihm noch 4 Kollegen fehlen, um sein Hektar optimal zu bearbeiten. Dies ändert aber nichts an der Grundproblematik, dass die Einteilung des „fixen Faktors" den Verlauf der Ertragsfunktion ganz wesentlich bestimmt.

12 Wie Sraffa (1925/1986: 141) zeigt, treten bei konstanten Kostenstrukturen keine Preis-Mengen-Effekte auf, so dass die Preisbildung allein produktionstechnisch determiniert wird und die Nachfragefunktion zur Ermittlung des Preisniveaus irrelevant ist.

Weitere problematische Punkte beim Ertragsgesetz sehen Ökonomen wie z.B. Schweitzer und Küpper in ihrer Studie „Produktions- und Kostentheorie" darin, dass die absolute Konstanz eines oder mehrerer Produktionsfaktoren bei variabler Änderung der Einsatzmenge eines anderen Faktors „im Normalfall nicht möglich ist" (Schweitzer/Küpper 1997: 104). Wenn nämlich ein Produktionsfaktor seine Leistung erhöht, müssen die Produktionsgeschwindigkeit und die Zahl der Verrichtungen anderer Faktoren ebenfalls erhöht werden, was zu Variationen der „Leistungsabgaben" und damit zur Verletzung der Ceteris-Paribus-Klausel führt (ebd: 105). Auch im landwirtschaftlichen Bereich sehen Schweitzer und Küpper das Problem, dass sich mit der Bodenbearbeitung „die biologischen Eigenschaften des Ackers ändern" (ebd.) und damit die „Konstanz" des Bodens als Produktionsfaktor zu einem sehr verzwickten Definitionsproblem wird, welches von neoklassischen Ökonomen nur in den seltensten Fällen auch nur ansatzweise thematisiert wird.

Interessanterweise wird ferner in der *langfristigen* Kostenbetrachtung, in deren Rahmen per definitionem *alle* Faktoren variabel sind und somit *kein* „fixer Faktor" mehr existiert, keineswegs von der ertragsgesetzlichen Verlaufsform abgerückt. Vielmehr findet sich nun „eine sehr viel flachere u-förmige Kurve als die kurzfristige Kurve der Durchschnittskosten" (Mankiw/Taylor 2008: 312). Es wird hierbei unterstellt, dass „Unternehmungen langfristig quasi zwischen verschiedenen kurzfristigen Kostenkurven wählen" (ebd.) können, so dass die lange Frist nur als eine Reihe kurzer Fristen verstanden wird. Diese Grundannahme kann freilich aus guten Gründen hinterfragt werden. Es wäre für die lange Frist keineswegs unplausibel, wenn alle Produktionsfaktoren frei variiert werden können, einen ganz anderen Verlauf anzunehmen als den der Kurzfristkurve, beispielsweise einen konstanten Kostenverlauf. Dass damit aber für die neoklassische Unternehmenstheorie unüberwindbare Probleme entstünden, sprechen z.B. Wied-Nebbeling/Schott in ihrem Lehrbuch „Grundlagen der Mikroökonomik" offen aus: „Wenn die langfristigen Durchschnittskosten konstant sind, kann die optimale Betriebsgröße nicht bestimmt werden" (Wied-Nebbeling/Schott 2007: 152). Um die ertragsgesetzlich fundierte Kurve dennoch zu begründen, schreiben Wied-Nebbeling/Schott dann zwei Seiten weiter, dass „empirische Studien gezeigt haben, dass für die Industrie ein Verlauf der langfristigen Kosten als typisch gelten kann, der erst durch steigende und anschließend durch konstante Skalenerträge geprägt ist. Bei einer weiteren Ausdehnung der Betriebsgröße treten schließlich sinkende Skalenerträge auf" (ebd: 154.).[13] Bezeichnenderweise

13 Zur empirischen Widerlegung dieser Behauptung vgl. Fußn. 22.

nennen Wied-Nebbeling/Schott *nicht eine einzige* konkrete Studie, um ihre Behauptung zu belegen.

§ 4. Neben den logischen Voraussetzungen der Geltung des Ertragsgesetzes fragte Sraffa allerdings auch danach, welche besonderen Bedingungen im partiellen Gleichgewicht erfüllt sein müssen, damit *erstens* Angebots- und Nachfragekurve unabhängig voneinander konstruiert werden und *zweitens* dauerhaft *steigende* Erträge (welche bei der heutigen Massenproduktion eigentlich viel plausibler sind als fallende Erträge) ausgeschlossen werden können.

Für den *ersten* Punkt hat Sraffa v.a. herausgearbeitet, dass die von den Unternehmen der anbietenden Branche verursachten Änderungen der *Angebots*menge keine Auswirkungen auf die Marktakteure haben dürfen, welche das Produkt der Anbieter *nachfragen*, denn sonst könnten durch Verteilungsvariationen *Rückkoppelungseffekte* zwischen Angebot und Nachfrage entstehen, welche gegenüber dem Kurvenverlauf nicht neutral wären. Anders gesagt, darf keine Interdependenz zwischen Anbietern und Nachfragern durch Produktionsvariationen der Anbieter (oder Nachfragevariationen der Nachfrager) entstehen. Wie Sraffa zu Recht anmerkt, ist dieses Konstrukt aber wenig überzeugend, denn erstens können Produktionsfaktoren als Waren frei gehandelt werden und zweitens sind in einer arbeitsteiligen Wirtschaftsordnung beliebige Verflechtungs- und Abhängigkeitsstrukturen zwischen Anbietern und Nachfragern denkbar und in der Praxis üblich.

Der *zweite* entscheidende Punkt – die Frage möglicher steigender Erträge resp. fallender Kosten – führt nun dazu, dass im neoklassischen Modell Einzelunternehmen keine *firmenintern* steigenden Erträge aufweisen dürfen, denn „es ist einleuchtend, dass, wenn ein Betrieb seine Kosten durch Erhöhung der Produktion grenzenlos verringern kann, er fortwährend den Verkaufspreis reduzieren müsste, bis er den ganzen Markt erobert hat. *Dann aber ist die Hypothese der Konkurrenz nicht mehr gültig*" (Sraffa 1925/1986: 167, Hervorh. H.-P. B).[14]

---

14 Sraffa zeigt des Weiteren auf, dass auch das Konstrukt *steigender* Kosten nicht mit „vollkommenem Wettbewerb" vereinbar sein kann, da in diesem Zustand ja per definitionem die Preise der Produktionsfaktoren unabhängig von der Nachfrage des *Einzel*unternehmens – nicht von der Nachfrage *der Branche insgesamt!* – sind und deshalb von den Einzelunternehmen zu konstanten Kosten gekauft werden könnten. Eine *intensivere* Nutzung des *bestehenden* Faktorbestandes – und damit die Inkaufnahme steigender Produktionskosten – erscheint insofern nicht besonders rational für gewinnmaximierende Unternehmen. Bei einer Ausweitung der Produktion können deshalb im Zustand „vollkommenen Wettbewerbs" genau dann keine steigenden Kosten auftreten, wenn der Bestand an Produktionsfaktoren gehandelt werden kann, also schlichtweg in Warenform vorliegt. Dies muss wiederum von der Neoklassik ausgeschlossen werden, so dass jedes

Unternehmensintern steigende Erträge würden letztlich Kostenvorteile größerer Unternehmen nach sich ziehen, was unter der Voraussetzung der Konkurrenz zum dauerhaften Ruin kleinerer Unternehmen bei steigender Marktmacht der „Monopolisten" führen müsste.

Genauso müssen aber auch unternehmens- *und* branchenexterne Kostenersparnisse ausgeschlossen werden, denn sie sind wiederum nicht mit der Unabhängigkeit von Angebots- und Nachfragekurven vereinbar.[15] Was bleibt, um die Möglichkeit fallender Kosten „wenigstens aus formaler Sicht" (Sraffa 1925/1986: 168) zu eliminieren, ist der Fall unternehmens*extern* und branchen*intern* steigender Erträge. Hier verbessert sich also die Kostenstruktur für eine streng isolierte Industrie, und innerhalb dieser Industrie wird der Kostenvorteil proportional an alle Wettbewerbsunternehmen weitergegeben, so dass der brancheninterne Wettbewerb nicht „verzerrt" wird und keine externe Wirkung (z.B. auf die Marktsubjekte der Nachfragekurve) auftritt.[16]

Dieses Kostenkonstrukt stellt allerdings einen „schwachen, seltenen Sonderfall" (Schefold 1986: 230) dar, dessen „Voraussetzungen in der Realität nur selten erfüllt sein dürften" (Schefold 1987: 466). Der Frankfurter Ökonom *Bertram Schefold* (ebd: 465) weist in diesem Kontext ferner auf das Paradoxon hin, dass in die Konstruktion der u-förmigen Stückkostenkurve zwei unterschiedliche Branchenbegriffe eingehen, denn für den Kurventeil der fallenden Kosten werden firmenextern und brancheninntern alle Unternehmen zusammengefasst,

---

Unternehmen einer Branche über einen prinzipiell unveränderlichen Faktorbestand verfügt. Vgl. hierzu Sraffa (1926/1975: 64ff) und zur genaueren Erläuterung Schefold (1987: 466).

15 Dies ist deshalb so, weil hier Angebotsvariationen *per definitionem* branchenübergreifende Auswirkungen haben, denn die angenommenen Kosteneinsparungen treten auf durch das Wachstum *der Industrie insgesamt*. Angebots- und Nachfragefunktionen können sich in diesem Fall nicht mehr streng getrennt voneinander konstituieren, da die durch das Wachstum *einer* Branche ausgelöste *allgemeine* Kostenersparnis auch die Marktteilnehmer der Nachfragefunktion betrifft und dadurch eine Wechselwirkung auftritt.

16 Es sei der Vollständigkeit halber noch erwähnt, dass selbst für den sehr unwahrscheinlichen Fall unternehmensextern und brancheninntern auftretender steigender Erträge ein weiteres Problem auftritt, da nun für die Gesamtindustrie die kollektiven Grenzkosten geringer sind als die kollektiven Durchschnittskosten, während bei den Einzelfirmen beide im Betriebsoptimum in eins fallen. Somit bleibt bei einer Ausweitung der Produktion eine Lücke zwischen den Kosteneinsparungen der Einzelunternehmen und den Einsparpotentialen der Gesamtindustrie. Ein solches partielles Gleichgewicht verstößt zwar nicht gegen die Prämisse vollkommener Konkurrenz, ist aber nicht mehr pareto-optimal. Es findet also eine Wohlstandseinbuße statt, weil die Unternehmen nicht kostenoptimal produzieren können und somit *im reinen Wettbewerb* Ressourcen „verschwendet" werden. Vgl. dazu dazu im Detail Schefold (1976: 145) und Sraffa (1925/1986: 177ff).

welche *das gleiche Produkt* herstellen, während im Kurventeil der steigenden Kosten alle Unternehmen zu einem Sektor zusammengefasst werden, die einen *fix gegebenen Bestand eines Produktionsfaktors* einsetzen.[17] Dieser uneinheitliche Branchenbegriff ist der Tatsache geschuldet, dass der Kurvenabschnitt mit den fallenden Kosten dem Grundgedanken der Vorteile der Massenproduktion verpflichtet ist, während der Bereich steigender Kosten auf die ertragsgesetzliche Voraussetzung eines einzigen flexiblen Einsatzfaktors zurückzuführen ist. Der eine Abschnitt kann hierbei ohne den anderen nicht existieren, denn dauerhaft sinkende Kosten zerstören das Wettbewerbsmodell, während dauerhaft steigende Kosten – ohne den sinkenden Kostenbereich – dazu führen müssten, „dass jeder Betrieb unendlich klein und die Zahl der Betriebe unendlich groß würde" (Sraffa 1925/1986: 172).

Alfred Marshall selbst war sich der eminenten Schwierigkeiten, welche seine Kostenfunktion bei genauerer Betrachtung offenbart, sehr wohl bewusst. So machte er einige dunkle Andeutungen zu den Problemen seiner Angebotsfunktion, die er dann etwas versteckt und unscheinbar in den Appendix H seines Lehrbuchs stellte.[18] Sraffa – ursprünglich ja selber ein „Marshallianer" – entging dieser Appendix H ebenso wenig wie einige bemerkenswerte Wandlungen in Marshalls theoretischem Gebäude,[19] welche die bereits erläuterte ertragsgesetzlich gestützte Angebotskurve betrafen und die zunächst wenig spektakulär erschienen, aber dem aufmerksamen Sraffa zu denken gaben.[20] Das Ende dieser Aufarbeitung

---

17 Zur Problematik des „fixen Faktorbestandes" im Kontext steigender Kosten vgl. Fußn. 15.

18 Hier spricht Marshall (1927: 812, Übers. H.-P. B) v.a. gegen Ende des Appendixes – in einer sich über drei Seiten erstreckenden Fußnote! – davon, dass seine Annahmen bezüglich des Ausschlusses zunehmender Erträge „vorsichtige Handhabung" erfordern, weil sie auf „sehr rutschigen" („very slippery") Voraussetzungen fußen.

19 Vgl. dazu Schefold (1976: 142 ff). Piero Sraffa widmet sich dieser Marshallschen Wende in seinem Aufsatz von 1925 sehr detailliert. Sraffa (1925/1986: 170) resümiert schließlich, dass in der neoklassischen Theorie Marshallscher Provenienz „im Grunde genommen also die Fundamente ausgewechselt wurden, ohne dass das darauf stehende Gebäude dadurch erschüttert wurde, und es verrät die außerordentliche Geschicktheit Marshalls, dass es ihm gelang, die Verwandlung unbemerkt zu vollziehen".

20 So schrieb Marshall (1986: 47) noch in seiner Schrift „Die reine Theorie der inländischen Werte" von 1879 (die also 11 Jahre vor der Erstveröffentlichung der „Principles" erschien), in welcher die Problematik sinkender Kosten sehr ausführlich und offen diskutiert wird: „Zusammenfassend lässt sich sagen, dass eine Steigerung der Gesamtmenge einer industriell hergestellten Ware kaum verfehlen wird, zu erhöhten Ersparnissen in der Produktion zu führen – gleichgültig, ob diese Produktion nun unter vielen kleinen Kapitalisten aufgeteilt oder in den Händen einer vergleichsweise kleinen Anzahl von Unternehmen konzentriert ist".

der immanenten Probleme der Marshall'schen Theorie stellten die zwei großen Veröffentlichungen Sraffas aus den Jahren 1925 und 1926 dar.
Sraffas Kritik der zwanziger Jahre lässt die neoklassische Theorie von Angebot und Nachfrage also schwer beschädigt zurück. Ältere wie auch neuere empirische Untersuchungen haben hierbei Sraffas Skepsis eindeutig gestützt und gezeigt, dass konstante und v.a. fallende Kostenfunktionen weitaus häufiger vorkommen als ertragsgesetzliche Verläufe.[21] Als Konsequenz dieser weitreichenden inneren Konstruktionsprobleme gab Sraffa die neoklassische Theorie in den zwanziger Jahren auf und suchte nach Auswegen durch einen Rückgriff auf die klassische Theorie David Ricardos, welche er in logisch konsistenter Form zu rekonstruieren beabsichtigte. Im Rahmen dieser Rekonstruktionsbemühungen stieß Sraffa schließlich auf weitere Ungereimtheiten im neoklassischen Lehrgebäude, denen wir uns nun zuwenden.

2. Die kapitaltheoretische Kontroverse

§ 5. Sraffas 1960 veröffentlichtes Hauptwerk „Production of Commodities by Means of Commodities" löste – anders als seine doch nicht ganz so folgenreichen Beiträge zur „Cost Controversy" – ein mittleres Erdbeben im ökonomischen Diskurs aus, denn neben seiner Kritik legte er nun einen recht umfassenden alternativen Entwurf zur neoklassischen Preis- und Verteilungslehre vor.[22] Mittels Sraffas dort bereitgestellter analytischer Werkzeuge starteten nun v.a. seine Cambridge-Kollegin *Joan Robinson* (1903-1983) und seine *Schüler Pierangelo Garegnani* und *Luigi Pasinetti* (beide Jg. 1930), einen Generalangriff auf die neoklassische Kapital- und Verteilungstheorie. Im Prinzip ging es hier um das alte Problem der Messung des Kapitalstocks (als physicher Größe und nicht als Preisgröße) und des Bezugs dieser Messung zur Verteilungslehre. Wenn wir nämlich voraussetzen, dass es in einem Wirtschaftssystem nur ein einziges Kapitalgut

---

21 Vgl. hierzu beispielhaft die bei Gutenberg (1979: 390ff), aufgeführten empirischen Studien sowie als neuere Forschungsergebnisse Reid (1993: 59ff) und Blinder u.a. (1998: 127ff).

22 Gute, zusammenfassende Darstellungen der Sraffa'schen Preistheorie finden sich bei Feess-Dörr (1992: 382ff) und Heine/Herr (1999: 221ff). Eine umfassende Zurückweisung der neoricardianischen Kritik an der Marx'schen Wert- und Preistheorie findet sich bei Kliman (2007). Schabacker (1994) untersucht Sraffas Preislehre mit Bezug auf eine monetäre Theorie der Produktion und arbeitet hierbei Schnittmengen und Differenzen zu Neoklassik, Keynesianismus und Marxismus heraus. Während die vorliegende Studie den Fokus auf Sraffas folgenreiche, immanente Kritik der Neoklassik legt, beleuchtet Schabacker v.a. die Potenziale und Grenzen von Sraffas Alternativentwurf zur herrschenden Wirtschaftstheorie sowie seine „Anschlußfähigkeit" an die Marxsche Produktionstheorie und ihre geld- und zinstheoretischen Aspekte.

gibt, können wir dieses Gut und seinen Zinssatz einfach in physisch homogenen Mengeneinheiten – in der Regel wird hier eine „Weizenwelt“ konstruiert – messen. Der große Vorteil dieser Methode liegt darin, dass es zwischen physischer Menge und Tauschwert keinen Unterschied gibt, denn wenn nur Weizen als Produktionsmittel und Endprodukt vorkommt, können auch der Preis der Weizens und seine Verteilung auf „Weizenunternehmer“ und ihre Arbeiter bedenkenlos in Weizenmengen ausgedrückt werden. Sobald wir allerdings in einer Welt mit zwei oder mehr Kapitalgütern leben, funktioniert diese Messung nicht mehr und wir müssen eine abstrakte Recheneinheit einführen, welche einen Preis-Index für die verschiedenen Waren bereitstellt. Auf dieses Problem hat Joan Robinson bereits zu Beginn der Debatte in einem Aufsatz aus dem Jahre 1954 aufmerksam gemacht:

> „Dem Studenten der Wirtschaftswissenschaften wird beigebracht, daß $Q = f(L, C)$, wobei L die Arbeitsmenge, C die Kapitalmenge und Q die Höhe des Produktionsergebnisses an Waren darstellt. Ihm wird vorgegeben, alle Arbeiter als unterschiedslos vorauszusetzen und L in Arbeitsstunden zu messen. Ihm wird etwas gesagt über das mit der Index-Nummer zusammenhängende Problem der Wahl einer Maßeinheit für das Produktionsergebnis. Und dann wird er eilig zur nächsten Frage geschickt in der Hoffnung, daß er zu fragen vergißt, in welchen Einheiten C gemessen werden soll. Bevor er überhaupt nur fragt, ist er schon Professor geworden, und so werden schlampige Denkgewohnheiten von einer Generation auf die nächste übertragen“ (Robinson 1953/54: 81, Übers. H.-P. B).

Robinsons Ausgangsfrage war also schlicht jene nach der *Messung des Kapitalstocks*, welche ja die Grundvoraussetzung darstellt, um einen Produktionsprozess zu beschreiben, in welchem unterschiedliche Kapitalgüter in Kombination mit Arbeit in Endprodukte umgewandelt werden. Die Produktionsfunktion, als Funktion zwischen Mengen- und nicht zwischen Preisgrößen, bildet hierbei das Verhältnis von verbrauchten Produktionsmitteln und Arbeitsstunden (dem „Input“) zum Produktionsergebnis (dem „Output“) ab. Fassen wir nun – wie dies neoklassische Ökonomen üblicherweise tun – die unterschiedlichen Kapitalgüter zusammen zu einem Wertaggregat, dann treten eine Reihe von Folgeproblemen auf. Zunächst ergibt sich das „Henne-und-Ei-Problem“, denn weder der Zins als „Knappheitsindex“ noch das von ihm bewertete Kapital lassen sich im Rahmen neoklassischer Gleichgewichtsanalyse unabhängig von der jeweils anderen Größe bestimmen. Es ist nur möglich, beide zusammen („simultan“) zu berechnen, denn jedem Knappheitsindex entspricht eine bestimmte Kapitalmenge und umgekehrt. Der eine Ausdruck kann nicht ohne den anderen existieren, ihm quasi „kausal vorgelagert“ sein (wie im simplen „Ein-Gut-Modell“, wo erst der Weizen vorliegt und dann sein „Weizenzinssatz“ berechnet werden kann).

Dies war das *eine* Problem. Das *andere* lag darin, dass sich mit der Variation der einen Größe die andere keineswegs in die von der Neoklassik fest definierte Richtung bewegen muss, sondern „Paradoxien“ bzw. „Anomalien“ auftreten können, auf welche erstmals der schwedische, neoklassische Ökonom *Knut Wick-*

sell (1851-1926) Anfang des 20. Jahrhunderts gestoßen ist (vgl. Wicksell 1913: 213ff). Wicksell hatte nämlich erkannt, dass eine Erhöhung der Kapitalmenge keineswegs mit einem sinkenden Zinssatz einhergehen muss und dass sinkende Löhne keineswegs notwendigerweise einen Ersatz von (teurerem) Kapital durch (billigere) Arbeit implizieren. Wicksell beobachtete diese Effekte sowohl unter der Voraussetzung einer *konstanten* Technik („Preis-Wicksell-Effekt") als auch bei Technik*wechseln* („realer Wicksell-Effekt"). Letztlich steht hier das neoklassische Dogma zur Disposition, dass sinkende Löhne „Arbeit sichern", weil Arbeit so vergleichsweise billiger wird als „totes" Kapital.[23]

Wie aus Sraffas Schrift hervorgeht, beruht die neoklassische Theorie auf dem prinzipiellen Denkfehler die Ergebnisse von Ein-Gut-Modellen zu verallgemeinern. Wenn nämlich bei unterschiedlich kapitalintensiven Branchen[24] ein Wechsel des Lohn- bzw. Zinsniveaus stattfindet, treten miteinander in Wechselwirkung stehende Preisfluktuationen auf, die bei unterschiedlich kapitalintensiv produzierten Gütern zu einem gänzlich neuen Gleichgewichtszustand führen. Eine fest determinierte Richtung, wie die Neoklassiker aufgrund ihrer illegitimen Ein-Gut-Modelle annehmen, muss dieser Prozess aber im Rahmen von Modellen mit mehreren Kapitalgütern keineswegs nehmen. Vielmehr kann ein Lohnrückgang mit zunehmender Arbeitslosigkeit einhergehen oder auch nicht. Dieses Phänomen, welches auf der komplexen, preisförmigen Wechselwirkung einer Veränderung des Lohn- bzw. Zinsniveaus beruht, wurde in der neueren Debatte als „*Kapitalreversion*" (englisch „capital reverse deepening") bekannt.[25]

Der zweite Effekt, auf den ebenfalls bereits Wicksell stieß, kann bei Technikwechseln auftreten, die nicht dem neoklassischen Determinismus gehorchen. So kann eine bestimmte Technik[26] sowohl bei hohem als auch niedrigem Zinssatz und dazwischen eine andere Technik optimal sein. Bei heterogenen Kapitalgütern ist auch dieser Effekt selbst unter neoklassischen Idealbedingungen möglich, womit die neoklassische Grundthese, dass Unternehmen z.B. mit steigendem Lohnsatz immer mehr auf kapitalintensive Techniken umsteigen und unmöglich auf arbeitsintensivere zurückkehren können, prinzipiell widerlegt

23 Den neoklassischen Determinismus in Bezug auf den Lohn-Zins-Zusammenhang und damit die neoklassische Arbeitsmarktlehre vertritt auch die „Österreichische Schule der Nationalökonomie" uneingeschränkt. Vgl. Mises (1940: 565ff) und Mises (1931) in seiner Untersuchung zur Weltwirtschaftskrise der dreißiger Jahre des 20. Jahrhunderts.

24 Damit sind Branchen oder Industrien gemeint, bei denen die Kosten für „Kapitalgüter" und Löhne in unterschiedlichen Größenverhältnissen zueinander auftreten.

25 Bei Wicksell entspricht dies dem „Preis-Wicksell-Effekt".

26 Eine „Technik" ist hier definiert als Verlaufsform des Einsatzverhältnisses zwischen Arbeit und Produktionsmitteln bei Lohn-Zins-Variationen.

ist. Weil genau dieses Phänomen, das entsprechend „Wiederkehr der Technik" (englisch „reswitching") genannt wurde,[27] von Sraffa und seinen Schülern grundlegend bewiesen wurde, steht es seither schlecht um die neoklassische Preis- und Verteilungstheorie.[28]

§ 6. Neoklassische Verteidigungsversuche blieben während dieser Debatte natürlich nicht aus. Weil die Kritiker der Neoklassik um Sraffa aus dem englischen Cambridge kamen und deren neoklassische Gegner vom MIT aus Cambridge/ Massachusetts (USA), wird diese Debatte seither auch „*Cambridge-Cambridge-Kontroverse*" genannt. Nachdem Joan Robinson bereits Mitte der 1950er Jahre die entsprechende Kritik an der neoklassischen Kapital- und Verteilungstheorie vorbrachte und dann mit Hilfe von Sraffas Buch aus dem Jahre 1960 sowie seinen Schülern Pasinetti und Garegnani zum „Generalangriff" blies, kam der erste Versuch eines neoklassischen „Gegenschlags" im Jahre 1962. Joan Robinsons und Garegnanis persönliche Herausforderung – beide besuchten 1961 das MIT und trugen dort ihre Kritik den mittlerweile verunsicherten Neoklassikern vor – wurde schließlich von dem späteren Wirtschafts-Nobelpreisträger *Paul Anthony Samuelson* (1915-2009), seinerzeit Chefökonom des MIT, angenommen. Samuelsons erster Verteidigungsversuch scheiterte allerdings, denn seine 1962 veröffentlichte sog. „Surrogat-Produktionsfunktion" erwies sich bei genauerer Betrachtung als eine versteckte Spielart einer „Ein-Gut-Ökonomie", was Samuelson zum Rückzug von dieser Verteidigungsstrategie bewog.[29]

Ein zweiter Gegenangriff kam dann im Jahre 1965 von Samuelsons Mitarbeiter David Levhari, der argumentierte, dass die Möglichkeit einer „Wiederkehr der Technik" theoretisch widerlegt werden könne mittels eines komplizierten mathematischen Modells einer sog. „linearen Optimierung". Ziel dieses Verfahrens war es nachzuweisen, dass eine „Wiederkehr der Technik" nur *einzel*wirtschaftlich auf der Unternehmensebene auftreten könne, *gesamt*wirtschaftlich allerdings keinen Effekt hätte, also irrelevant sei auf der Makroebene. Wie Luigi Pasinetti aber bereits wenige Monate nach Levharis Veröffentlichung auf dem „First World Congress of the Economic Society" in Rom im Jahre 1965 zweifelsfrei beweisen konnte, beruhte dieses „Samuelson-Levhari-Theorem" auf mathematischen Feh-

27 Dies wäre dann der „reale Wicksell-Effekt" bei Wicksell.

28 Eine analoge Kritik der Österreichischen, auf *Friedrich August von Hayek* (1899-1992) zurückgehenden, Kapital- und Zinstheorie mittels „Wiederkehr der Technik" und „Kapitalreversion" formulierte der Neoricardianer Robert Vienneau (2010). Zu Darstellung und Kritik der Österreichischen Zinslehre vgl. auch Spahn (2007: 7ff). Auf die Cambridge-Cambridge-Kontroverse geht Spahn in Fußnote 6 auf S. 7/8 kurz direkt ein.

29 Vgl. zur „Surrogat-Produktionsfunktion" Cohen/Harcourt (2003: 209).

lern, was beide auch unumwunden in einem schmachvollen Text mit dem Titel „The Nonswitching-Theorem is false" im Jahre 1966 eingestanden.

Die neoklassische Theorie war damit eigentlich weitgehend erledigt und dies wurde von dem zentralen Verteidiger der neoklassischen Produktions- und Verteilungstheorie, Paul Samuelson, auf einem kapitaltheoretischen Abschluss-Symposium des „Quarterly Journal of Economics" (wo ein guter Teil der gesamten Kontroverse ausgetragen wurde) im Jahre 1966 auch in aller Offenheit eingeräumt.[30] Das gesamte Konzept sowohl des Arbeitsmarktes[31] als auch der Preise als „Knappheitsindices" (vgl. Cohen 1993: 153ff) ist im Prinzip hinfällig, weil durch die von der Neoklassik nicht integrierbaren Effekte der „Kapitalreversion" und der „Wiederkehr der Technik" zerstört.[32] Dass bis heute Ökonomen „Politikempfehlung" betreiben mittels neoklassischer Arbeitsmarktmodelle, welche gerade auf den widerlegten, makroökonomischen Produktionsfunktionen beruhen, zeigt allerdings, wie gering der Einfluss wissenschaftlicher Erkenntnisse auf eine von Interessen gesteuerte Praxis ist.[33]

3. Die Wettbewerbskontroverse

§ 7. Sraffas frühe Kritik an der Neoklassik betraf neben der bereits erörterten Kritik des industriellen Ertragsgesetzes noch einen weiteren wichtigen und aktuell wieder diskutierten Punkt. Wie gesehen, geht die neoklassische Unternehmens-

---

30 Vgl. Samuelson (1966: 582, Übers. H.-P. B.), der dort eingesteht, dass „die Wiederkehr der Technik eine logische Möglichkeit bei beliebigen Technologien ist" und dass „die Tatsache einer möglichen Wiederkehr der Technik uns das Misstrauen in die einfachsten neoklassischen Parabeln lehrt" (ebd.: 574, Übers. H.-P. B.). Samuelson demonstriert in diesem Aufsatz auch bereits die Unhaltbarkeit der Kapitaltheorie der „Österreichischen Schule", da deren zentrale Axiome ebenfalls ausgehebelt werden durch die unbestreitbaren Möglichkeiten der „Wiederkehr der Technik" sowie der „Kapitalreversion".

31 Sraffas Beitrag ergänzt insofern die Keynes'sche Kritik der neoklassischen Arbeitsmarkttheorie, als dass Sraffa ganz unabhängig vom Phänomen der „effektiven Nachfrage" *rein produktionsseitig* aufzeigt, dass die neoklassischen Aussagen zu Lohnniveau und Beschäftigung in sich logisch unhaltbar sind.

32 Dass im Gefolge der kapitaltheoretischen Kontroverse, also mit der Debatte um die logischen Folgen der Einführung heterogener Kapitalgüter, auch die moderne neoklassische Freihandelslehre in Gestalt des sog. „Heckscher-Ohlin-Samuelson-Theorems" inkonsistent wird, hat Steedman (1979) aufgezeigt.

33 Vgl. dazu z.B. die u.a. sich auf Sraffas Erkenntnisse beziehende Kritik von Herr (2003) und Gerhardt (2006: 42ff), an den Hartz-Reformen oder die Kritik am „Sachverständigenrat" bei Hirschel (2004). Müller (2003: 160) geht in seiner Kritik der neoklassischen Arbeitsmarktlehre explizit auf die kapitaltheoretische Kontroverse ein.

theorie von einem „vollkommenen Wettbewerb“ zwischen den Anbietern aus mit dem Effekt, dass der Preis einer bestimmten, unter Konkurrenzbedingungen produzierten Ware für jedes Einzelunternehmen ein „äußeres Datum“ darstellt, welchen es durch seine eigene auf den Markt geworfene Produktionsmenge nicht beeinflussen kann.[34]

In seinem kritischen Resümee zur neoklassischen Wettbewerbstheorie führte Sraffa die beiden zentralen Prämissen an, von denen diese sich aufgrund ihrer Unhaltbarkeit definitiv verabschieden müsse. Er nannte

> „*erstens* die Vorstellung, dass der konkurrierende Produzent die Marktpreise nicht von sich aus beeinflussen könne und sie dadurch als konstant betrachten müsse, gleichgültig, welche Warenmenge er auf den Markt bringt; *zweitens*, die Vorstellung, dass jeder konkurrierende Hersteller normalerweise unter den Bedingungen individuell steigender Kosten arbeiten müsse“ (Sraffa 1926/1975: 68, Hervorh. H.-P. B).

Den zweiten Punkt und seine Begründung durch Sraffa haben wir bereits behandelt. Zum ersten Punkt hat erst in jüngerer Zeit der in der Tradition Sraffas arbeitende postkeynesianische Ökonom *Steve Keen* von der Universität Western Sydney/Australien einige wichtige Beiträge geliefert.[35] In Deutschland hat der Remagener Wirtschaftsmathematiker *Jürgen Kremer* in einer Reihe von Publikationen Keens Kritik geprüft und bestätigt (vgl. Kremer 2009 und 2010). Dabei greift Keen zunächst auf eine scheinbar eher nebensächliche Bemerkung des selbst neoklassisch ausgerichteten US-Ökonomen und Nobelpreisträgers *George Stigler* (1911-1991) zurück, der in einem Aufsatz zur Wettbewerbstheorie aus dem Jahre 1957 – der in deutscher Sprache erstmals 1975 veröffentlich wurde – einen grundlegenden, formalen Fehler der neoklassischen Theorie des sog. „vollkommenen Wettbewerbs“ aufdeckte (vgl. Stigler 1975). Der „vollkommene Wettbewerb“ ist ein Konstrukt, mittels dessen die optimale Effizienz von Märkten in formaler Hinsicht „bewiesen“ werden kann. Dies geschieht unter der grundsätzlichen Voraussetzung, dass Unternehmen durch ihr eigenes Produktionsvolumen den Marktpreis nicht beeinflussen können, sondern reine „Preisnehmer“ und „Mengenanpasser“ sind. Graphisch bedeutet dies, dass die Angebotskurve des Einzelunternehmens nicht – wie in Grafik 1 – mit einer *fal-*

34 Diese Theorie setzt implizit voraus, dass (a) alle Güter homogen, also sachlich gleichartig sind, (b) keine *persönlichen* Präferenzen bestehen bei der Auswahl des Anbieters (es zählt also *nur* die Höhe des Preises), (c) zeitliche Präferenzen bei Käufer oder Verkäufer ausgeschlossen werden, (d) räumliche Präferenzen bei Käufern und Verkäufern ebenfalls nicht existieren sowie (e) der Markt absolut transparent ist und alle Marktsubjekte vollständig informiert sind,vgl. Biesecker/Kesting (2003: 327).

35 Vgl. die Monographie Keen (2007) sowie den Aufsatz in deutscher Sprache Keen (2008). Eine neuere Studie zum Thema veröffentlichten Keen/Standish (2011).

lenden Nachfragekurve konfrontiert ist, sondern mit einer *horizontalen Geraden*, die einen von der Angebotsvariation des einzelnen Unternehmens unabhängige, externe Preisvorgabe darstellt.[36]

Stigler hat nun in seinem Aufsatz aus dem Jahre 1957 nachgewiesen, dass die mathematische Modellierung dieses Theorems nicht korrekt ist und die neoklassische Wirtschaftstheorie deshalb eine alternative, konsistente Interpretation dieses Problembereichs benötigt. Stigler selbst sah den einzigen Ausweg in der Hypothese, dass die Anzahl der Unternehmen gegen Unendlich gehen muss, um den Mengeneinfluss des einzelnen Betriebs gegen Null gehen zu lassen. Wie Steve Keen aber zeigt, ist dieser Verteidigungsversuch doppelt inkonsistent, denn erstens setzt die neoklassische Unternehmenstheorie, wie bereits dargestellt, zunächst steigende Erträge voraus, bevor die Erträge fallen – womit der „Minimalgröße" gewinnmaximierender Betriebe Grenzen gesetzt sind, die mit einer Größenordnung von „gegen unendlich klein" auch formal unvereinbar sind –; und zweitens ist selbst eine „gegen unendlich klein" gehende Größe mathematisch nicht *gleich* Null (sondern eben „unendlich klein"), womit das Problem prinzipiell ungelöst bleibt. Steve Keen hat den Denkfehler der Neoklassiker in Bezug auf das Theorem des „vollkommenen Wettbewerbs" auch so erläutert, dass sie quasi eine runde Welt (übertragen: eine fallende Nachfragekurve) konstruieren wollen, deren einzelne Teilabschnitte (übertragen: die Nachfragekurven der Einzelunternehmen) aber strikt gerade sind. Das kann nicht funktionieren, weshalb die korrigierte Version die wenig überraschende Tatsache zum Vorschein bringt, dass eine runde Welt – egal wie klein der ideale Teilabschnitt auch sein mag – aus *runden* Teilabschnitten besteht und nicht aus *flachen* (vgl. Keen 2007: 86).

§ 8. Für die neoklassische Wirtschaftstheorie bedeutet diese Korrektur ihrer falschen Grundaussagen, dass das Einzelunternehmen – nach Sraffas obigem ersten Punkt – keineswegs ein passiver „Preisnehmer" ist, sondern über eine ökonomisch relevante Marktmacht verfügt, denn nun kann das Unternehmen mit seinem Produktionsvolumen Einfluss nehmen auf den Marktpreis. Laut neoklassischer Wettbewerbslehre dürfte dies aber prinzipiell nur ein Monopol können, weil nur ein Monopol *als Einzelunternehmen* mit einer fallenden Nachfragekurve konfrontiert ist, welche zugleich den für das Unternehmen am Markt erzielbaren Marktpreis darstellt.[37] Auch ein Monopolist erreicht – ganz wie ein Unternehmen im „vollkommenen Wettbewerb" – sein Gewinnmaximum dort,

36 Vgl. hierzu auch §1 der vorliegenden Arbeit.

37 Mit „Monopol" ist in unserem Kontext ein sog. „*Angebots*monopol" gemeint, das sich ausschließlich auf das unternehmerische *Angebot* bezieht und nicht auf mögliche Konstellationen eines sog. „*Nachfrage*monopols".

wo sein fallender Grenzerlös[38] seinen steigenden Grenzkosten[39] gleich ist. Er kann dann jedoch zu einem Preis verkaufen, der durch den sog. „Cournot'schen Punkt" bestimmt wird – benannt nach dem französischen Wirtschaftswissenschaftler *Antoine Augustin Cournot* (1801-1877).[40] Dieser Punkt markiert die durch das Zusammentreffen von Grenzerlösen und Grenzkosten sich ergebende *Mengen*entscheidung des Monopolisten mit der Nachfragekurve als *Preis*datum. Da der Monopolist mit einer *fallenden* Nachfragekurve konfrontiert ist, ergibt sich eine Differenz zwischen Grenz- und Durchschnittserlösen, die im Wettbewerb nicht auftritt, weil auf der *horizontalen* Nachfragegeraden Grenz- und Durchschnittswerte nicht voneinander abweichen können. Diese Differenz eröffnet praktisch den Raum des monopolistischen Extragewinns, der graphisch sichtbar gemacht werden kann im Bereich zwischen dem niedrigeren Grenzerlös und dem höheren Preis auf der Nachfragekurve, der den Cournot'schen Punkt darstellt.[41]

Über eine *Angebots*kurve nach gängigem Angebots-Nachfrage-Schema verfügt ein Monopolist wiederum nicht, weil er seine Mengenentscheidung nicht nach einem *gegebenen* Preis richtet, sondern diesen Preis *selber beeinflussen* kann durch sein Produktionsvolumen. In das gängige Angebots-Nachfrage-Schema ist eben die „Ceteris-Paribus-Klausel" eingebaut, dass mit der Angebotsvariation des Einzelunternehmens der Marktpreis *konstant* bleibt, was aber selbst unter besten neoklassischen Voraussetzungen nicht gelten kann, weil die Begründung für dieses Theorem falsch ist. Es macht deshalb, so auch Gregory Mankiw und Mark Taylor in ihrem neoklassischen Standardlehrbuch zur Volkswirtschaftslehre, „keinen Sinn danach zu fragen, welche Menge ein Monopol bei einem bestimmten Preis anbieten würde, da der Monopolist den Preis in dem Augenblick festsetzt, in dem er auch seine Angebotsmenge wählt" (Mankiw/Taylor 2008: 360). Für einen Monopolisten ist vielmehr „die Angebotsentscheidung (...) untrennbar mit der Nachfragekurve verknüpft, der er sich gegenübersieht. Der Verlauf der Nachfragekurve definiert die Gestalt der Grenzerlöskurve, die ihrerseits die gewinnmaximierende Ausbringungsmenge des Monopolisten bestimmt" (ebd: 361). Die bereits erörterte Kritik Sraffas am Theorem der Unabhängigkeit von

---

38 Der Grenzerlös entspricht dem Erlös der letzten produzierten Einheit.

39 Die Grenzkosten entsprechen den Kosten der letzten produzierten Einheit.

40 Dies bedeutet, dass neoklassisch vorgestellte Unternehmen unter der Bedingung sinkender Erträge (also steigender Kosten) so lange ihre Produktion ausweiten, bis eine weitere produzierte Einheit teurer ist als der durch sie erzielbare Preis. S. hierzu oben § 1.

41 Der Monopolpreis ist dementsprechend für die gesellschaftliche Wohlfahrt suboptimal, denn die Differenz zwischen den Grenzkosten/Grenzertrags-Schnittpunkt des Monopolisten und dem Cournot'schen Punkt schließt jene potenziellen Käufer vom Tausch aus, welche zum niedrigeren Wettbewerbspreis das zu handelnde Gut erworben hätten.

Angebot und Nachfrage wird im Zuge des Zusammenbruchs der horizontalen Nachfragekurve somit letztlich *gestärkt* durch die korrigierte Wettbewerbs- und Unternehmenstheorie. Das Erklärungsprinzip von „Angebot und Nachfrage" im theoretischen Rahmen der Neoklassik sieht sich folglich durch die neuere, hier wiedergegebene Kritik der Standardlehre zur Unternehmenstheorie mit einer weiteren immanenten Widerlegung konfrontiert.

Dass die Idee des „vollkommenen Wettbewerbs" auch mittels der modernen Spieltheorie als letztem „Rettungsanker" nicht rehabilitiert werden kann, stellen Keen und Kremer gesondert dar in Keens Untersuchungen zum „Gefangenendilemma" (vgl. Keen 2008: 186ff) und Kremers Studien zum „Allmende-Dilemma" (vgl. Kremer 2009: 14ff sowie Kremer 2010: 7ff).

§ 9. Im Ergebnis zeigt die Kritik Sraffas und der an seiner Ökonomiekritik orientierten Ökonomen die gravierenden logischen Defizite der ökonomischen Standardlehre schonungslos auf. Mit der neoklassischen Wirtschaftslehre ist nichts anderes gescheitert als der Versuch, die „unsichtbare Hand" des freien Marktes als effizient und wohlfahrtsökonomisch gerecht darzustellen. Nach der Korrektur ihrer logischen Fehler steht die herrschende Lehre nicht besonders gut da, denn weder ihre Wert- und Verteilungslehre noch ihre Erzählung von der wohlfahrtsfördernden Wirkung kapitalistischer Märkte lässt sich ohne klar nachweisbare Fehler im theoretischen Fundament darstellen. Auf ihre hegemoniale Stellung im akademischen Bereich wie auch in den meisten Beraterstäben politischer Institutionen hat dieser wissenschaftliche Bankrott der Neoklassik bislang jedoch keinen merklichen Einfluss gehabt. Die eigentlich universell gültigen Maßstäbe wissenschaftlicher Arbeit scheinen dort nicht zu gelten und partikularen Interessen untergeordnet zu werden.

Literatur

Albert, Hans (1998): *Marktsoziologie und Entscheidungslogik. Zur Kritik der reinen Ökonomik*, Tübingen.

Biesecker, Adelheid/Kesting, Stefan (2003): *Mikroökonomik. Eine Einführung aus sozial-ökologischer Perspektive*, München.

Blinder, Alan/Canetti, Elie./Lebow, David/Rudd, Jeremy (1998): *Asking About Prices: a New Approach to Understanding Price Stickiness*, New York.

Cohen, Avi (1993): *Samuelson and the 93 % Scarcity Theory of Value.* In: Baranzini, Mauro/ Harcourt, Geoffrey (Hg., 1993): *The Dynamics of the Wealth of Nations: Growth, Distribution and Structural Change. Essays in Honour of Luigi Pasinetti*, London.

Cohen, Avi/Harcourt, Geoffrey (2003): *Whatever Happened to the Cambridge Capital Theory Controversies*? In: *Journal of Economic Perspectives*, Nr. 17/2003.

Feess-Dörr, Eberhard (1992): *Mikroökonomie. Eine Einführung in die neoklassische und klassisch-neoricardianische Preis- und Verteilungstheorie*, Marburg.

Ganßmann, Heiner (2009): *Wirtschaftssoziologie und ökonomische Theorie.* In: Beckert, Jens/Deutschmann, Christoph (2009, H.): *Wirtschaftssoziologie. Kölner Zeitschrift für Soziologie und Sozialpsychologie*, Sonderheft 49/2009, Wiesbaden.

Gebhardt, Klaus-Uwe (2006): *Lohnsubventionen und Mindesteinkommen im Niedriglohnsektor*, Wiesbaden.

Gutenberg, Erich (1979): *Grundlagen der Betriebswirtschaftslehre. Erster Band: Die Produktion*, Berlin/Heidelberg.

Hagemann, Harald (1977): *Rate of Return und Profitrate. Eine kapitaltheoretische Kontroverse zwischen Neoklassikern und Postkeynesianern im Rahmen der Cambridge-Debatte. Schriften zur wirtschaftswissenschaftlichen Forschung*, Bd. 125, Meisenheim.

Hardes, Heinz-Dieter/Uhly, Alexandra (2007): *Grundzüge der Volkswirtschaftslehre*, Oldenburg.

Heine, Michael/Herr, Hansjörg (1999): *Volkswirtschaftslehre. Paradigmenorientierte Einführung in die Mikro- und Makroökonomie*, München/Wien.

Helmedag, Fritz (1992): *Sraffa und die Allgemeine Gleichgewichtstheorie.* In: *Jahrbücher für Nationalökonomie und Statistik*, Nr. 209/1992.

Ders. (1999): *Warenproduktion mittels Arbeit oder Die Neueröffnung der Debatte.* In: Eicker-Wolf, Kai u.a. (Hg., 1999): *Nach der Wertdiskussion?*, Marburg.

Herr, Hansjörg (2003): *Arbeitsmarktreformen und Beschäftigung. Über die ökonomietheoretischen Grundlagen der Vorschläge der Hartz-Kommission.* In: *Prokla*, Heft 128/2003.

Hirschel, Dierk (2004): *Lohnzurückhaltung und Beschäftigung im internationalen Vergleich.* In: *WSI-Mitteilungen* Nr. 8/2004.

Israel, Giorgio (2005): *Die Mathematik des „Homo Oeconomicus"*. In: Brüning, Jochen/Knobloch, Eberhard (Hg., 2005): *Die mathematischen Wurzeln der Kultur*, München.

Keen, Steve (2007): *Debunking Economics. The Naked Emperor of the Social Sciences*, London.

Ders. (2008): *Warum Wirtschaftslehrbücher die Standard-Theorie des Unternehmens nicht mehr unterrichten dürfen.* In: Luderer, Bernd (Hg., 2008): *Die Kunst des Modellierens. Mathematisch-Ökonomische Modelle*, Wiesbaden.

Ders./Lee, Frederic S. (2003): *The incoherent emperor: A heterodox critique of neoclassical microeconomic theory.* Online verfügbar unter: http://economics.uwaterloo.ca/needhdata/ncet.doc1.pdf

Ders./Standish, Russel (2011): *Rationality in the Theory of the Firm.* Online verfügbar unter:
http://arxiv.org/PS_cache/arxiv/pdf/1101/1101.3409v1.pdf

Kliman, Andrew (2007): *Reclaiming Marx's Capital: A Refutation of the Myth of Inconsistency*, Plymouth.

Kremer, Jürgen (2009): *Keen Economics. Zur Kritik Steve Keens an der Volkswirtschaftslehre.* Online verfügbar unter: http://www.rheinahrcampus.de/fileadmin/prof_seiten/kremer/masterkeeneconomics.PDF

Ders. (2010): *Die Theorie des Unternehmens. Wirtschaftswissenschaft ohne Wissenschaft.* In: *Humane Wirtschaft*, Heft 1/2010. Online verfügbar unter: http://www.humane-wirtschaft.de/01-2010/Kremer_Theorie-des-Unternehmens.pdf

Mankiw, Gregory N./Taylor, Mark P. (2008): *Grundzüge der Volkswirtschaftslehre*, Stuttgart.

Marshall, Alfred (1879/1986): *Die reine Theorie der inländischen Werte.* In: Bertram Schefold (Hg., 1986): *Ökonomische Klassik im Umbruch*, Frankfurt.

Ders. (1927): *Principles of Economics*, London.

Mises, Ludwig von (1931): *Die Ursachen der Wirtschaftskrise.* Online verfügbar unter: http://docs.mises.de/Mises/Mises_Ursachen_der_Wirtschaftskrise.pdf

Ders. (1940): *Nationalökonomie. Theorie des Handelns und Wirtschaftens*, Genf.

Morgenstern, Oskar (1931): *Offene Probleme der Kosten- und Ertragstheorie.* In: *Zeitschrift für Nationalökonomie*, Band II, Heft 4, März 1931, Wien.

Reid, Gavin C. (1993): *Small business enterprise: an economic analysis*, London.

Robinson, Joan (1953/54): *The Production Function and the Theory of Capital*. In: *The Review of Economic Studies*, Vol. 21/1953/54.

Dies. (1965): *Doktrinen der Wirtschaftswissenschaft*, München.

Rothbard, Murray N. (1999): *A.R.J. Turgot: Brief,Lucid, and Brilliant*. In: Holcombe, Randall G. (Hg., 1999): *15 Great Austrian Economists*, Auburn (Alabama).

Ders. (2009): Man, Economy and State with Power and Market, Auburn (Alabama).

Samuelson, Paul A. (1966): *A Summing Up*. In: *Quarterly Journal of Economics*, Volume LXXX, Cambridge.

Ders:/Nordhaus, William D. (2007): *Volkswirtschaftslehre. Das internationale Standardwerk der Makro- und Mikroökonomie*, Landsberg.

Schabacker, Klaus (1994): *Zur Aktualität Sraffas. Kritik der neoklassischen Orthodoxie und die Perspektiven einer monetären Theorie der Produktion*. In: *Prokla*, Heft 94/1994.

Schefold, Bertram (1976): *Nachworte*. In: Sraffa (1976), Frankfurt.

Ders. (1986): *Nachfrage und Zufuhr in der klassischen Ökonomie*. In: Ders. (Hg., 1986): *Ökonomische Klassik im Umbruch*, Frankfurt.

Ders. (1987): *Ricardo - Marshall – Sraffa (II). Ökonomische Theorie als Geschichte der Ricardo-Interpretation*. In: *WISU* 8-9/1987, Düsseldorf.

Schweitzer, Marcell/Küpper, Hans-Ulrich (1997): *Produktions- und Kostentheorie*, Wiesbaden.

Söllner, Fritz (2001): *Geschichte des ökonomischen Denkens*, Berlin.

Spahn, Hans-Peter (2007): *Realzins, intertemporale Preise und makroökonomische Stabilisierung. Ein Streifzug durch die Theoriegeschichte. Hohenheimer Diskussionsbeiträge* Nr. 292/2007. Online verfügbar unter: https://www.uni-hohenheim.de/RePEc/hoh/papers/292.pdf

Sraffa, Piero (1925/1986): *Über die Beziehungen zwischen Kosten und produzierter Menge*. In: Bertram Schefold (Hg., 1986): *Ökonomische Klassik im Umbruch*, Frankfurt.

Ders. (1926/1975): *Die Ertragsgesetze unter Wettbewerbsbedingungen*. In: Klaus Herdzina (Hg., 1975): *Wettbewerbstheorie*, Köln.

Ders. (1976): *Warenproduktion mittels Waren*, Berlin.

Steedman, Ian (1979): *Fundamental Issues in Trade Theory*, London.

Stigler, George J. (1975): *Die vollständige Konkurrenz im historischen Rückblick*. In: Klaus Herdniza (Hg., 1975): *Wettbewerbstheorie*, Köln.

Vienneau, Robert L. (2010): *Some Capital-Theoretic Fallacies in Garrison's Exposition of Austrian Business Cycle Theory: A Research Note*. Online verfügbar unter: http://papers.ssrn.com/sol3/papers.cfm?abstract_id=1671886

Wicksell, Knut (1913): *Vorlesungen über Nationalökonomie. Theoretischer Teil, 1. Band*, Jena.

Wied-Nebbeling, Susanne/Schott, Hartmut (2007): *Grundlagen der Mikroökonomie*, Berlin/Heidelberg.

Hanno Pahl

Textbook Economics: Zur Wissenschaftssoziologie eines wirtschaftswissenschaftlichen Genres

1. Einleitung: Wirtschaftswissenschaftliche Lehrbuchliteratur als Sozialisationsmedium und hegemoniale Deutungsinstanz

Von Paul Samuelson, dem bekannten neoklassischen Ökonomen und Autor eines der erfolgreichsten einführenden wirtschaftswissenschaftlichen Lehrbücher ist die Aussage überliefert: „I don't care who writes a nation's laws – or crafts its advanced treaties – if I can write its economics textbooks" (zit. n. Nasar 1995). Das Zitat gibt einen ersten Hinweis auf die Bedeutung und Reichweite, die ökonomische Lehrbuchliteratur spätestens im Zuge der disziplinären Ausdifferenzierung und globalen Diffusion der Wirtschaftswissenschaft nach dem Zweiten Weltkrieg erlangt hat: Einführende Lehrbuchliteratur in den Wirtschaftswissenschaften stellt nicht nur eine „überaus ritualisierte Textsorte" (Hesse 2010: 256) dar, sie bildet auch einen Markt von gigantischem Ausmaß: In den USA sind es jährlich etwa eine Million Studierende, die einführende Veranstaltungen der Wirtschaftswissenschaft belegen (etwa den obligatorischen Kurs *Econ 101*) und auf diesem Wege mit der entsprechenden Literatur in Berührung kommen (Bartlett 1996: 141). Die Autoren der erfolgreichsten Lehrmaterialien erhalten mitunter Vorschüsse und Honorare, die ansonsten wohl nur im Bereich belletristischer Bestseller üblich sind. Auch wenn – wie später argumentiert – diese Textgattung keinesfalls den *State of the Art* des Fachs repräsentiert, kann ihr mit Blick auf ihre Deutungsmächtigkeit ein zentraler Platz zugesprochen werden: Insofern weniger als zwei Prozent oben genannter Studierender Wirtschaftswissenschaft als Hauptfach belegen und mit einem Master abschließen, sind Veranstaltungen wie *Econ 101* für die große Mehrheit die einzige (formale) wirtschaftswissenschaftliche Ausbildung (Green 2009: 2). Hinzu kommt eine Suggestivkraft der Lehrbücher, die sich gerade nicht auf die Vermittlung komplexer Theorietechniken zu beziehen scheint (oder jedenfalls: nicht darin aufgeht), sondern auf die vorherrschend dargestellte Art und Weise, wie „ordentliches" und wissenschaftliches Nachdenken über ökonomische Sachzusammenhänge auszusehen habe: Während die formale Präsentation neoklassischer Verfahren (Indifferenzkurven etc.) sich kaum als

PROKLA. Verlag Westfälisches Dampfboot, Heft 164, 41. Jg. 2011, Nr. 32, 369 – 387

prägend erweisen dürfte, ist damit zu rechnen, dass die offerierten „globalen“ Weichenstellungen und Rahmungen einen bleibenden Eindruck hinterlassen und das Zielpublikum längerfristig beeinflussen. Es sind solche Rahmungen, die eine kritische Betrachtung verdienen (Cohn 2000: 2).

Bereits in Schumpeters klassischer Dogmengeschichte (posthum veröffentlicht in den 1950er Jahren) wurde als „*das* wichtige Symptom des Erfolgs“ einer Theorierichtung bzw. eines ökonomischen Paradigmas das „Erscheinen einiger erläuternder und einführender Werke“ angegeben (Schumpeter 2009: 1165). Heute dürfte noch mehr gelten, dass deren Inhalt und Präsentationsweise ein guter Indikator dessen ist, welches die in der Disziplin akzeptierten Dogmen und präferierten Themen sind (Ferber/Nelson 2003: 15). Korrelierend mit der ausgeprägten Zentrums-/Peripherie-Differenzierung des Fachs sind die dortigen Lehrbücher wesentlich standardisierter und an einem als gesichert betrachteten Wissenskanon orientiert als beispielsweise in der Soziologie oder in anderen Sozial- und Kulturwissenschaften. Ferber und Nelson, von der Warte feministischer Ökonomik aus gegen die neoklassische Hegemonie opponierend, bezeichnen das Feld der *Textbooks* denn auch als „impregnable bastion“ (ebd.). So ist es zu erklären, dass sich – ebenfalls ein Unikum der Wirtschaftswissenschaften – nicht nur innerdisziplinäre Protestbewegungen wie die *Post-Autistic-Economics* formiert haben, sondern ebenfalls Gruppierungen wie die *Toxic Textbook Initiative* (http://www.toxictextbooks.com), die es sich auf die Fahne geschrieben haben, die am weitesten verbreiteten Lehrmaterialien einer Evaluation und Kritik zu unterziehen und perspektivisch Alternativen auf den Weg zu bringen.

Mein Beitrag soll auf dem Wege empirischer Probebohrungen einige Charakteristika des Genres *Textbook Economics* herausarbeiten und ansatzweise im Kontext der gesellschaftlichen wie wissenschaftlichen „Großwetterlage“ situieren. Dazu erfolgt eingangs (Teil 2) als Hintergrundfolie ein Abriss zum Feld der Wirtschaftswissenschaft im 20. Jahrhundert, bevor Beispiele aus drei Lehrbüchern diskutiert werden, um ebenso symptomatische wie problematische Argumentationsweisen herauszuarbeiten (Teil 3). Abschließend (Teil 4) werden diese Befunde kontextualisiert und verdichtet sowie offene Forschungsfragen (in Bezug auf Mathematisierung, Performativität sowie die gegenwärtige Wirtschaftskrise) benannt, um am Ende auf die Frage (soziologischer) Alternativen zu sprechen zu kommen.

2. Eine Hintergrundfolie: Zum Aufstieg und (möglichen) zukünftigen Bedeutungsverlust neoklassischer Ökonomie

Sozialwissenschaftliche Kritik an der Ökonomik tendiert oftmals dazu, die Disziplin der Wirtschaftswissenschaften als monolithischen Block zu betrachten, als dessen Zentrum ein harter, neoklassischer Paradigmenkern identifiziert wird, der das Fach schrittweise okkupiert habe und das gesamte Feld seit langer Zeit konkurrenzlos dominiert. Im Folgenden werden einige Argumente geliefert, weshalb ein solches Interpretationsraster als übersimplifizierend betrachtet werden muss, was nicht bedeutet, die These neoklassischer Hegemonie zu negieren, aber sie etwas anders zu situieren. Ein knapper historischer Abriss soll dazu dienen, die darauffolgenden Überlegungen zu den *Textbook Economics* zu kontextualisieren.

Die Konstellation ökonomischer Wissenschaftskultur, die gegenwärtig das Feld wie auch die öffentliche Wahrnehmung der Wirtschaftswissenschaft dominiert, aber an den Forschungsfronten einer schleichenden Erosion ausgesetzt zu sein scheint, kann nicht *allein* mit der marginalistischen Wende und den daran angekoppelten allgemeinen Gleichgewichtstheorien identifiziert werden. Zwar kann tatsächlich für das 20. Jahrhundert zunächst ein Übergang *From Interwar Pluralism to Postwar Neoclassicism* (Morgan/Rutherford 1998) konstatiert werden: War die Struktur der wirtschaftswissenschaftlichen Disziplin zu Beginn des Jahrhunderts durch ein multipolares Nebeneinander mehrerer akademisch institutionalisierter Theorietraditionen charakterisiert,[1] zeigte sich spätestens nach dem Zweiten Weltkrieg ein ganz anderes Bild: Die nun maßgeblich von den USA als neuem Zentrum von Wissensproduktion global diffundierende ökonomische Wissenschaftskultur zeigt deutliche monoparadigmatische Einschläge sowie eine Verengung der als valide geltenden wissenschaftlichen Zugriffsweisen. Das Zustandekommen dieser Konstellation lässt sich allerdings keinesfalls nur durch die in der Zwischenzeit erfolgte konsequente Mathematisierung der neoklassischen Theorie (durch Samuelson, Hicks und andere) erklären, sondern erfordert mindestens die Berücksichtigung zweier weiterer Faktoren, nämlich: a) die zeitgleich erfolgte Revolutionierung der Volkswirtschaftlichen Gesamtrechnung sowie b) die Verbindung von Neoklassik und Volkswirtschaftlicher Gesamtrechnung durch die vor allem in der *Cowles Commission* entstandene Ökonometrie, die eine Anwendung statistischer Techniken auf die von der neuen Gesamtrechnung gelieferten Daten im Rahmen der gerade erst mathematisierten Modelle ermöglichte (vgl. dazu Backhouse 2002: 237ff.). Erst das bei genauerem Hinsehen vielfach kontingente Zusammentreffen dieser Faktoren, zu dem noch eine Reihe sozialstruktureller und anwendungsbezogener Aspekte in Rechnung

1 Für Deutschland kann neben einem Aufgreifen der klassischen politischen Ökonomie vor allem an die Stränge der Historischen Schule erinnert werden, für die USA an den ökonomischen Institutionalismus.

gestellt werden müssen,[2] hat zügig zur Konsolidierung beigetragen. Zusammen mit jener relativ stabilen Wachstumskonstellation kapitalistischer Entwicklung nach 1945 (Fordismus) emergierte ein wissenschaftliches Selbstbewusstsein, das bei Fourcade (2009: 85) mit folgenden Worten beschrieben wurde: „The economy had been turned into a 'thing' whose behavior could be described (through national accounts), modeled into equations, tested, predicted, and acted upon".

Ich möchte nur auf zwei einschlägige Resultate verweisen: Zum ersten kann der überraschend zügige Niedergang des älteren ökonomischen Institutionalismus in der Nachkriegszeit damit erklärt werden, dass das dortige Projekt einer quantitativ fundierten Wirtschaftswissenschaft durch den gemeinsamen Aufstieg mathematisierter Wirtschaftstheorie und Ökonometrie „obsolet" gemacht wurde (Fourcade 2009: 83f.). Galt die neoklassische Theorie bis in die 1930er Jahre hinein noch weithin als begrenzter, empirieferner Ansatz und der Institutionalismus als ein Theorieprogramm, das statistische und ökonometrische Kompetenz für sich beanspruchen konnte, so wurde durch die oben genannte erfolgreiche Verkopplung eine neuartige Konstellation geschaffen, in der das Programm des Institutionalismus fortan als *Measurement Without Theory* kritisiert werden konnte: Die *Econometric Society* erreichte eine Umstrukturierung der Kräfteverhältnisse, indem quantitative Forschung von einem „Partner" des Institutionalismus zu einem der rein mathematischen Wirtschaftstheorie gemacht wurde (Yonay 1998: 188). Als zweites Beispiel kann die Assimilierung der Keynesschen Theorie angeführt werden, für die sich der Terminus der neoklassischen Synthese eingebürgert hat. Keynes' Ansatz bestand originär darin, eine Reihe von funktionalen Relationen zwischen makroökonomischen Aggregatgrößen aufzustellen sowie nur schwer zu modellierende Faktoren wie Unsicherheit und Erwartungsbildung prominent zu berücksichtigen. Die spätestens mit Patinkin (1965) kodifizierten, in den 1960er und 1970er Jahren zum Standardrüstzeug fast aller Ökonomen avancierten *Keynesian Economics* hingegen können als Spezialfall neoklassischer Ökonomie interpretiert werden: Die makroökonomischen Aussagensysteme wurden im Optimierungshandeln rationaler Agenten fundiert, das Theoriedesign formalisiert (Hicks' IS/LM-Modell), Aspekte die sich der Axiomatisierung entzogen wurden eskamotiert.

Inwieweit bis heute im *Mainstream* der Wirtschaftswissenschaft von einer bruchlosen Dominanz dieser neoklassischen Wissenschaftskultur gesprochen werden kann, ist unklar. Ein Blick auf aktuelle Stimmen aus den Bereichen Dogmengeschichte bzw. *Social Studies of Science* kann auf zahlreiche Indizien

---

2 Hier ist u.a. zu denken an: die Weltwirtschaftskrise der 1920er und 1930er Jahre, die Politik des *New Deal* sowie an den großflächigen Einsatz ökonomischer Expertise im Verlauf von Planungsaktivitäten im Zweiten Weltkrieg (vgl. Mirowski 2002).

verweisen, wonach deren hegemonialer Stellenwert seit den 1970er Jahren ein Stück weit in Auflösung begriffen ist. Colander et. al (2004) haben hierfür den Terminus eines *Changing Face of Mainstream Economics* geprägt, Davis (2008) nennt hieran anschließend vor allem die Bereiche *Game Theory, Experimental Economics, Behavioral Economics, Neuroeconomics und Non-Linear Complexity Economics* als Forschungsstränge, die zwar mit einigen fundamentalen Prämissen und Axiomen der Neoklassik brechen, aber zugleich mehr oder weniger akzeptierte Theorievarianten des *Mainstreams* darstellen. Anders als bei der tradierten Corona heterodoxer Ansätze, die seitens der institutionalisierten Fachvertreter zumeist mit Nichtbeachtung gestraft wurden, stimmen viele Kommentare in der Vermutung überein, wonach die genannten „gemäßigten Abweichler" für die Entwicklung besonders entscheidend sind: Sie verfügen über das Potential, die Grenzen der Disziplin nachhaltig zu verschieben und neuen Ideen zum Durchbruch zu verhelfen (Backhouse 2004: 269). An anderer Stelle diagnostiziert Colander (2003: 23) eine Verschiebung des in der Makroökonomie – als primäre Beratungsinstanz der Wirtschaftspolitik – anzutreffenden wissenschaftlichen Selbstverständnisses. Die Makroökonomie nehme danach mehrheitlich von der noch in den 1970er Jahren festgeschriebenen Sichtweise Abstand, dass formale Theorien unmittelbar für wirtschaftspolitische Handlungsanweisungen einsetzbar sind. Stattdessen würden zunehmend pragmatische *Trial-and-Error*-Verfahren Verwendung finden, die nur noch mittelbar durch fundamentale Theoreme und Axiome angeleitet sind. Colander (ebd.: 23) hat hierfür die Bezeichnung einer „muddling-through vision" geprägt, die – verglichen mit vormaligen sozialtechnologischen Erwartungshaltungen – einen bescheideneren Anspruch anzeigen soll.

Es ist zum jetzigen Zeitpunkt schwer zu eruieren, inwiefern die skizzierten Befunde über ein *Changing Face* zutreffend sind, relativ sicher – und der Fortgang wird dies exemplarisch zeigen – kann davon ausgegangen werden, dass sich etwaige Relevanzverschiebungen gerade auf dem Terrain der *Textbooks* (noch) nicht zureichend abbilden. Hier scheint nach wie vor ein Narrativ von Wissenschaftskultur tradiert zu werden, das die Ökonomik als im Kern monoparadigmatische Disziplin auffasst und darstellt, als *einen* Korpus nomothetischen Wissens, der als unhinterfragtes Fundament eine Reihe von Abstraktionen und Theorietechniken voraussetzt. Kritische Beobachter haben genau an dieser Diskrepanz angesetzt, so wenn bei Klamer (1990: 131) moniert wird, dass die Darstellungen in der Lehrbuchliteratur fälschlicherweise den Eindruck eines Konsenses unter den Ökonomen erwecken würden, um die Disziplin „harten" wissenschaftlichen Standards entsprechend aufzubereiten. Bei Klamer, McCloskey und Ziliak (2007: 2) wird ähnlich argumentiert, die Wirtschaftswissenschaften stellten faktisch eine Pluralität von heterogenen Konversationen dar, die Lehrbücher seien demgegenüber bestürzend homogen gearbeitet.

3. Symptomatische Argumentationsstrategien und Darstellungsweisen im Feld der *Textbook Economics* – Einige Fallbeispiele

Als Untersuchungsgegenstand aus eigenem Recht wurde das Feld bis dato eher selten analysiert. Vorherrschend sind Beiträge, die entsprechendes Textmaterial quantitativ abgetastet haben um auf dieser Grundlage beispielsweise die ungenügende Repräsentation von Frauen und Minderheiten aufzuzeigen (vgl. Feiner/Morgan 1987, Robson 2001). Der hier präsentierte Zugriff kann zwar als Ergänzung zu solchen Unternehmungen verstanden werden, das Augenmerk liegt allerdings anders. Die im Folgenden durchgeführten Stichproben können und sollen nicht mit Anspruch auf strenge Repräsentativität auftreten, es geht darum, Indizien für ebenso symptomatische wie problematische Aussageordnungen zusammenzutragen. Des weiteren liegt die Fokussierung nicht primär auf der Frage der immanenten kognitiven Validität des präsentierten Wissens – dass beispielsweise dargestellte Ableitungszusammenhänge fehlerhaft sind, ist eher unwahrscheinlich –, sondern auf der Art und Weise ihrer *Rahmung*. Dies betrifft zum einen ganz allgemein den Faktor der narrativen Einbettung von als Fakten präsentierten Sachverhalten: „Facts make sense only insofar as they are arranged in some narrative order; moreover, these narratives always are conveyed through metaphors" (Horwitz 1999: 154). Spezifischer betrifft es aber auch die Frage der *Referenz*, also den Gegenstandsbezug der entwickelten theoretischen Abstraktionen. Die Selektion der herangezogenen Bücher erfolgte nach pragmatischen Gesichtspunkten. Mit Mankiws und Taylors (2008) *Grundzüge der Volkswirtschaftslehre* wird eines der am weitesten verbreiteten Lehrbücher berücksichtigt, das Buch gilt aufgrund seiner relativ sparsamen Verwendung mathematischer Formeln als gleichermaßen wirklichkeitsnah wie zugänglich (hat aber, auch aufgrund der Tätigkeit Mankiws als Vorsitzender des Rates der Wirtschaftsberater unter George W. Bush in besonderer Weise Kritik auf sich gezogen). Starrs (1997) Einführung in die allgemeine Gleichgewichtstheorie wurde gewählt, weil hier jener Theoriebestand einführend erläutert wird, der von vielen Beobachtern als harter Kern des ökonomischen *Mainstreams* interpretiert wird. Schließlich wird mit Paschkes (2007) *Grundlagen der Volkswirtschaftslehre – anschaulich dargestellt* ein drittes Buch herangezogen, das sich als besonders preiswertes Lehrmaterial ebenfalls einer großen Auflagenstärke erfreut und zudem von einem Autor verfasst wurde, der keine akademische Position inne hat, sondern sich aufs Schreiben entsprechender Unterrichtsmaterialien verlegt hat.

Mankiw und Taylors (2008: VII) Lehrbuch beginnt mit einer Art Anekdote – in den *Vorbemerkungen für den Lehrenden* wird folgende Rahmung präsentiert: „Ich war in einer Familie aufgewachsen, die am Esstisch oft über Politik diskutierte. Das Pro und Contra zu verschiedenartigen Lösungen gesellschaftlicher

Probleme entfachte hitzige Debatten. In der Schule jedoch fühlte ich mich zu den naturwissenschaftlichen Fächern hingezogen. Während mir die Politikwissenschaften unscharf, beliebig und subjektiv erschienen, waren die Naturwissenschaften analytisch, systematisch und objektiv. Während sich die politische Debatte endlos im Kreise drehte, erzielten die Naturwissenschaften Fortschritte. Meine Anfängervorlesung über 'Principles of Economics' öffnete mir jedoch die Augen für eine neue Art der Betrachtung und des Denkens. Die Volkswirtschaftslehre verbindet die Stärken von Politik- und Naturwissenschaften. Sie ist im Wortsinne eine Sozialwissenschaft. Ihr Hauptgegenstand ist die Gesellschaft – wie Menschen über ihre Lebensführung entscheiden und wie sie zusammenwirken. Gleichwohl geht sie leidenschaftslos wie eine Naturwissenschaft zu Werke. Durch die Anwendung naturwissenschaftlicher Methoden auf politische Fragen sucht die Volkswirtschaftslehre bei den grundlegenden Herausforderungen voranzukommen, denen alle Gesellschaften gegenüberstehen". Die Wirtschaftswissenschaft erhält in diesem Narrativ eine Sonderstellung innerhalb der Sozialwissenschaften zugesprochen, weil sie durch die Anwendung naturwissenschaftlicher Methoden objektive Antworten auf soziale Phänomene und Probleme zu geben vermöge, wohingegen die anderen, als subjektiv charakterisierten Sozialwissenschaften genau dies nicht leisten, sondern unscharf und beliebig bleiben.

Diese Grundsituierung, die als Widerhall des Samuelsonschen (2005: 5) Diktums von der Wirtschaftswissenschaft als „queen of the social sciences" gelesen werden kann, wird in Kapitel 2 über *Volkswirtschaftliches Denken* wieder aufgegriffen und fortgeführt, wenn Mankiw und Taylor sich zum methodologischen Selbstverständnis der Wirtschaftswissenschaft äußern: Ökonomen „betreiben die Erforschung der Volkswirtschaft in ziemlich derselben Weise, wie ein Physiker die Materie und ein Biologe das Leben untersucht: Sie entwerfen Theorien, sammeln Daten und versuchen dann aufgrund der Daten, ihre Theorie zu bestätigen oder zu verwerfen" (ebd.: 23). Im Fortgang wird die Einheit beider Wissenschaftstypen zwar ein Stück weit relativiert, so wenn vermerkt wird, dass Ökonomen nicht auf Erkenntnismittel wie Reagenzgläser oder Teleskope zurückgreifen können, um in analoger Weise wie in den Naturwissenschaften Experimente durchzuführen. Als Ersatz dazu verweisen Mankiw und Taylor auf eine als allgemein und disziplinenübergreifend vorgestellte „wissenschaftliche Methode", die sie als Abfolge „Beobachtung, Theorie und erneute Beobachtung" (ebd.: 24) kennzeichnen.

Es ist allerdings grundsätzlich zu hinterfragen, ob das damit proklamierte Methodenideal der Realität entspricht. Der Methodologe und Dogmenhistoriker Blaug (1997: XIII) hat ein immer wieder anzutreffendes Auseinanderfallen von methodologischen Ansprüchen und tatsächlichen Praktiken mit dem Terminus des „innocuous falsificationism" (harmloser oder unverfänglicher Falsifikationismus) versehen, worin sich der Vorwurf artikuliert, dass die Mehrzahl der (*Main-*

stream-)Ökonomen zwar ein an der empirischen Überprüfung von Hypothesen orientiertes Forschungsverständnis proklamiert, tatsächlich aber ganz anders verfährt. Blaug (ebd.: 169) bezeichnet den vorherrschenden Wissenschaftsmodus der neoklassischen Tradition als endlose Formalisierung rein logischer Problemstellungen ohne jeglichen Bezug auf die Produktion falsifizierbarer Theoreme über tatsächliches ökonomisches Verhalten. Es ist zwar zutreffend, dass Mankiws und Taylors Lehrbuch – anders als viele hier gänzlich unsensible Lehrmaterialien – an zahlreichen Stellen auf die Grenzen generalisierter Modelle und Gesetzesaussagen verweist.[3] Trotzdem folgt der präsentierte Modus der Wissensgenerierung keinesfalls der proklamierten Logik von „Beobachtung, Theorie und erneute(r) Beobachtung". Dies könnte exemplarisch gezeigt werden an der Darstellung von Märkten (ebd.: 71ff.) oder bezüglich der Betrachtung von Geld und Preisen (ebd.: 705ff.). In allen Fällen ist es so, dass die basalen Theorietechniken als sakrosankt vorausgesetzt werden, also gerade keiner empirischen Überprüfung ausgesetzt werden, sondern allein notwendige Modifikationen und den Modellen inhärente Restriktionen erörtert werden. Diese Problematik, die ein Grundproblem der *Textbook Economics* im Modus der Neoklassik bildet, kann anhand des zweiten ausgewählten Lehrbuchs deutlich konkretisiert werden.

Der erste inhaltliche Teil in Starrs (1997) Einführung in die allgemeine Gleichgewichtstheorie,[4] *Concept and history of general equilibrium theory* (ebd.: 3ff.), setzt mit einer Unterscheidung von Theorien partiellen und allgemeinen Gleichgewichts ein; die Überlegenheit Letzterer wird plausibilisiert durch Verweis auf empirisch leicht feststellbare Interdependenzen zwischen einzelnen Märkten: Im Falle des US-amerikanischen Automobilmarkts des Jahres 1974 haben Preisveränderungen auf einem anderem Markt (hier: eine Vervierfachung des

3 So heißt es im Kapitel zu den Grenzbereichen der Mikroökonomik, wo Bereiche wie die Verhaltensökonomik oder das Problem der asymmetrischen Informationen skizzenhaft behandelt werden, abschließend: „Wenn es einen verbindenden Gedanken zu all den hier behandelten Themen gibt, dann den, dass das Leben schwierig ist. Die Informationen sind unvollständig, die Regierung ist unvollkommen und die Menschen ebenso" (Mankiw, Taylor 2008: 556). Den Abschnitt über *Gewerkschaften und kollektive Lohnverhandlungen* resümierend wird festgestellt: „Einigkeit darüber, ob Gewerkschaften gut oder schlecht für eine Volkswirtschaft sind, besteht unter Nationalökonomen nicht. Wie viele Institutionen sind auch die Gewerkschaften unter bestimmten Bedingungen nützlich und bei anderen Gegebenheiten nachteilig für die Gesellschaft" (ebd.: 697).

4 Auch dieses Buch enthält vor den materialen Teilen ein rahmendes Narrativ, in diesem Fall (vgl. ebd.: XIX) wird dem Leser über eine universitär abgehaltene Geburtstagsfeier berichtet, wo „the fortieth anniversary of one of the greatest achievements of modern economic theory: the mathematical theory of general economic equilibrium" zelebriert wurde. Im hier nicht komplett wiedergegebenen Passus wird auf die Elemente Tradition, wissenschaftliche Reputation und Aktualität verwiesen.

Benzinpreises) die Nachfrage nach sparsameren Autos aus Japan schlagartig ansteigen lassen und zugleich einen Rückgang der Nachfrage nach amerikanischen Modellen bewirkt. Die allgemeine Gleichgewichtstheorie wird als ein Theorieprogramm beschrieben, dem zwei Leistungen inhärent seien: Sie habe sich erstens als essentiell in der Beschreibung der Effizienz und Stabilität des Marktmechanismus erwiesen sowie zweitens darin, der ökonomischen Analyse ein logisches Fundament zu liefern. Beide Attribute werden miteinander verkoppelt, um die allgemeine Gleichgewichtstheorie als rigorose Einlösung fundamentaler wirtschaftswissenschaftlicher Erkenntnisinteressen auszuweisen: Sie habe die Basis für die entscheidenden Innovationen der modernen ökonomischen Theorie gelegt und eine vollständige, streng mathematische Bestätigung tradierter ökonomischer Sichtweisen geliefert (ebd.). Der Traditionsbezug ebenso wie die Überlegenheit des Theorieprogramms wird im anschließenden Abschnitt *History of general equilibrium theory* (ebd.: 7ff.) verstärkt, indem – bevor der innertheoretische Fortgang des gleichgewichtstheoretischen Paradigmas (einsetzend mit Walras und endend mit Arrow und Debreu) skizziert wird – verschiedenen klassischen Ökonomen ein ähnlich gelagertes Erkenntnisinteresse zugeschrieben wird: Ökonomen des 19. Jahrhunderts, wie Ricardo, Mill, Marx und Jevons hätten allesamt über ein Konzept stabiler Gleichgewichtstendenzen in der Ökonomie verfügt und hätten die Bedeutung der Interaktion zwischen Märkten erkannt, seien aber noch nicht in der Lage gewesen, diese Einsichten mathematisch zu formalisieren (ebd.).[5] An Ort und Stelle fehlt auch nicht der Hinweis auf die prominente Smithsche Metapher der unsichtbaren Hand, als deren präzise wissenschaftliche Einlösung die Gleichgewichtstheorie präsentiert wird. Die einleitend strukturierende Dramaturgie findet in *Summary and conclusion* (ebd.: 237ff.) einen Abschluss, indem das Fazit gezogen wird: „There it is in modern mathematical form – just what Adam Smith (1776) would have said. The competitive market can work to effectively decentralize efficient allocation decisions."

In dieser Situierung findet sich eine mehrfache Amalgamierung heterogener Erkenntnisleistungen, die theoretisch nicht gedeckt ist: Die am Beispiel der Interaktion mehrerer Märkte demonstrierte Überlegenheit allgemeiner gegenüber partieller Theorien des Gleichgewichts sowie dann die Proklamation der Gleichgewichtstheorie als Einlösung des Programms der Smithschen Metapher suggeriert, dass es sich bei ihr um eine Analyse empirischer Märkte handeln würde, um eine analytische Abbildung der realen Prozesse ökonomischer Synthesis.

5 Die Inklusion von Marx in diese Ahnenreihe dürfte kaum mit dessen eigenem Selbstverständnis in Einklang zu bringen sein, wofür die Zentralität krisentheoretischer Argumentationsstränge in der Kritik der politischen Ökonomie ein deutlicher Beleg sein dürfte.

Die Verweise auf durch das freie Spiel der Marktkräfte generierte wirtschaftliche Optima staffiert das Forschungsprogramm sowie den Objektbereich mit einer zusätzlichen, normativen Komponente aus, indem die unter den artifiziellen Modellbedingungen deduzierbaren Gleichgewichtszustände als sozial wünschenswerte Zustände ausgewiesen werden. Bei Sugden (2002: 114) wird zwischen begrifflicher Exploration (*conceptual exploration*) und empirischer Theoriebildung (*empirical theorizing*) unterschieden. Begriffliche Exploration – und als solche muss die gesamte Tradition gleichgewichtstheoretischen Denkens klassifiziert werden – untersucht die internen Eigenschaften von Modellen, ohne hierbei die Beziehung von Modellwelt und empirischer Realität zu berücksichtigen. Dies in Rechnung gestellt kann geschlussfolgert werden, dass die Verkopplung gleichgewichtstheoretischer Gleichungssysteme mit Prozessen realer ökonomischer Ausgleichsprozesse eine trügerische ist: Das Theorem der unsichtbaren Hand ist entweder eine deskriptive oder eine normativ-evaluative Aussage über die Struktur vollständigen Wettbewerbs, wohingegen das Theoriedesign der allgemeinen Gleichgewichtstheorie nicht beansprucht (bzw. nicht beanspruchen kann), wie auch immer geartete Aussagen über deren Realität zu treffen (Blaug 1997: 163). Es hat als solches keinen empirischen Inhalt, bei seinen Prämissen handelt es sich – in der Theoriesprache der klassischen Kantischen Epistemologie ausgedrückt – nicht um synthetische Urteile *a priori*, sondern um analytische Urteile: „In einem solchen Urteil ist nichts aus Erfahrung enthalten, es zergliedert nur einen Begriff, um diesen universell auf die Erfahrung anwenden zu können" (Jonas 1964: 110). Man muss es nicht kategorisch ablehnen, solcherlei Forschungen zu betreiben, es kann jedenfalls nicht ausgeschlossen werden, dass durch das Ausloten der Eigenschaften von Modellwelten interessante Erkenntnisse ermöglicht werden. Problematisch erscheint in jedem Fall die das Lehrbuch durchziehende Prämisse, wonach die allgemeine Gleichgewichtstheorie uns in direkter Weise das Operieren des Marktmechanismus sehen lasse (Starr 1997: 13), mit der unterstellt wird, dass die offerierten Abstraktionen – wenigstens im Prinzip – den realen Marktmechanismen entsprechen.

Am Beispiel von Paschkes (2007) Lehrbuch soll vor allem die Verschlingung von positiver Darstellung und politischer Wertung dargestellt werden. In den letzten Kapiteln dieses Buches werden zunächst Bedingungen gesamtwirtschaftlichen Gleichgewichts erläutert, bevor im Abschnitt *Konjunkturelle Impulse durch die Wirtschaftspolitik* nachfrageorientierte und angebotsorientierte Wirtschaftspolitik einander gegenübergestellt werden. Die Ausführungen sind durchgehend mit Wertungen durchsetzt, die allerdings nicht von der positiven Darstellung abgesetzt (und sei es nur durch die Verwendung von Konjunktiven), sondern in diese eingeflochten werden. Den Auftakt machen folgende Ausführungen: „Die deutsche Wirtschaftspolitik hat sich seit den 60er Jahren immer wieder auch nachfrageorientiert gezeigt. Ein Ergebnis ist ein Schuldenstand der gesamten öffentlichen Haushalte 2005 in Deutschland von rund EUR 1,4 Billionen. [...] Darüber hinaus stecken Deutschland und auch andere europäische Staaten in einer tiefen strukturellen Krise. Viele Strukturen sind verkrustet und die Wettbewerbsbedingungen dienen dem Erhalt des Status Quo. Sie fördern allerdings nicht die dringend benötigte Innovationskraft am Standort Deutschland" (ebd.: 285f.). Präsentiert wird eine exklusive Verkopplung des Themas der Staatsverschuldung (die de facto diverseste Ursachen haben kann)[6] mit nachfrageorientierter Wirtschaftspolitik, woraufhin eine Aussage folgt, die populäre, politischen Debatten entlehnte Vokabeln wie die der Verkrustung oder der Innovationskraft bemüht. Anschließend erfolgt eine Historisierung keynesiansisch inspirierter Wirtschaftspolitik, sie sei „heute und in der früheren Vergangenheit für die westlichen Industrienationen das falsche Mittel für die Wirtschaftspolitik", dies sei „die herrschende Meinung führender Ökonomen" und es gäbe „nur noch wenige Ausnahmen, die den Keynesianismus akzeptieren und noch weniger, die ihn aktiv anwenden wollen" (ebd.: 287). Im Anschluss an die Bemerkung, dass die Keynessche Theorie „aus einer vollkommen anderen Situation heraus entstanden ist" (starke konjunkturelle Unterbeschäftigung in Verbindung mit Deflation zu Zeiten der *Great Depression*), die „zum Glück in unseren heutigen Republiken nicht gegeben" sei, wird erneut konkretistisch für Gegenstimmen Partei ergriffen: „Vor diesem Hintergrund ist eine Neuorientierung der Wirtschaftspolitik, nach den positiven Elementen der Vereinigten Staaten und Großbritanniens zu erhoffen" (ebenda: 287ff.). Schon bevor der eigene Abschnitt zur angebotsorientierten Wirtschaftspolitik begonnen hat, ist das Feld auf eine Weise vorformatiert, die Wirtschaftspolitik auf eine Auswahl aus nur zwei möglichen Alternativen eingrenzt und auch hier schon ein eindeutiges Votum ausgegeben hat.

Der folgende Darstellungsgang präsentiert neben einigen theorietechnischen Erläuterungen abermals politische Wertungen, wobei nun auch konkretere Maßnahmen Erwähnung finden: Zuvor bereits im Allgemeinen adressierte „veraltete Strukturen", die „aufgebrochen und dereguliert werden" müssen, werden nun direkt identifiziert, hierunter fallen beispielsweise „die traditionellen Mitbestimmungsrechte der Arbeitnehmer aus den Montanunion Zeiten" (ebd.: 292). „(S)ogenannte Flächentarifverträge, die weitgehende Bindung besitzen, [müssen] durch die Einführung weiterer Öffnungsklauseln stärker flexibilisiert werden und durch Ergänzungstarifverträge zur Standortsicherung betriebsnäher gestaltet werden" (ebd.: 310f.) Mit Blick auf die Reform sozialer Sicherungssysteme wird

6 Zum Beispiel großzügige Steuersenkungen für Unternehmen und Bezieher hoher Einkommen.

empfohlen: „Wer leisten kann, sollte dies tun und gegebenenfalls hierzu auch von der Gesellschaft durch die Schaffung von Anreizen mehr oder weniger gezwungen werden" (ebd.: 311). Der gesamte Abschnitt erweckt den Eindruck, lediglich politische Stellungnahmen einer ganz bestimmten *Couleur* an den Mann/die Frau bringen zu wollen, für die das mitgeführte technische Instrumentarium lediglich eine Art Beiwerk oder Feigenblatt darstellt. Damit korrespondiert auch der den Band abschließende letzte Absatz, wo das angebotsaffirmative Narrativ mit einer prognostischen Verlängerung in die Zukunft ausstaffiert wird: „Zum Schluss sei noch vermerkt, dass sich auch bereits etwas in Deutschland getan hat. Ein Bericht der Weltbankgruppe vergleicht die (De-)Regulierungen in 175 Ländern. Deutschland rangiert hier insgesamt auf Platz 21, unverändert gegenüber dem Vorjahr. Seit dem ersten Bericht 2004 haben Bürokratieabbau bei der Unternehmensgründung und auch leichte Deregulierungen auf dem Arbeitsmarkt stattgefunden. Der Weg an die Spitze oder mindestens näher heran erscheint allerdings entweder weit oder lang. Der nächste Bericht kann mit Spannung erwartet werden" (ebd.: 317). Die Weltbankgruppe wird hier nicht als interessengeleiteter Akteur markiert, sondern als neutrale Instanz im Allgemeininteresse, die dort publizierte Deregulierungsskala wird nicht hinterfragt oder mit alternativen, möglicherweise andere Kriterien ansetzenden *Rankings* konfrontiert, sondern als objektiver Maßstab angelegt.

4. Fazit und Ausblick: Die Wirtschaftswissenschaften und ihre Kritik im Kontext

Ich habe dafür argumentiert, wirtschaftswissenschaftliche Lehrbuchliteratur einer kritischen sozialwissenschaftlichen Evaluierung zu unterziehen, und hierfür Beispiele geliefert. Ausgehend von der Überlegung, dass Lehrbüchern einerseits eine überaus wichtige Bedeutung bei der Repräsentation und Prägekraft der Wirtschaftswissenschaft nach außen (Wirtschaftspolitik) wie bei ihrer Identität nach innen (wissenschaftliche Sozialisation) zukommt, aber andererseits nicht davon ausgegangen werden kann, dass dort der Forschungsstand der Disziplin (die *Research Frontiers*) adäquat widergespiegelt wird, sollte das Forschungsfeld als Thema aus eigenem Recht situiert werden. Es ist nicht deckungsgleich mit der allgemeinen Evaluation und Kritik der Wirtschaftswissenschaften, sondern erfordert eigene Zugriffsweisen und Bewertungsmaßstäbe.[7] Die herangezogenen

7 Dieser Befund lässt die gerade seitens heterodoxer Kritiker oftmals praktizierten Verfahren, die Dominanz der Neoklassik durch eine Kritik ihrer Lehrbuchversionen anzugreifen, als problematisch erscheinen (was hier aber nicht weiter verfolgt werden kann).

Textbeispiele haben sich auf ausgewählte Aspekte beschränkt, die sich mir als besonders augenscheinlich dargestellt haben. Bei Mankiw lag mein Fokus auf den von ökonomischer Seite oftmals proklamierten Bezugnahmen auf die erfolgreichen Naturwissenschaften und damit (vermeintlich) implizierte Methodenideale, bei Starr ging es um die Problematik von Modellwelten und empirischer Realität und bei Paschke wurde das Phänomen der Amalgamierung der positiven Darstellung von Theorietechniken und wirtschaftspolitischen Werturteilen deutlich gemacht. Natürlich könnten diese Punkte leicht durch weitere Beispiele ergänzt werden. Durchgängig angetroffen wird beispielsweise eine Bestimmung der Wirtschaftswissenschaft als Knappheitslehre, die allzu vermittlungslos auf vermeintlich natürlich vorliegende Bedürfnisstrukturen und ähnlich gelagerte Anthropologismen Bezug nimmt. Man mag von solchen Setzungen halten, was man will, es wäre mindestens einzufordern, die Differenzen von entsprechenden Generalisierungen und der auf bestimmten Sozialstrukturen aufruhenden modernen kapitalistischen Ökonomie explizit zu markieren. Zudem wird einem monoparadigmatischen Bild der Disziplin Vorschub geleistet, das erstens kaum der Realität entspricht und zweitens bereits im Vorfeld dafür sorgt, die Wissenschaft der Wirtschaft auf eine ganz bestimmte Sichtweise festzulegen. Würden andere Theorieprogramme als Alternative und mögliche Korrekturinstanz in den *Textbook Economics* wenigstens genannt, würde der selektive Charakter der Darstellung sichtbar werden. In den postkeynesianischen Forschungsrichtungen etwa wird Wirtschaftswissenschaft grundsätzlich nicht als Verteilungslehre knapper Ressourcen gerahmt, sondern als Analyse, in welcher Weise ökonomische Systeme in der Lage sind, ihren „Output" im Zeitverlauf zu erhöhen, wobei insbesondere auf die Produktion und Distribution des Mehrprodukts abgestellt wird (Arestis 1996: 114). Wiederum andere Faktoren müssten genannt werden, wenn Forschungstraditionen wie der Neo-Marxismus oder die feministische Ökonomie miteinbezogen werden würden. In allen diesen und vielen weiteren Fällen geht es nicht nur um Detailkorrekturen am Theoriebestand oder um periphere Interpretationsunterschiede bezüglich vermeintlicher Fakten, sondern darum, was überhaupt als Wirtschaft intelligibel wird.

Bei einem interdisziplinären Vergleich verwundert zudem die mal implizit bleibende, mal explizit herausgestellte, aber durchgängig anzutreffende Affirmation des Objektbereichs „Marktwirtschaft", die gesamtwissenschaftlich eine Anomalie darstellen dürfte (VertreterInnen von Physik oder Soziologie mag als *déformation professionelle* eine Faszination gegenüber ihren jeweiligen Realitätsausschnitten eigen sein, die aber kaum mit einem Habitus in eins fallen dürfte, wonach die physikalische Realität oder das Soziale kategorial mit positiven Attributen zu versehen wären). Natürlich ist die im vorliegenden Text offerierte Argumentationsweise nicht unangreifbar. VertreterInnen der *Mainstream*-Ökonomik könnten beispielsweise einwenden, dass die Fixierung auf von der Komplexität der Realität abstrahierende Modellannahmen den Darstellungsnotwenigkeiten eines als kumulativ verstandenen Wissenschaftstypus geschuldet und somit ein Stück weit unumgänglich ist. Ich möchte dies nicht kategorisch bestreiten, aber anmerken, dass in diesem Fall eine weit größere Sorgfalt geboten wäre, den jeweiligen Abstraktionsgrad der herangezogenen Modelle zu explizieren. Gerade der in der Lehrbuchliteratur omnipräsente Rekurs auf einprägsame und einfache Beispiele kann die notwendige kritische Distanz von Modellwelt und Empirie unterminieren, indem auf unmittelbare Evidenzen rekurriert wird. Hierin dürfte ein Einfallstor liegen für die stetig anzutreffende Amalgamierung von positiver Forschung und krypto-normativen Werturteilen. Eine damit eng verbundene Problematik bezieht sich auf den spezifisch ökonomischen Gegenstandsbezug. Die didaktisch motivierte Verwendung von Beispielen ist natürlich keine Besonderheit der (*Mainstream*)-Ökonomik, sie findet sich ebenso in den heterodoxen Spektren der Disziplin wie in anderen Wissenschaften und hat jeweils ihr gutes Recht in Prozessen der Wissensvermittlung. Aber anders als bei den Naturwissenschaften hat die Wirtschaftswissenschaft (stärker noch als andere Sozial- und Kulturwissenschaften) unmittelbare soziale und politische Auswirkungen, jede Theorie führt zu irgendeiner Variante von Wirtschaftspolitik und diese wiederum begünstigt bzw. verletzt die Interessen unterschiedlicher Gruppierungen. Gerade der Rekurs auf anschauliche Beispiele könnte eigentlich dazu herausfordern, die jeweils enthaltenen politischen Konnotationen explizit transparent zu machen, um der Zielgruppe der Lehrmaterialien eine reflektierte Urteilsbildung zu ermöglichen.[8]

Bevor abschließend Potenziale und Schwierigkeiten insbesondere soziologischer Alternativen zur dominanten Wirtschaftswissenschaft skizziert werden, möchte ich zumindest noch *drei* Themenkomplexe nennen, die zwar im weiteren Einzugsbereich des Textes lagen, aber vertieft werden müssten. Dies betrifft *erstens* den Problemkomplex der Mathematisierung: Die neoklassische Wissenschaftskultur zeichnet sich durch einen Grad an Formalisierung, Axiomatisierung und Mathematisierung aus, für den es im Bereich der anderen Sozial- und Kulturwissenschaften keine vergleichbaren Beispiele gibt. Selbst wenn die reine Mathematik als Grenzfall wissenschaftssoziologischer Intervention

8 Das Thema der politischen „Imprägniertheit" jeglicher Wirtschaftstheorie kann hier nicht detailliert entfaltet werden. Zum einen beeinflussen, wie oben vermerkt, basale Theorieentscheidungen bereits das, was überhaupt als Objektbereich „Wirtschaft" intelligibel wird. Daneben sind natürlich auch handfeste Interessenlagen in Rechnung zu stellen, aber auch Faktoren, die mit der Selektivität der Vergabe von Forschungsmitteln und mit Publikationschancen in Zusammenhang stehen.

anzusetzen ist, insofern dort jene „interpretative Flexibilität" (Heintz 2000: 12) nicht gegeben sein mag, die bei anderen Wissenschaften als Einsatzpunkt für sozialwissenschaftliche Korrekturen (des jeweils vertretenen wissenschaftlichen Selbstverständnisses) fungiert, habe ich anlässlich der Frage der Relationierung von Modellbildung und empirischer Realität auf einen einschlägigen Sachverhalt aufmerksam gemacht: Im Fall der mathematischen Ökonomik bleibt die Frage der Referenz oftmals prekär. Das mathematische Ideal, „Palaver in Rechnen zu überführen", verdankt sich der damit gestifteten Trennung von Syntax und Semantik: „Im Gegensatz zu einem alltäglichen Gespräch, bei dem wir nicht davon abstrahieren können, was ein Wort bedeutet, vollzieht sich in der Mathematik die Manipulation der Zeichen losgelöst von deren Interpretation" (ebd.). Es gibt gute Gründe für die Annahme, dass eine Trennung von Syntax und Semantik auf dem Terrain der Ökonomik (wie bei jeder empirischen Wissenschaft) nicht sinnvoll durchzuhalten ist, sondern deren stetige Relationierung virulent bleibt. Kritische Ökonomen haben immer wieder darauf hingewiesen, dass es sich auf dem Feld der Wirtschaftswissenschaft niemals „um *rein* mathematische Größenbeziehungen" handelt, „sondern um Beziehungen zwischen realen, empirischen Größen, und da muß man sich beim mathematischen Ausdruck immer fragen: *Was* wird ausgedrückt?" (Amonn 1927: 124). Damit entwickelte mathematische Verfahren (z.B. die Differentialrechnung) sinnvoll angewendet werden können, muss der Gegenstand eine Reihe keineswegs selbstverständlicher Eigenschaften aufweisen. Mir scheint, dass es hier regelmäßig schon am Problembewusstsein mangelt, mathematische Techniken werden seitens vieler Ökonomen in gleicher Weise verwendet, wie man als Abiturient die auswendig gelernten Ableitungsregeln anwendet, nämlich ohne darauf zu reflektieren, was diese mathematisch implizieren.[9]

Zum *zweiten* wurde in jüngster Zeit vor allem seitens der *Social Studies of Finance* eine vieldiskutierte These hinsichtlich der Performativität ökonomischer Theorien zur Diskussion gestellt: Es wurde die Auffassung vertreten, die Wirtschaftswissenschaft beschreibe nicht primär eine außer ihr liegende Realität, sondern affiziere ihren Objektbereich selbst, und dies zum Teil sehr massiv. Die dortigen empirischen Fallbeispiele beziehen sich nicht von ungefähr schwerpunktmäßig auf jene Bereiche der Finanzwirtschaft, für die plausibel argumentiert werden kann, dass theoretische Prämissen „in die alltäglichen Arbeitsprozesse und Geschäftsroutinen eingepflanzt" (Vogl 2011: 110) werden,

9 So wird bei nahezu allen Funktionen unterstellt, dass man sie ableiten kann. Alle gängigen „Grenz"-Konzepte (Grenznutzen, Grenzertrag) gehen von dieser Voraussetzung aus, es wird aber nicht gefragt, ob eine differenzierbare Funktion eine gute Annäherung an die ökonomische Wirklichkeit darstellt.

wofür eine für den praktischen Einsatz im Derivatehandel gedachte Formel von Black und Scholes das Standardbeispiel abgibt. Die vorliegende Analyse der *Textbook Economics* verschiebt das Erkenntnisinteresse eher auf die Bedeutung mannigfacher Vermittlungsinstanzen, denen gegenüber starke Performativitätsannahmen als Spezialfall erscheinen. Es ist unwahrscheinlich, von der Ebene der lehrbuchartigen Darstellung der Wirtschaft kausale, eindeutig dingfest zu machende Einflüsse auf den Objektbereich zu erwarten, gleichwohl darf deren Wirkmächtigkeit nicht unterschätzt werden. Gerade Popularisierung kann als Medium interpretiert werden, durch das jenes an den Forschungsfronten generierte Wissen in die Gesamtgesellschaft diffundiert und handlungswirksam wird. Hierbei rückt die Frage der kognitiven Validität in die zweite Reihe, von primärem Interesse erweisen sich die Mittel, aufgrund derer ein solcher Transfer vonstatten geht.[10]

Drittens schließlich soll wenigstens grob abgesteckt werden, ob im Anschluss an die jüngste Wirtschafts- und Finanzkrise mit verstärkter Selbstkritik innerhalb des ökonomischen *Mainstreams* zu rechnen ist. Im Zuge der Krise wurde in einschlägigen überregionalen Tageszeitungen zeitweise intensiv über eine sich ebenfalls offenbarende Krise der Wirtschaftswissenschaft gestritten (eine Fallstudie dazu liegt vor bei Pahl 2011). Eine Voraussetzung für beschleunigte Umstrukturierungen der Ökonomik würde die Frage darstellen, ob das prognostische Versagen der Zunft *innerhalb des Fachs* auch tatsächlich als Krise wahrgenommen wird, wofür es gegenwärtig nur wenige Indizien gibt. Grundsätzlich ist davon auszugehen, dass das moderne, disziplinär ausdifferenzierte und an Berufschancen ausgerichtete Fach der Wirtschaftswissenschaft eine erhebliche Brechungsstärke besitzt, externe Resonanzen und Turbulenzen zu filtern. Mir scheint vor diesem Hintergrund die Annahme plausibel, dass Veränderungspotential vor allem seitens jener Forschungsstränge zu erwarten ist, die oben mit dem Terminus des *Changing Face* versehen wurden, weil hier aus dem Fach selbst heraus Korrekturbedarf angemeldet wird.

Was könnte die Soziologie angesichts dieser Diagnosen offerieren? Der Gesamtbestand soziologischer Beiträge zur Wirtschaft der Gesellschaft lässt sich idealtypisch entlang zweier Pole aufspannen: Auf der einen Seite rangieren Theorieprogramme – prominent im Gefolge der Marxschen Kritik der politischen Ökonomie, aber auch im Umfeld der Theorie sozialer Systeme – die auf die Singularität der modernen Wirtschaft und ihrer Bewegungslogik abstellen. Hier werden Alternativen zur Neoklassik angeboten, die aber grundsätzlich mit

---

10 Als Beispiel könnte an die Diskussion der Humankapitaltheorie bei Foucault (2006) erinnert werden, die plastisch macht, dass Grundcharakteristika der marginalistischen Wende erst über den Weg der Popularisierung breitenwirksam geworden sind.

der dortigen These eines gesetzesmäßig strukturierten Objekts übereinstimmen, das sich von anderen Bereichen des Sozialen kategorial unterscheidet. Auf der anderen Seite befinden sich die Eingaben einer *New Economic Sociology*, die auf die soziale Einbettung ökonomischer Sachverhalte abstellt, sowie die erst in den Kinderschuhen steckenden poststrukturalistischen Beiträge zur Wirtschaft. Diese widersprechen der ökonomischen Neoklassik nicht mit alternativen, prinzipiell ebenfalls nomothetisch ausgerichteten Gegenprogrammen, sondern möchten beiderlei Wissenschaftskulturen einer Grundlagenkritik unterziehen und Prämissen ökonomischer Gesetzesmäßigkeit der Tendenz nach als Chimäre ausweisen.[11] Ich möchte nicht pauschal für oder gegen einen dieser Stränge Partei ergreifen, sondern auf eine Diagnose aufmerksam machen, die Marion Fourcade (2010: 68) aufgestellt hat. Beim Vergleich der Deutungsmächtigkeit von Wirtschaftswissenschaft und Wirtschaftssoziologie stellt sie fest, dass beide Disziplinen sehr unterschiedliche strukturelle Positionen zueinander und zur Politik einnehmen. Die Wirtschaftswissenschaft ist traditionell in Staat, Unternehmen und internationalen Organisationen weitaus einflussreicher, Ökonomen verfügen nicht nur über größere monetäre Ressourcen, sie haben auch eine Kultur des „fix-it" etabliert. Durch diese werden nicht nur mögliche Inhalte selektiert, sondern bereits die grundsätzlichen Erwartungshaltungen an die Form sozialwissenschaftlicher Beratung vorstrukturiert. Die Soziologie ist in diesen Bereichen deutlich im Hintertreffen, wobei Fourcade insbesondere die Makroebene wirtschaftspolitischer Beratung, wo politisch folgereiche Entscheidungen und Weichenstellungen verhandelt werden, als Terrain fern jeglicher soziologischer Expertise und Interventionsmöglichkeit markiert.

Hieraus kann ein Fazit abgeleitet werden, das die obige Differenz soziologischer Paradigmen ein Stück weit durchkreuzt: dass soziologische Alternativen in stärkerem Maß makroökonomische Kompetenz erlangen müssen, wenn sie gegenüber der *Mainstream*-Ökonomik Terrain gutmachen möchten. Dazu ist es allerdings notwendig, nicht nur alternative Paradigmen und Zugriffsweisen zu erarbeiten, sondern die „Großwetterlage" einer Revision zu unterwerfen. Das Ansinnen nach grundsätzlich anders gelagerten Beschreibungen wird keinen durchschlagenden Erfolg zeitigen, solange sowohl die dominanten Erwartungsstrukturen im Bereich wirtschaftspolitischer Expertise (nach sozialtechnologischer Beratung) als auch

---

11 Dies zeigt am deutlichsten ein aktueller Text von Beckert (2011), wo unter dem Titel *Was sind Preise?* vorhandene soziologische und wirtschaftswissenschaftlich-heterodoxe Erkenntnisse eruiert werden. Ein Resultat besteht darin, dass der Nexus von Angebot und Nachfrage lediglich einen Faktor darstellt, durch den Preisbildungsprozesse affiziert werden, die exklusive Fokussierung des ökonomischen *Mainstreams* auf dieses Moment wird so als selektive Zugriffsweise sichtbar.

jene im Bereich universitärer Ausbildung (nach streng formalisierbaren Wissensordnungen) nicht dekonstruiert oder wenigstens nachhaltig irritiert werden. Gefordert ist hierzu eine systematischere sozialwissenschaftliche Evaluation und Kritik der Ökonomik, die bis dato eine Blindstelle darstellt, wozu das vorliegende Themenheft allerdings einen überfälligen Beitrag leistet.

Literatur

Amonn, Alfred (1927): *Objekt und Grundbegriffe der theoretischen Nationalökonomie.* Leipzig, Wien.

Arestis, Philip (1996): Post-Keynesian economics: towards coherence. In: *Cambridge Journal of Economics*, Jg. 20: 111–135.

Backhouse, Roger E. (2004): A Suggestion for Clarifying the Study of Dissent in Economics. In: *Journal of the History of Economic Thought*, Jg. 26, H. 2: 261–271.

Backhouse, Roger E. (2002): *The Penguin history of economics.* London.

Bartlett, Robin L. (1996): Discovering Diversity in Introductory Economics. In: *Journal of Economic Perspectives*, Jg. 10: 141–153.

Beckert, Jens (2011): *Where Do Prices Come From? Sociological Approaches to Price Formation.* Köln. (MPIfG Discussion Paper, 11/3). Online verfügbar unter http://www.mpifg.de/pu/mpifg_dp/dp11-3.pdf, zuletzt geprüft am 09.06.2011.

Blaug, Mark (1997): *The methodology of economics. Or how economists explain.* Cambridge.

Cohn, Steve (2000): *Telling Other Stories: Heterodox Critiques of Neoclassical Micro Principles Texts.* Tufts University. Medford MA. (Global Development and Environment Institute Working Paper, 00-06). Online verfügbar unter http://ase.tufts.edu/gdae/publications/working_papers/TellingOtherStories.pdf, zuletzt geprüft am 06.05.2011.

Colander, David (2003): Post Walrasian Macro Policy and the Economics of Muddling Through. In: *International Journal of Political Economy*, Jg. 33, H. 2: 17–35.

Colander, David C.; Holt, Richard P. F.; Rosser, John Barkley (2004): *The changing face of economics. Conversations with cutting edge economists.* Ann Arbor.

Davis, John B. (2008): The turn in recent economics and return of orthodoxy. In: *Cambridge Journal of Economics*, Jg. 32: 349–366.

Feiner, Susan F.; Morgan, Barbara A. (1987): Women and Minorities in Introductory Economic Textbooks: 1974 to 1984. In: *The Journal of Economic Education*, Jg. 18, H. 4: 376–392.

Ferber, Marianne A.; Nelson, Julie A. (2003): Beyond Economic Man, Ten Years Later. In: Ferber, Marianne Abeles; Nelson, Julie A. (Hg.): *Feminist economics today. Beyond economic man.* Chicago: 1–31.

Foucault, Michel (2006): *Die Geburt der Biopolitik. Vorlesung am Collège de France 1978 – 1979.* Frankfurt am Main.

Fourcade, Marion (2010): Interview with Marion Fourcade. In: *Economic Sociology – the european electronic newsletter*, Jg. 11, H. 3: 66–68.

Fourcade, Marion (2009): *Economists and societies. Discipline and profession in the United States, Britain, and France, 1890s to 1990s.* Princeton.

Green, Tom L. (2009): *Introductory Economics Textbooks: What do they teach about sustainability?* Paper submitted to the 8th International Conference of the European Society for Ecological Economics. Online verfügbar unter http://www.esee2009.si/papers/Green%20-%20Introductory%20Economics%20Textbooks.pdf.

Heintz, Bettina (2000): *Die Innenwelt der Mathematik. Zur Kultur und Praxis einer beweisenden Disziplin*. Wien.

Hesse, Jan-Otmar (2010): *Wirtschaft als Wissenschaft. Die Volkswirtschaftslehre in der frühen Bundesrepublik*. Frankfurt am Main.

Horwitz, Howard (1999): The Toggling Sensibility. Formalism, Self-Consciousness, and the Improvement of Economics. In: Woodmansee, Martha; Osteen, Mark (Hg.): *The new economic criticism. Studies at the intersection of literature and economics*. London: 150–174.

Jonas, Friedrich (1964): *Das Selbstverständnis der ökonomischen Theorie*. Berlin.

Klamer, Arjo (1990): The Textbook Presentation of Economic Discourse. In: Samuels, Warren J. (Hg.): *Economics as discourse. An analysis of the language of economists*. Boston: 129–154.

Klamer, Arjo; McCloskey, Deirdre N.; Ziliak, Stephen (2007): Is There Life after Samuelson's Economics? Changing the Textbooks. In: *Post-Autistic Economics Review*, H. 42: 2–7.

Mankiw, Nicholas Gregory; Taylor, Mark P. (2008): *Grundzüge der Volkswirtschaftslehre*. 4., überarb. und erw. Aufl. Stuttgart.

Mirowski, Philip (2002): *Machine dreams. Economics becomes a cyborg science*. Cambridge.

Morgan, M. S.; Rutherford, M. (Hg.) (1998): *From Interwar Pluralism to Postwar Neoclassicism*. Durham, NC.

Nasar, Sylvia (1995): A Hard Act to Follow? Here Goes. In: *The New York Times*, 14.03.1995. Online verfügbar unter http://www.nytimes.com/1995/03/14/business/a-hard-act-to-follow-here-goes.html, zuletzt geprüft am 05.01.2011.

Pahl, Hanno (2011): Die Wirtschaftswissenschaften in der Krise. Vom massenmedialen Diskurs zu einer Wissenssoziologie der Wirtschaftswissenschaften, in: *Schweizerische Zeitschrift für Soziologie, Sonderheft The Global Economic Crisis: Perceptions and Impacts* (in press).

Patinkin, Don (1965): *Money, Interest and Prices: An Integration of Monetary and Value Theory*. New York.

Robson, Denise (2001): Women and Minorities in Economics Textbooks: Are They Being Adequately Represented? In: *The Journal of Economic Education*, Jg. 32, H. 2: 186–191.

Samuelson, Paul Anthony (2005): Economics. 18. ed., internat. ed., Boston.

Schumpeter, Joseph A. (2009): *Geschichte der ökonomischen Analyse*. Göttingen.

Starr, Ross M. (1997): *General equilibrium theory. An introduction*. Cambridge.

Sugden, Robert (2002): Credible worlds: the status of theoretical models in economics. In: Mäki, Uskali (Hg.): *Fact and fiction in economics. Models, realism, and social construction*. Cambridge: 107–136.

Yonay, Yuval Peretz (1998): *The struggle over the soul of economics. Institutionalist and neoclassical economists in America between the wars*. Princeton.

Vogl, Joseph (2010): *Das Gespenst des Kapitals*. Zürich.

Leonhard Dobusch / Jakob Kapeller

Wirtschaft, Wissenschaft und Politik: Die sozialwissenschaftliche Bedingtheit linker Reformpolitik

Das „grundlegende Problem der Gegenwart" ist Colin Crouchs (2008) Buch *Postdemokratie* zufolge die „Macht der Wirtschaftseliten". Eine Macht, die sich auf vielfältigste Weise manifestiert: als Verhandlungsmacht transnationaler Konzerne gegenüber Regierungen, wenn es um Verlagerung von Produktionsstandorten geht; als Expertenmacht wirtschaftsnaher Lobbyisten, die als „hired guns" politische Regulierungsprozesse maßgeblich mitgestalten, und als ökonomische Macht, die über Eigentum an Medienkonzernen, Parteispenden und Anzeigen gesellschaftliche Diskurse beeinflusst.

Zu dem, was gemeinhin als „neoliberale Hegemonie" bezeichnet wird und sich in Lohnzurückhaltung, Standortwettbewerb sowie Sozial- und Demokratieabbau manifestiert, gerinnen diese verschiedenen Machtmechanismen allerdings erst dank der neoklassischen Vormacht in den Wirtschaftswissenschaften. Die theoretisch und methodisch monistische Ökonomie ist Stichwortgeber und Metaphernlieferant neoliberaler Diskurshoheit und Schmiermittel neoliberaler Politikprojekte (Kapeller/Huber 2009, Ötsch 2009, Lübbe 2010). Wie es um Meinungsvielfalt und ideologische Ausrichtung insbesondere der deutschen Wirtschaftswissenschaften bestellt ist, lässt sich kaum besser illustrieren als an Hand des „Hamburger Appells" des marktradikalen Arbeitgeber-Think-Tanks „Initiative Neue Soziale Marktwirtschaft" (INSM) aus dem Jahr 2005. Dessen Überschrift lautete „250 Professoren – 10 Thesen – 1 Meinung".[1] Fünf Jahre und eine Finanzmarktkrise später präsentieren dieselben Wirtschaftswissenschaftler dieselben Rezepte wie damals, plädieren wiederum für Sozialabbau und Lohnzurückhaltung als Ausweg aus einer Krise, die nicht zuletzt durch neoklassisch inspirierte Deregulierungs- und Verteilungspolitik mit verursacht worden war.

1 Die vollständige Liste der Unterzeichner wurde inzwischen von der Homepage der INSM entfernt, einen Eindruck verschafft noch die offizielle Homepage des Hamburgischen WeltWirtschaftsInstituts, vgl. http://www.hwwi.org/uploads/tx_wilpubdb/INSM_Hamburger_Appell10_Straubhaar.pdf

PROKLA. Verlag Westfälisches Dampfboot, Heft 164, 41. Jg. 2011, Nr. 3, 389 – 404

Ein Wandel in der ökonomischen Forschung und Lehre vergleichbar dem Aufkommen des Keynesianismus in der Makroökonomie nach der Weltwirtschaftskrise in den 1930er Jahren ist zu Beginn des 21. Jahrhunderts allerdings äußerst unwahrscheinlich. Waren damals neben dem neoklassischen Paradigma auch noch institutionelle, historische und Vorläufer evolutionärer Ansätze relativ weit verbreitet, sind derart „heterodoxe" Schulen[2] mittlerweile (auch: institutionell) völlig an den Rand gedrängt (vgl. Dobusch/Kapeller 2009a, 2009b): Die Zahl der Institute und ProfessorInnen, die sich zu einem alternativen oder „heterodoxen" Paradigma bekennen, nimmt stetig ab,[3] die internationale Standardisierung führt zu einem Verlust an ökonomischem Wissen mit regionaler Tradition (man denke etwa an die deutsche Ordnungsökonomik, die erst jüngst versuchte, sich mittels einer öffentlichen Petition Aufmerksamkeit im akademischen Überlebenskampf zu verschaffen).[4] In diesem Kontext ist es wenig überraschend, dass sich über 70%, darunter insbesondere die Jüngeren, der im Verein für Sozialpolitik organisierten deutschprachigen ÖkonomInnen explizit zur Neoklassik oder verwandten Ansätzen bekennen (Frey, Humbert und Schneider 2007: 361-364).

Diese Marginalisierung alternativer Theorien hat Konsequenzen nicht nur für die Ökonomie als Disziplin, sondern auch für die Praxis linker Politikprojekte. Progressive Reformpolitik ist in besonderem Maße angewiesen auf sozialwissenschaftliche Erkenntnisse: weil sie sich empirisch überprüfbare Ziele setzt, braucht sie seriöse sozialwissenschaftliche Forschung sowohl zur Gestaltung ihrer Maßnahmen als auch zu deren Evaluation, um gegebenenfalls einen eingeschlagenen Kurs zu korrigieren. Die Offenheit für sozialwissenschaftliche Erkenntnisse ist

---

2 Die Bezeichnung verschiedener theoretischer Strömungen innerhalb der Ökonomie orientiert sich an einer dem Kirchenlatein entlehnten Terminologie: Die institutionell und personell weitgehende dominierende Neoklassik gilt als „Orthodoxie" (richtiger Glaube), die verschiedenen alternativen Strömungen, von evolutionär über keynesianisch und marxistisch bis hin zu ökologisch, gelten als „heterodox" (falsch- bzw. andersgläubig).

3 Neben der innerdisziplinären „Selbstbereinigung" existiert auch eine Tendenz der Universitätsverwaltungen – bedingt durch den Wettbewerb um talentierte Studierende, Fördermittel, Subventionen und Personal – heterodoxe Organisationseinheiten zu Gunsten der in Rankings besser platzierten Mainstream-Ökonomie zu ersetzen. Dieser Anreiz existiert auch dann, wenn heterodoxe Forschung auf hohem Niveau durch neoklassische Forschung auf mittelmäßigem Niveau ersetzt werden kann (vgl. Glenn 2009 für ein aktuelles Fallbeispiel und Lee 2010 für eine allgemeine Darstellung).

4 Die Petition wurde von 83 Personen, vorwiegend ProfessorInnen der Volkswirtschafslehre, unterzeichnet und erschien in der Frankfurter Allgemeinen Zeitung vom 5. Mai 2009. Ein daraufhin veröffentlichter Gegenappell wurde von 188 ÖkonomInnen unterzeichnet und erschien unter dem Titel „Baut die deutsche VWL nach internationalen Standards um!" am 8. Juni im Handelsblatt (siehe auch die scharfsinnigen Kommentare zu dieser Kontroverse in Rothschild 2010).

dabei ebenso sehr eine Stärke reformistischer Ansätze, wie sie auch Einfallstor für Irrtümer und (selektive) Blindheit der herrschenden sozialwissenschaftlichen Paradigmen darstellt.

In ihrer derzeitigen, inhaltlichen, methodischen und institutionellen Verfasstheit kann ein großer Teil der Wirtschaftswissenschaft jedoch keinen Beitrag leisten, um progressive oder gar transformative Reformpolitik zu informieren. Es ist im Gegenteil vielmehr so, dass die Überwindung eben dieses wirtschaftswissenschaftlichen Mainstreams selbst eine der größten Herausforderungen für linke Reformpolitik darstellt. Das Problem ist dabei nicht die Existenz neoklassischer Ansätze, sondern ihre Vorherrschaft, ihr Anspruch die Wirtschaftswissenschaft schlechthin zu repräsentieren. Denn es ist kein Zufall, dass sich alternative ökonomische Paradigmen häufig auch um alternative Werturteile strukturieren, die etwa Nachhaltigkeit (ökologische Ökonomie), Gleichberechtigung der Geschlechter (feministische Ökonomie) oder gerechte Verteilung und hohe Beschäftigung (Post-Keynesianismus) als erstrebenswert betrachten.[5]

Ein Ausweg aus dieser Misere ist deshalb auch nicht die bloße Ersetzung des einen Paradigmas durch ein anderes. Angesichts steigender Komplexität und Dringlichkeit globaler Fragestellungen in Bereichen wie Klima, Verteilung und Menschenrechte kann Politik nicht nur auf ein Pferd zu setzen. Sie ist auf die befruchtende Auseinandersetzung verschiedenster sozialwissenschaftlicher Theorien und Methoden geradezu angewiesen. Dies gilt für heterodoxe Traditionen in der Ökonomie wie (post-)keynesianische, evolutionäre oder marxistische Ansätze ebenso wie für organisations- und wirtschaftssoziologische Perspektiven. Nicht zuletzt gilt dieser grundsätzliche Gedanke auch für die neoklassische Ökonomie, obgleich ihrer offensichtlich tendenziell wirtschaftsliberalen ideologischen Konnotationen. Das Problem ist hier weniger ein ideologisches, sondern ein institutionelles, nämlich dass die aktuelle paradigmatische Verfasstheit neoklassischen Denkens mit einem pluralistischen Diskurs nicht kompatibel ist.

Im Ergebnis würde eine derart pluralistische Sozial- und Wirtschaftswissenschaft ein Ende der einfachen Antworten bedeuten und die Vorwegnahme politischer Entscheidungen durch Expertenkommissionen erschweren. Sozialwissenschaft dabei als genuin politisches Unterfangen zu begreifen, ist sowohl auf Seiten der Wissenschaft als auch auf Seiten der Politik die Voraussetzung für einen derartigen Wandel.

---

5 Dies bedeutet freilich nicht, dass sich unterschiedliche ökonomische Paradigmen *nur* durch ihre differente ideologische Ausrichtung unterscheiden; es soll vielmehr heißen, dass (a) jedes ökonomische Paradigma auch (mehr oder weniger unterschiedliche) ideologische Implikation mit sich bringt und (b) die Ökonomie daher auch institutionell von politischen Motiven beeinflusst wird.

Im Rahmen dieses Papiers versuchen wir uns an einer systematischen Analyse der Gründe für die Rigidität und den methodischen Monismus der Ökonomie sowie die Schwierigkeiten diesen zu überwinden, bevor wir daran anschließend zwei zumindest teilweise komplementäre Handlungsstrategien für mögliche Auswege skizzieren.

Ursachen neoklassischer Dominanz in der Ökonomie

Angesichts der z.B. in den Gutachten des überwiegend mit neoklassischen ÖkonomInnen besetzten Sachverständigenrats für Wirtschaft seit Jahrzehnten dokumentierten Kontinuität und Einseitigkeit wirtschaftswissenschaftlicher Politikempfehlungen stellt sich die Frage nach den Ursachen der paradigmatischen Dominanz neoklassischer Ökonomie. Nachdem diese wohl kaum mittels einer prinzipiellen inhaltlichen Überlegenheit der neoklassischen Theorie gerechtfertigt werden kann (Keen 2001), scheinen im Kontext der paradigmatischen Dominanz neoklassischen Denkens vor allem institutionelle Faktoren von Bedeutung zu sein.

Diese institutionellen Faktoren – so die hier artikulierte These – führen zu sich wechselseitig verstärkenden Feedback-Effekten, die zu einer Stabilisierung der Dominanz neoklassischer Theorie auf nicht zu unterschätzende Weise beitragen.[6] Derartige positive Rückkoppelungseffekte zwischen den institutionellen Rahmenbedingungen an Universitäten und Forschungseinrichtungen und der dominanten Stellung neoklassischer Ansätze finden sich dabei zumindest im Bereich (1) der Karrieremöglichkeiten (Publikationen, Anstellungen), (2) der universitären Lehre und (3) der innerdisziplinären Diskurskultur. Erschwerend kommt hinzu, dass sich (4) der neoklassische Mainstream innerhalb der Ökonomie bewusst von alternativen Ansätzen – und damit auch von potentieller Kritik oder möglichen Innovationen aus diesem Bereich – abgrenzt. Diese Abgrenzung wird in Form von (Nicht-)Zitationen sichtbar und verstärkt so – vermittelt bzw. institutionalisiert durch Zitationsrankings als wichtigstem Evaluationsinstrument – wiederum die zuvor genannten Punkte (1) – (3).

Der *erste* Punkt ist weitgehend offensichtlich: Eine Karriere als ÖkonomIn ist ohne Minimalbekenntnis zur Neoklassik heute kaum mehr vorstellbar. Die grundsätzliche Bedingung für eine Einstellung an einer deutschsprachigen Universität im post-doktoralen Bereich besteht im Normalfall darin, zumindest in Randbereichen der Mainstream-Ökonomie anschlussfähig zu sein. Auch

---

6 Die Dominanz der neoklassischen Theorie wird hier vorausgesetzt. Vgl. zur historischen Genese dieser Dominanz Dobusch/Kapeller (2009a), Walpen (2004).

auf eine primär „theoriefreie", statistisch-ökonometrische Qualifikation kann mitunter erfolgreich verwiesen werden. Schwieriger wird es hingegen, wenn in den Forschungsschwerpunkten ein klares Bekenntnis zu einer heterodoxen Theorie oder ein Schwerpunkt auf der Geschichte des ökonomischen Denkens ausgewiesen wird. Dies bedeutet nicht, dass so qualifizierte ForscherInnen niemals eine Anstellung finden können, sondern bloß, dass deren Karriereoptionen wesentlich eingeschränkt sind – schließlich stellen ökonomische Institute, die dezidiert nach alternativ geschulten ForscherInnen suchen, die große Ausnahme dar.[7] Hier kommt es also zu einem sehr simplen selbstverstärkenden Effekt, da jene Personen, die innerhalb der Ökonomie beruflich vorankommen wollen, gut beraten sind, sich bereits zur Vorbereitung eingehend mit der neoklassischen Theorie zu befassen und sich nicht von Alternativen zur oder Kritiken an der Neoklassik verwirren oder ablenken zu lassen – ansonsten wird der Karriereweg unter Umständen steinig.[8]

Ähnliches gilt auch für die Publikationsmöglichkeiten: In den prestigeträchtigsten Journalen der ökonomischen Disziplin ist eine Anknüpfung an neoklassische Denklinien ohnehin nahezu unumgänglich und auch in den Journalen der „zweiten und dritten Reihe" gehört dies, mit wenigen Einschränkungen, zum Standard, an dem ein eingereichter Artikel gemessen wird. Dies ist auch ein wesentlicher Grund für die Herausbildung dezidiert heterodoxer Journale (zu den bekanntesten zählen das *Cambridge Journal of Economics*, das *Journal of Economic Issues*, das *Journal of Post-Keynesian Economics* und *Ecological Economics*; vgl. zu diesem Themenkomplex auch Dobusch/Kapeller 2009c). In diesem Sinne ist die Ursache für die Gründung eines heterodoxen Journals oft im Ausschluss aus der Mainstream-Literatur zu suchen (vgl. King 2002: 134-136; Reardon 2008).

> „Die Konfrontation Heterodoxie kontra Mainstream bezieht ihre Existenz und ihre Berechtigung vielmehr aus dem gegenwärtigen Zustand des Wissenschaftsregimes im ökonomischen Bereich, das durch eine unübersehbare Bevorzugung und Förderung eines Mainstreams neoklassischer Prägung an Universitäten, Forschungsinstituten und staatlichen und internationalen Wirtschaftsorganisationen charakterisiert ist. Konzentration auf diese Richtung wird im Studium gefördert und spielt eine entscheidende Rolle für

---

7 Diese Universitäten bzw. Institute decken sich zum Teil mit jenen, die laut dem „Informational Heterodox Directory" auch alternative Ausbildungsstränge anbieten (vgl. http://heterodoxnews.com/directory). Im deutschsprachigen Raum sind hier noch die Universität Bremen und die HTW Berlin gelistet.

8 Auch für theoretische Argumente gilt ähnliches. Wie Sent (2004) zeigt, wurde die Aufnahme psychologischer Argumente in die neoklassische Theorie (unter dem Stichwort behavioral economics) vor allem dadurch ermöglicht und erleichtert, dass sie als Ergänzung zu – und nicht als Kritik an – den gängigen theoretischen Vorstellungen präsentiert wurden.

> Beruf und Karriere. Von dieser Schieflage sind alle nicht-neoklassischen und kritischen Richtungen betroffen, was die Herausbildung der Heterodoxie-Terminologie und der Heterodoxie-Bewegung erklärt." (Rothschild 2008: 25)

In der ökonomischen Lehre wiederum sind, *zweitens*, die paradigmatischen Vorgaben nochmals enger und unflexibler als im Bereich der Forschung (Wilson/ Dixon 2009). Die zentralen Lehrinhalte werden durch eine global homogenisierte Lehrbuchkultur vorgegeben. Den Ausgangspunkt dieser Homogenisierung bildet Paul Samuelsons epochales Lehrbuch (Samuelson 1973, erste Auflage 1948) als zentraler Blueprint: Erfolgreiche Lehrbücher folgen in Struktur, Aufbau und Inhalt im Wesentlichen dem Samuelson'schen Vorbild, ganz unabhängig von Verlag oder AutorIn (Stiglitz 1988, Lee/Keen 2004, Ötsch/Kapeller 2010)[9]: „Most new textbooks are, generally speaking, clones of existing ones. „ (Hill/ Myatt 2009: 58)

Hier bleibt nur noch zu ergänzen, dass diese Lehrbücher im Wesentlichen oder zur Gänze die neoklassische Theorie abdecken, während alternative Theorieansätze unberücksichtigt bleiben. Derartige Ansätze müssen also von den Studierenden selbst erarbeitet werden und sind so, wenn überhaupt, nur am Rande des Regelstudiums präsent. Hier ergibt sich ein ähnlicher Effekt wie zuvor: Zum einen werden auch jene Personen, die Ökonomie nur als Nebenfach absolvieren, mit einem gewissen neoklassischen Grundwissen ausgestattet, bevor sie in ihre eigentlichen Berufe als Angestellte, BeamtInnen, LehrerInnen oder JournalistInnen einsteigen. Die neoklassische Theorie wird so zum Teil einer sozialwissenschaftlichen Allgemeinbildung. Zum anderen sind aufgrund des hier skizzierten Ausbildungsdesigns auch ein Großteil der spezialisierten AbsolventInnen in Ökonomie primär oder exklusiv in der neoklassischen Theorie geschult – Nachfrage wie Angebot an professionellen ÖkonomInnen ist damit stark neoklassisch geprägt und führt zu einem sich selbst verstärkenden Rückkoppelungseffekt: Mehr Neoklassik in der Ausbildung führt zu mehr neoklassisch geschulten Personen auf dem Arbeitsmarkt und – bei deren Anstellung – wiederum zu mehr Neoklassik in der Ausbildung etc.

Vor dem Hintergrund dieser Konstellation, die einen prägenden Einfluss des Paradigmas auf den jeweiligen Arbeitsmarkt hat, ist es wenig überraschend, dass

9 Auch hier machen sich wieder selbstverstärkende Mechanismen bemerkbar: Vorschläge für Lehrbücher, die nicht dem etablierten Standard entsprechen, erhalten in den der Publikation vorgelagerten Review-Verfahren systematisch schlechtere Bewertungen, da die Orientierung am Samuelson'schen blueprint auch für die jeweiligen Gutachterinnen ein zentrales Kriterium ist (siehe Ötsch/ Kapeller 2010: 18 für ein konkretes Beispiel). Alternative Lehrbücher, die diesen impliziten Vorgaben nicht folgen, finden sich ebenso in Ötsch/Kapeller (2010: 23).

die Zustimmung zur Neoklassik gerade bei jüngeren ÖkonomInnen überproportional ansteigt (Frey et al. 2007). Das Paradigma reproduziert sich hier im Zusammenspiel von einseitiger Ausbildung, stromlinienförmigen Karriereoptionen und dem Ehrgeiz junger WissenschaftlerInnen.

Die Enge der neoklassischen Diskurskultur geht schließlich, *drittens*, mit einer Reihe weiterer, eher subtiler Aspekte einher, die ebenso geeignet sind die dominante paradigmatische Stellung der neoklassischen Theorie zu reproduzieren. Zwei Elemente sind hier von besonderer Bedeutung, nämlich einerseits der Bezug der Neoklassik auf gewisse traditionell etablierte Denkfiguren, wie Knappheit, Gleichgewicht, Optimierung, Rationalität oder Individualismus und andererseits die implizite Voraussetzung eines methodischen Stils, der vor allem durch die Verwendung mathematischer Modelle und ihre statistisch-ökonometrische Schätzung definiert ist. Beide Aspekte sind geeignet, konkurrierende Theorien oder widersprechende empirische Evidenz aus der Sphäre des ökonomischen Diskurses zu verweisen: Wer die für die neoklassische Ökonomie typischen Denkfiguren und Routinen ignoriert, der oder die sei nämlich gar kein Ökonom, sondern eher Betriebswirt, Soziologe oder Scharlatan (drei Begriffe, die aus Sicht vieler ÖkonomInnen weitgehend zusammenfallen).

Vielen bekannten kritischen ÖkonomInnen, darunter etwa John K. Galbraith oder Joan Robinson, wurde auf dieser Basis ihre Berechtigung „ökonomisch zu argumentieren" abgesprochen. Diese Vorgehensweise hat einen doppelten Vorteil: Zum einen muss man sich mit innerdisziplinärer Kritik dieser Art nicht weiter befassen – sie kommt ja, in neoklassischer Wahrnehmung, ohnedies von außerhalb der Disziplin – und zum anderen wird alternativen ökonomischen Sichtweisen kein prestigeträchtiges Terrain überlassen: Es mag ja sein, dass solche Persönlichkeiten irgendeine Art von politikrelevanter Expertise anzubieten hätten, es kann sich dabei aber eben nicht um „ökonomische Expertise" handeln.

Darüber hinaus bietet vor allem die mit der „ökonomischen Methode" assoziierte typische Abfolge von Elementen eines wissenschaftlichen Artikels – Aufstellen von Annahmen, Untersuchung eines daraus resultierenden mathematischen Modells und eventuell ein nachgelagerter, auf Verifikation abzielender empirischer „Test" – ein ideales Kochrezept zur Erstellung publikationsfähiger ökonomischer Artikel und zugleich ein Demarkationskriterium zur Unterscheidung von Ökonomie und Nicht-Ökonomie. In diesem Sinne markiert die ökonomische Methode die Grenzen des neoklassischen Paradigmas – wer diese überschreitet, verliert dabei seine Berechtigung „als ÖkonomIn" zu sprechen. Dass ein solcher Ansatz – vor allem durch die Verbindlichkeit der mathematischen Formulierung – dazu tendiert, gewisse theoretische Ansätze zu ignorieren (etwa jene, die nicht, noch nicht oder nicht sinnvoll in eine formale Sprache übersetzt werden können) und andere zu verändern oder gar zu verfälschen (Backhouse

1998, Lagueux 2004), wird von der neoklassischen Community dabei bereitwillig in Kauf genommen.

Vor dem Hintergrund des bisher Gesagten ist es nicht weiter überraschend, dass neoklassische ÖkonomInnen, *viertens*, auf eine Kommunikation mit konkurrierenden Paradigmen weitgehend verzichten – ein Umstand, der die dominante Stellung der Neoklassik weiter stärkt, da alternative oder kritische Sichtweisen so automatisch noch weniger Raum erhalten. Eine Analyse der Zitationspraxen führender neoklassischer wie auch heterodoxer Journale zeigt klar, dass sich letztere zwar intensiv mit der Mainstreamtheorie beschäftigen, dieses Verhalten allerdings keinen reziproken Gedankenaustausch auslöst. Ganz im Gegenteil: Während die Heterodoxie den neoklassischen Mainstream brav rezipiert und sich mit diesem auseinandersetzt, werden heterodoxe Ideen in Mainstream-Journalen nur sehr selten rezipiert – und wenn dann oft ohne entsprechende Literaturverweise zu setzen.

Die folgende Tabelle basiert auf einer Untersuchung der Zitationspraxen von 26 führenden Ökonomie-Journalen (davon 13 Mainstream-Journale und 13 heterodoxe Journale) im Zeitraum von 1989 bis 2008 und verdeutlicht diesen Zusammenhang. Sie zeigt, dass die heterodoxen Journale weitaus mehr Zitate aus dem Mainstream importieren, als sie in selbigen exportieren.

Diese folgende Tabelle verdeutlicht, dass der oben beschriebene komparative Vorteil des neoklassischen Paradigmas noch einmal verstärkt wird, da heterodoxe Journale Mainstream-Journale um den Faktor 9,34 häufiger zitieren als umgekehrt. Dies bedeutet, dass die heterodoxe Ökonomie den aktuellen Mainstream rankingtechnisch stärkt – und zwar dank der inhaltsblinden Logik des Zitatezählens, auch dann, wenn die entsprechenden Zitate eingesetzt werden, um gewisse Ansichten zu kritisieren.[10]

Besonders dramatisch ist dieser Zusammenhang, da die – auf eben diesen Zitationen basierenden – Rankings von Journalen, AutorInnen und Departments

10 Auffallend ist auch, dass die absolute Summe der vom Mainstream importieren Zitate, mit 753 in 20 Jahren, eher niedrig ist. Betrachtet man diesen Wert genauer, so stellt man fest, dass *mehr als vier Fünftel* dieser Zitate auf die jeweiligen „Ausreißer" zurückzuführen sind. So exportiert das *Journal of Economic Behavior and Organization (JEBO)*, als einziges in beiden Feldern beliebtes Journal, 340 Zitate, während die beiden Ausreißer auf der Seite der Mainstream-Ökonomie, das *Journal of Economic Geography* und *Economic Geography*, die heterodoxen Journale (exlusive *JEBO)* insgesamt 273 mal zitieren. Es verbleiben also nur 140 Zitate in 20 Jahren (also sieben Zitate/Jahr), die von den verbleibenden zwölf heterodoxen Journalen in die restlichen elf Mainstream-Journale exportiert werden. Dies zeigt, dass de facto kein durch Zitationsflüsse nachweisbarer Ideentransfer von den relativ anerkanntesten Journal der heterodoxen Ökonomie zu etablierten Mainstream-Journalen existiert.

Tabelle 1: Zitations-„Handelsbilanzen" zwischen Heterodoxie und Orthodoxie

Top 13 „heterodox"	*Summe der in den Mainstream exportierten Zitate*	*Summe der aus dem Mainstream importierten Zitate*	*Differenz*	*Quotient: Importe/ Exporte*
Economy and Society	46	69	-23	1.5
Ecological Economics	18	1022	-1004	56.78
Work, Employment and Society	17	47	-30	2.76
Review of international Political Economy	55	111	-56	2.02
Journal of Economic Behaviour and Organization	340	2605	-2265	7.66
New Political Economy	5	50	-45	10
Cambridge Journal of Economics	98	617	-519	6.3
Journal of Development Studies	72	672	-600	9.33
Journal of Evolutionary Economics	36	517	-481	14.36
Feminist Economics	7	198	-191	28.29
Journal of Post-Keynesian Economics	10	407	-397	40.7
Journal of Economic Issues	22	568	-546	25.82
Economics & Philosophy	27	153	-126	5.67
Summe	753	7036	-6283	9.34

Quelle: Dobusch und Kapeller 2009c. Die dieser Analyse zu Grunde liegenden Daten stammen aus dem Thomson Scientifics „Web of Science," die auch die Datenbasis zur Kalkulation von Impact-Faktoren und den dazugehörigen Journal-Rankings darstellt und erfassen alle Zitationsbeziehungen zwischen diesen 26 Journalen im Zeitraum von 1989 bis 2008.

ihrerseits wieder einen immensen Einfluss auf den Wissenschaftsbetrieb nehmen. Schließlich werden diese Rankings sehr häufig als Grundlage für eine ganze Reihe von institutionell bedeutenden Entscheidungen herangezogen: etwa im Bereich der Personalauswahl, der Bewilligung von Förderungen oder der Zuteilung von Lehraufträgen.[11] Eine solche Praxis ist zwar methodologisch kaum haltbar, da

11 Hier gilt der Zusammenhang, dass je höher die Platzierung in den Rankings umso kleiner die Anzahl der zu leitenden Lehrveranstaltungen. Gut gerankte Forschungsleistungen führen also zu einer Reduktion des Lehraufwands der Betroffenen. In manchen Kontexten (etwa in Australien, siehe King/Kriesler 2008) ist diese Praxis direkt in die universitären

sich zeigen lässt, dass derartige Rankings nicht die Qualität, sondern vielmehr den Einfluss von Artikeln erfassen (siehe Kapeller 2010), aber nichtsdestotrotz in der universitären Praxis und hier wiederum insbesondere in der Ökonomie weitverbreitet. Es kommt also zu einem rekursiven Verstärkungseffekt, da innerdisziplinärer Einfluss zuerst via Rankings gemessen wird und dann – auf Basis eben derselben Rankings – von Neuem verteilt wird. Hier gilt dann letztlich das Matthäus-Prinzip in seiner ursprünglichen Form: „Wer (Einfluss) hat, dem wird (noch mehr Einfluss) gegeben" (vgl. schon Merton 1968).

Darüber hinaus zeigt eine solche Analyse auch, dass die heterodoxe Ökonomie im Vergleich zum Mainstream strategisch sehr ungeschickt agiert: Neben der überproportionalen Berücksichtigung des paradigmatischen Konkurrenten – der Mainstreamökonomie – ist auffallend, dass die verschiedenen heterodoxen Strömungen untereinander kaum kommunizieren. Dies verdeutlichen die nachstehenden beiden Tabellen, die auf derselben Datengrundlage wie Tabelle 1 basieren.

Tabelle 2: Orthodoxe und Heterodoxe Zitationsnetzwerke

	Durchschnittlicher Anteil der Zitate aus den Top 13 heterodoxen Journalen	*Durchschnittlicher Anteil der Zitate aus den Top 13 orthodoxen Journalen*
in den Top 13 „heterodox"	52.42% (netzwerkintern)	47.58% (netzwerkübergreifend)
in den Top 13 „orthodox"	2.85% (netzwerkübergreifend)	97.15% (netzwerkintern)

Quelle: Dobusch/Kapeller 2009c

Tabelle 3: Die Rolle von Journal-Selbst-Zitaten[12] in orthodoxen und heterodoxen Zitationsnetzwerken.

	Anteil der netzwerkinternen Zitate (heterodox und orthodox) exklusive Journal-Selbst-Zitate	*Anteil der Journal-Selbst-Zitate an den netzwerkinternen Zitaten*
in den Top 13 „heterodox"	13.46% (netzwerkintern)	71.71%
in den Top 13 „orthodox"	68.79% (netzwerkintern)	29.19%

Quelle: Dobusch/Kapeller 2009c

Institutionen integriert, in anderen (z.B. in Deutschland) äußert sie sich indirekt, etwa an den unterschiedlichen Lehrvolumina für Universitäts- und Fachhochschulprofessuren. Letztere sind dabei auch ÖkonomInnen zugänglich, die in den Rankings schlechter platziert sind, und im Normalfall mit einem weitaus höheren Lehraufwand verbunden.

12 Unter Journal-Selbst-Zitaten versteht man Zitate, die auf einen anderen Artikel im *selben* Journal verweisen.

Tabelle 2 zeigt, dass Journale der Mainstream-Ökonomie vorwiegend andere Mainstream-Journale zitieren, während heterodoxe Journale sowohl andere heterodoxe Inhalte als auch Argumente der Mainstreamökonomie in einem relativ ausgewogenen Verhältnis rezipieren. Der neoklassische Diskurs erscheint hier als geschlossen für die paradigmatische Konkurrenz, während der heterodoxe Diskurs auch für neoklassische Argumente weitgehend offen ist – wenn auch vor allem in Form von Kritik an ebendiesen Argumenten.

In Tabelle 3 wird hingegen versucht, die netzwerkinternen Kommunikationsroutinen zu reflektieren. Es zeigt sich, dass – in starkem Gegensatz zur Mainstream-Ökonomie – der netzwerkinterne heterodoxe Diskurs zu einem großen Teil (etwa 70%) auf Journal-Selbst-Zitationen beruht. Dies impliziert, dass unterschiedliche heterodoxe Traditionen – neben ihrer Auseinandersetzung mit dem Mainstream – vor allem mit sich selbst kommunizieren, ihre potentiellen „Alliierten," also die anderen heterodoxen Traditionen, aber weitgehend ignorieren. Diese „diskursive Selbstisolation" führt dazu, dass dem ohnehin schon übermächtigen neoklassischen Block keine institutionell oder diskursive geschlossene Heterodoxie gegenübersteht, sondern vielmehr ein Flickenteppich alternativer Ideen, Konzepte und Ansätze, die ihrerseits wiederum nur eine lose Bindung aufweisen. Diese fehlende institutionelle Kohärenz der Heterodoxie macht es natürlich umso leichter, die in einem heterodoxen Kontext vorgebrachten Argumente, Theorien und Politikvorschläge zu ignorieren. Die heterodoxe Ökonomie erscheint aus dieser Perspektive als viel zu partikularistisch, um in einem Vergleich mit dem wesentlich geschlosseneren neoklassischen Diskursnetzwerk auch nur ansatzweise bestehen zu können.

Zusammengefasst lässt sich an Hand der vier in diesem Abschnitt ausgeführten Punkte – Karrierevorteile durch Nähe zum Mainstream, neoklassisch dominierte Lehre, innerdisziplinär-diskursive Herrschaftsstrategien sowie deren Institutionalisierung in Form von Zitationsrankings – eine sich selbst verstärkende Vormachtstellung des neoklassischen Paradigmas in der Ökonomie feststellen, die durch unreflektiertes bzw. unkoordiniertes Handeln heterodoxer ÖkonomInnen noch verstärkt wird. Für progressive Reformpolitik sind mit dieser Dominanz aber, wie bereits im vorhergehenden Abschnitt illustriert, große Probleme verbunden, da ökonomische ExpertInnenmacht so in der Regel eine ideologisch marktliberale Schlagseite aufweist. Angesichts der wachsenden Bedeutung von expertokratischen (Vor-)Entscheidungsprozeduren – insbesondere auch im Bereich transnationaler Politikprozesse – ist deshalb eine Änderung der paradigmatischen Verfasstheit der Ökonomie selbst eine der Hauptaufgaben progressiver Reformpolitik. Welche Strategien hierfür verfolgt werden könnten, ist Thema des folgenden, letzten Abschnitts.

Strategien zur Pluralisierung ökonomischer Wissenschaft

Prinzipiell lassen sich zwei Ansatzpunkte festmachen, um die Folgen der derzeitigen Verfasstheit der ökonomischen Disziplin für progressive Reformpolitik zu reduzieren: (a) innerdisziplinäre und (b) außerdisziplinäre. Die Vorschläge sind dabei von der Überzeugung getragen, dass eine Pluralisierung des ökonomischen Diskurses sowohl zu einer besseren ökonomischen Forschung führen als auch bzw. schon alleine dadurch die Voraussetzungen für erfolgreiche progressive Politikprojekte verbessern würde. Gleichzeitig sind diese Vorschläge angesichts des zuvor beschriebenen Ausmaßes institutioneller Rigidität der Ökonomie aber in erster Linie Überlebensstrategien für die marginalisierte Minderheit heterodoxer ÖkonomInnen und auch in ihrer Gesamtheit kaum geeignet, ohne die Veränderung gesellschaftlicher und politischer Rahmenbedingungen, einen grundlegenden Wandel herbeizuführen.

(a) Innerdiszplinäre Strategien

Zu den wichtigsten innerdisziplinären Strategien gehört die Stärkung heterodoxer Ansätze durch die Einrichtung bzw. Förderung von Forschungsinstituten und (Stiftungs-)Lehrstühlen mit heterodoxer Ausrichtung – und zwar unbesehen einer unmittelbar progressiv-politischen Ausrichtung. Als Beispiele können hierfür in Deutschland das aus Mitteln der Hans-Böckler-Stiftung finanzierte Institut für Makroökonomie und Konjunkturforschung (IMK) oder, im Rahmen der Max-Planck-Gesellschaft, das Max-Planck-Institut für evolutionäre Ökonomie in Jena gelten. Es bestehen durchaus auch Möglichkeiten auf regionaler Ebene tätig zu werden, wie in Österreich das jüngst aus Mitteln der Stadt Linz finanzierte und an der Universität Linz angesiedelte Institut für die Gesamtanalyse der Wirtschaft (ICAE) beweist (vgl. http://www.icae.at/).

Letzteres ist auch noch aus einem anderen Grund ein interessantes Beispiel, ist es im Unterschied zu IMK und dem MPI in Jena prinzipiell theorieoffen angelegt und leistet somit einen Beitrag zur dringend notwendigen Stärkung der inhaltlichen Auseinandersetzung zwischen verschiedenen heterodoxen Schulen. Wie im vorhergehenden Abschnitt ausgeführt, wäre eine stärkere Vernetzung und – auch: kritische – Auseinandersetzung zwischen verschiedenen heterodoxen Ansätzen nicht nur aus forschungslogischen Überlegungen sinnvoll, sondern auch aus pragmatischen Zitationsüberlegungen heraus. In diesem Sinne wäre eine Bündelung heterodoxer Kompetenzen im Rahmen gemeinsamer (Zusatz-) Ausbildungsangebote wie Master-Lehrgänge oder Summer-Schools sinnvoll. Derzeit sind solche Angebote, sofern sie überhaupt existieren, meist streng nach Schulen getrennt. Schließlich könnte auch die Etablierung eines Journals of

Heterodox Economics einen Beitrag zur Förderung einer vergleichend-kritischen Auseinandersetzung innerhalb der heterodoxen Ökonomie leisten.

Zusammengenommen zielen innerdisziplinäre Pluralisierungsstrategien einerseits auf eine Stärkung heterodoxer Ansätze und andererseits auf eine Intensivierung der inhaltlichen Auseinandersetzung zwischen ebendiesen Ansätzen. Wie wichtig diese Strategie der kleinen Schritte zu sein scheint, illustriert die Reaktion des ökonomisch-akademischen Establishements auf die jüngste Finanzkrise. Obgleich die neoklassische Forschungsgemeinschaft durchaus als mitverantwortlich für Entstehung und Ausmaß der Krise angesehen wird – und das zum Teil auch innerhalb der Mainstream-Ökonomie (siehe etwa Colander et al. 2009) – bleiben größere institutionelle oder forschungsstrategische Änderungen innerhalb dieses dominanten Paradigmas weitgehend aus. Der Hauptgrund hierfür ist freilich die Selbstreferentialität des akademischen Diskurses, dessen Qualitätskritierien sich durch die Finanzkrise keineswegs verschoben haben. Der Statusverlust neoklassischer Ökonomie, so dieser überhaupt feststellbar ist, bezieht sich also primär auf den öffentlichen, aber nicht auf den innerakademischen Diskurs. Und in diesem geht es, zumindest für jene kleine Teilmenge kritischer ÖkonomInnen, weniger um eine Herausforderung der Mainstream-Ökonomie, sondern vielmehr um das eigene Überleben in einer Welt des 'publish or perish.' Solange sich diese, in gewissem Sinne hochgradig prekäre Situation heterodoxer ÖkonomInnen nicht verbessert, bleibt ein grundsätzlicher paradigmatischer Wandel im Bereich der Ökonomie im Wesentlichen eine Illusion.

Um dies zu erreichen, ist daher auch eine stärkere Selbstorganisation jener Kräfte von Nöten, die in und rund um die Ökonomie tätig sind und dabei den kritischen Blick auf den neoklassischen Mainstream nicht verloren haben. Studentische Bewegungen, etwa nach dem Vorbild der französischen Bewegung für eine 'post-autistische' Ökonomie, können zwar aller Wahrscheinlichkeit nach den Charakter der Disziplin nicht grundlegend ändern, sorgen aber für ein verstärktes kritisches Bewusstsein. Angesichts des tendenziell dogmatischen Charakters volkswirtschaftlicher Ausbildung (siehe etwa Albert 1998: 153), kann dieses kritische Bewusstsein als Grundlage einer Bereitschaft zur „intellektuellen Selbstverteidigung" gegenüber neoklassischen Prämissen und ihren Folgen verstanden werden. Derartige selbstorganisierte Projekte, wie etwa studentische Lesekreise, Initiativen zur Verbreiterung der Curricula oder das Verfassen kritischer Abschlussarbeiten sowie deren Publikation, bergen also ein nicht zu unterschätzendes kritisches Potential, das hilfreich erscheint, um letztlich zu einer pluralistischeren Konzeption ökonomischen Denkens zu gelangen. Eine der wenigen Schwachstellen des neoklassischen Bollwerks ist schließlich die, durch fehlende praktische Brauchbarkeit und zugleich hohe (formale) Schwierigkeit eines Ökonomie-Studiums bedingte, kleine Anzahl der Studierenden. Kann hier eine kritische Masse an entsprechend neoklassikskeptischen Studierenden erreicht werden, wäre dies tatsächlich ein möglicher Vorbote paradigmatischen Wandels oder zumindest einer leicht gelockerten und weniger monolithischen Kultur an deutschsprachigen VWL-Instituten.

(b) Außerdisziplinäre Strategien

Ökonomische Wissenschaft und Expertise im Sinne eines empirisch fundierten Verständnisses wirtschaftlicher Zusammenhänge findet sich aber mehr denn je auch außerhalb der ökonomischen Disziplin. Mit Blick auf die empirische Fundierung sowie die diskursiv-hegemoniale Stärkung progressiver Reformpolitik bieten sich deshalb auch außerdisziplinäre Strategien an.

Zu diesen zählt jedenfalls die Förderung wirtschaftlicher Forschung in verwandten Disziplinen, insbesondere der Wirtschaftssoziologie bzw. der politischen Ökonomie. Eine VorreiterInnenrolle in dieser Hinsicht hat das Max-Planck-Institut für Gesellschaftsforschung in Köln inne. Um auch die außerwissenschaftliche Reputation dieser wissenschaftlich sehr anerkannten Forschungsströmungen zu stärken, würde es sich beispielsweise anbieten, für die Aufnahme von mindestens einem/r Nicht-Ökonomen/in in den bereits erwähnten Sachverständigenrat für Wirtschaft zu kämpfen.

Aber nicht nur außerdisziplinär, sondern auch außerhalb des Wissenschaftsbetriebs finden sich Handlungsfelder, in denen sich die negativen Folgen der neoklassischen Dominanz in der Ökonomie zumindest mildern lassen. Hierzu könnten einerseits die Förderung eines kritisch-heterodoxen Wirtschaftsjournalismus, aber auch junger heterodoxer ÖkonomInnen oder vielversprechender kritischer Abschlussarbeiten, über Stipendien und Preise sowie andererseits Aufklärungsarbeit über den problematischen Zustand der Ökonomie im Kontext von Parteien und parteinahen Einrichtungen, allen voran den Stiftungen, dienen. Denn insbesondere in den Doktorandenprogrammen der Stiftungen ließe sich die Förderung theoretischer und methodischer Vielfalt als Kriterium für die Förderung ökonomischer Abschlussarbeiten festschreiben sowie gezielt heterodoxe Ökonomen als Betreuungsdozenten anfragen.

Klar ist, dass viele dieser Gegenstrategien der Mitwirkung eben jener Minderheit an den Universitäten marginalisierter VertreterInnen von heterodoxen Ökonomischen Strömungen bedürfen. Umso wichtiger ist es, dass AkteurInnen außerhalb des Wissenschaftsbetriebs die Bedeutung (der Förderung) dieser heterodoxen ökonomischen Forschung erkennen und diese wo möglich unterstützen. Wahrscheinlich ist jedoch auch, dass selbst ein konsequentes Verfolgen dieser Strategien (alleine) noch nicht zu einem grundlegenden Wandel in der Ausrichtung der ökonomischen Disziplin führen würde, sondern auf komplementär-progressive Veränderungen der gesellschaftlichen Rahmenbedingungen angewiesen ist.

Literatur

Albert, Hans (1998[1967]): *Marktsoziologie und Entscheidungslogik*. 2. Auflage, Tübingen: Mohr.

Backhouse, Roger E. (1998): If Mathematics is informal, then perhaps we should accept that Economics must be informal too. *Economic Journal*, Vol. 108: 1848-1858.

Barro, Robert J. und Sala-i-Martin, Xavier (2004): *Economic Growth*. 2. Auflage. MIT Press.

Colander, David; Föllmer, Hans; Haas, Armin; Goldberg, Michael; Juselius, Katarina; Kirman, Alan; Lux, Thomas; Sloth, Brigitte. 2009. *The Financial Crisis and the Systemic Failure of Academic Economics*. University of Copenhagen Department of Economics Discussion Paper No. 09-03, URL: http://ssrn.com/abstract=1355882 (dl. 10.9.2009).

Crouch, Colin (2008): *Postdemokratie*. Frankfurt/M.: Suhrkamp.

Dobusch, Leonhard und Kapeller, Jakob (2009a): Why is Economics not an Evolutionary Science? New Answers to Veblen's Old Question. *Journal of Economic Issues*, 43(4): 867-898.

Dobusch, Leonhard und Kapeller, Jakob (2009b): Diskutieren und Zitieren: Zur paradigmatischen Konstellation aktueller ökonomischer Theorie. *Intervention – Journal of Economics*, 6(2): 145-152.

Dobusch, Leonhard und Kapeller, Jakob (2009c): *A Guide to Paradigmatical Self-Marginalization: Lessons for Post-Keynesian Economists*. Working paper. URL: http://www.dobusch.net/pub/uni/Dobusch-Kapeller(2009)A_Guide_to_Paradigmatic_Self-marginalization-WP.pdf (dl. 28-12-10).

Frey, Bruno S., Humbert, Silke und Schneider, Friedrich (2007): Was denken deutsche Ökonomen? Eine empirische Auswertung einer Internetbefragung unter den Mitgliedern des Vereins für Socialpolitik im Sommer 2006. *Perspektiven der Wirtschaftspolitik*, 8(4): 359-377.

Glenn, David (2009): Notre Dame plan to dissolve its heterodox side of its split economics department. *Chronicle of Higher Education* vom 16. September 2009 URL: http://chronicle.com/article/Notre-Dame-to-Dissolve/48460/(dl. 10-05-10)

Hill, Roderick und Myatt, Anthony (2007): Overemphasis on Perfectly Competitive Markets in Microeconomics Principles Textbooks. *Journal of Economic Education*, Vol. 38(1):58-77.

Kapeller, Jakob (2010): Citation metrics: serious drawbacks, perverse incentives and strategic options for heterodox economists. *American Journal of Economics and Sociology*, Vol. 69(5):1376-1408.

Kapeller, Jakob und Huber, Jakob (2009): Politische Paradigmata und neoliberale Einflüsse am Beispiel von vier sozialdemokratischen Parteien in Europa. *Österreichische Zeitschrift für Politikwissenschaft*, Vol. 38(2): 163-193.

Keen, Steve (2001): *Debunking Economics. The naked emperor of the social sciences*. London: Zed Books.

King, John E. (2002): *A History of Post-Keynesian Economics since 1936*. Cheltenham (UK): Edward Elgar.

King, John E., und Kriesler, Peter (2008): News from down under. *On the Horizon*, Vol. 16(4): 289-292.

Lagueux, Maurice (2004): The forgotten role of the rationality principle in economics.
Journal of Economic Methodology, Vol. 11(1): 31-51.

Lee, Frederic S. (2010): Pluralism in heterodox economics. In: Garnett, Robert, Olsen, Erik K. und Starr, Martha (Hrsg.): *Economic Pluralism*. London: Routledge: 19-35.

Lee, Frederic S, und Keen, Steve (2004): The Incoherent Emperor: A Heterodox Critique of Neoclassical Microeconomic Theory. *Review of Social Economy*, Vol. 62(2):169-199.

Lübbe, Weyma (2010): „Aus ökonomischer Sicht..." – Was ist der normative Anspruch gesundheitsökonomischer Evaluationen? *Rationality, Markets and Morals*, Vol. 0(1): 451-463.

Merton, Robert K. (1968): The Matthew Effect in Science. In: *Science*, 159: 56–63

Ötsch, Walter O. (2009): *Mythos Markt*. Marburg: Metropolis.

Ötsch, Walter O. und Kapeller, Jakob (2010): Perpetuing the Failure: Economic Education and the Current Crisis. *Journal of Social Science Education*, Vol. 9(2): 16-25.

Reardon, Jack (2008): Barriers to entry: heterodox publishing in mainstream journals. *On the Horizon*, Vol. 16(4): 185-197.

Rothschild, Kurt W. (2008): Apropos Keynesianer. In: Hagemann, Harald, Horn, Gustav und Krupp, Hans-Jürgen (Hrsg.): *Aus gesamtwirtschaftlicher Sicht: Festschrift für Jürgen Kromphardt*. Marburg: Metropolis: 19-29.

Rothschild, Kurt W. (2010): Die Kontroverse Frankfurter Allgemeine Zeitung contra Handelsblatt. Einige Bemerkungen zu einem methodologischen Schlagabtausch anno 2009. *Intervention – Journal of Economics*, 7(1): 24-31.

Samuelson, Paul A. (1973): *Economics*. 9. Auflage, McGraw-Hill.

Sent, Esther-Mirjam (2004): Behavioral Economics: How Psychology Made Its (Limited) Way Back Into Economics. *History of Political Economy*, Vol. 36(4): 735-760.

Stiglitz, Joseph E. (1988): On the Market for Principles of Economics Textbooks: Innovation and Product Differentiation. *Journal of Economic Education*, Vol. 19(2): 171-177.

Walpen, Bernhard (2004): *Die offenen Feinde und ihre Gesellschaft. Eine hegemonietheoretische Studie zu Mont Pelerin Society*. Hamburg: VSA.

Wilson, David, und Dixon, William (2009): Performing Economics: A Critique of 'Teaching and Learning'. *International Review of Economic Education*, Vol. 8(2): 91-105.

Katharina Mader / Jana Schultheiss

Feministische Ökonomie – Antworten auf die herrschenden Wirtschaftswissenschaften?

Kritik an der Neoklassik als herrschender Doktrin der Wirtschaftswissenschaften und ihrer hegemonialen Stellung an Wirtschaftsfakultäten lässt sich aus einer links-emanzipatorischen Sichtweise an vielen fundamentalen Punkten üben. Die Ausblendung von Macht- und Herrschaftsverhältnissen, von sozialen Ungleichheiten, fundamentaler Unsicherheit sowie von Werten und Normen und die Reduktion der Wissenschaft auf statisch-mathematische Modelle sind dabei zentrale Ansatzpunkte vielschichtiger Kritik. Zudem stößt insbesondere die Unfähigkeit der herrschenden Doktrin, ökonomische Prozesse jenseits einer weltfremden Modellstruktur zu erklären, auf Widerspruch.

Ausgeblendet werden zahlreiche Aspekte, die speziell oder verstärkt Frauen betreffen. Hierzu gehören nicht zuletzt formale und informelle Machtstrukturen, die Frage der Reproduktionsarbeit und die Bestimmung von Löhnen und Gehältern, die eben nicht an Hand gesellschaftlicher Notwendigkeiten erfolgt. Die folgenden Anmerkungen zur feministischen Ökonomie sind daher einerseits auf die Integration von Frauen und ihren Bedürfnissen in die Wirtschaftswissenschaften ausgelegt. Andererseits wird jedoch deutlich, dass das geforderte Ausrichten der Ökonomie auf das Ziel der Verbesserung der Lebensbedingungen für die große Mehrheit der Menschen eben kein „Frauenthema" ist, sondern Relevanz für alle gesellschaftlichen Bereiche besitzt. Feministische Ökonomie behandelt daher einerseits Themen, die Frauen im besonderen Maß betreffen (Diskriminierung bei Löhnen und Gehältern, Berücksichtigung der Reproduktionsarbeit usw.), andererseits ist diese Kritik jedoch auch allgemeiner gefasst und setzt sich mit der ökonomischen Theorie und dem ökonomischen System als solchem auseinander.

Der vorliegende Beitrag setzt an der herrschenden Annahme an, dass Wirtschaft per se geschlechtslos oder geschlechtsneutral sei, wobei diese Annahme (meist) gar nicht erst explizit formuliert, sondern stillschweigend vorausgesetzt wird. Dieses Phänomen wurde von Isabella Bakker treffend als „strategisches Schweigen" bezeichnet (Bakker 1994). Es werden in den herrschenden Wirtschaftswissenschaften nicht nur die Kategorie Geschlecht, im biologischen wie im sozialen Verständnis, sondern auch die Geschlechterverhältnisse und entsprechende Macht-, Herrschafts- und Ungleichheitsverhältnisse ausgeblendet. Ökonomische Theorien sind jedoch nicht geschlechtslos oder geschlechtsneutral, sondern beruhen im Gegenteil auf androzentrischen Wert- und Weltvorstellungen. Die Auseinandersetzung hiermit ist eine Aufgabe der feministischen Ökonomie. Denn das moderne Verständnis von Wirtschaft ist geprägt von männlichen Erfahrungen und Interessen und vernachlässigt die Notwendigkeit, auch anderen Bedürfnissen Raum zu geben. Es blendet die spezifischen sozialen Erfahrungen und Lebenskontexte von Frauen oft aus. Die Konstruktion des ökonomischen Gegenstandsbereichs, die Wahrnehmung von Problemen sowie Erklärungen und Interpretationen ebendieser erfolgen aus einer männlichen Perspektive. Die androzentrische Struktur des ökonomischen Denkens bringt Modelle hervor, die „männlich" mit „menschlich" gleichsetzen (Ferber/Nelson 1993: 4f).

Geschlechterblinde Wirtschaftswissenschaften unterschätzen die Beiträge von Frauen zur Wirtschaft systematisch. Insbesondere wird der gesamte Bereich der unbezahlten Arbeit, der die soziale Kohäsion und die zwischenmenschliche Verantwortung wesentlich aufrechterhält, nicht sichtbar, er wird nicht als (bepreiste) Leistung in einer Volkswirtschaft wahrgenommen und erfährt (damit) keine breite gesellschaftliche Schätzung und keine angemessene Beachtung innerhalb der Wirtschaft und den Wirtschaftswissenschaften.

Im Folgenden soll ein Überblick über den Stand der feministischen Ökonomie, ihre pluralistischen Ausprägungen und gemeinsamen Annahmen gegeben und der Frage nachgegangen werden, inwieweit sie Antworten und Alternativen auf die zentralen Kritikpunkte an den orthodoxen Wirtschaftswissenschaften – und ihren politischen Implikationen – aufzeigen kann. Der Beitrag wird dabei vor allem exemplarisch und konzeptionell sein und erhebt keinen Anspruch auf eine vollständige Abbildung der unterschiedlichen feministischen Arbeiten in der ökonomischen Disziplin.

Feministische Ökonomie – ein Definitions- und Abgrenzungsversuch

Es gibt eine große Auswahl an unterschiedlichen, pluralistischen feministischen Forschungen in der ökonomischen Disziplin: Feministinnen denken Ökonomie neu – aus verschiedenen Blickwinkeln, auf Basis unterschiedlicher ökonomischer Theorien und methodologischer und epistemologischer Ansätze. Dabei kommen feministische Ökonominnen aus verschiedenen ökonomischen ebenso wie aus unterschiedlichen feministischen Schulen (Strober 1994: 144). Folglich gibt es auch nicht *die* eine feministische Ökonomie, nicht einen einzigen gemeinsamen Ansatz (Hoppe 2002: 11) oder eine allgemein gültige Definition von feministischer Ökonomie (Robeyns 2000: 3). Bereits hier lässt sich die Frage, ob die feministische Ökonomie eine Antwort auf die herrschenden Wirtschaftswissenschaften sein kann, zumindest einschränken. Denn einerseits gibt es feministische Ansätze, die zwar einige grundlegende Annahmen der Neoklassik kritisieren, jedoch daraus keinen Bruch mit dieser Schule ableiten, sondern neue Ansätze entwickeln, die systemimmanent innerhalb der Neoklassik verortet bleiben (so etwa Notburga Otts Erweiterungen spieltheoretischer Modelle; vgl. ausführlich: Hoppe 2002: 55). Andererseits lassen sich auch Ansätze feministischer Ökonomie identifizieren, die die Neoklassik grundsätzlich herausfordern und eine andere Wirtschaftswissenschaft und -politik einfordern.

Dennoch kann feministische Ökonomie als ein eigenständiges Forschungsfeld beschrieben werden, welches in erster Linie das Ziel hat, die nachteiligen ökonomischen Rahmenbedingungen für Frauen zu benennen und zu verstehen (Hewitson 1999: 6). Eine ihrer gemeinsamen zentralen Aufgaben ist es, die Organisiertheit des herrschenden ökonomischen Systems infragezustellen und „to encounter untruths promulgated by economists (...) that serve to legitimize the oppression of women (and other groups) and to produce better, truer accounts of the world that can help us understand the workings of – and eliminate – unjust social relations" (Seiz 1995: 111).

Zentrale Begrifflichkeiten: Feministisch – Gender

Ebenso wenig wie es eine feministische Ökonomie gibt, gibt es *eine* allgemein gültige Bedeutung von *Feminismus*, dennoch ist allen Feminismen grundsätzlich inhärent, dass sie sich mit Inhalten beschäftigen, die Frauen ermächtigen (Egeland 2004: 183). Unter dem Begriff Feminismus werden heterogene Konzepte zusammengefasst. Feminismus wird als „Ensemble von Debatten, kritischen Erkenntnissen, sozialen Kämpfen und emanzipatorischen Bewegungen" (Hennessy 2003: 155, zit. in: Thiessen 2004: 35) beschrieben. Diese sollen dazu beitragen, die patriarchalen Geschlechterverhältnisse, die allen Menschen schaden, und die unterdrückerischen und ausbeuterischen gesellschaftlichen Strukturen und Institutionen, die insbesondere das Leben von Frauen formen, zu begreifen und zu verändern. Ein gemeinsamer Ausgangspunkt ist die Untersuchung von Lebensrealitäten aus einer geschlechterkritischen Perspektive. Feministische Wissenschaft ist daher Wissenschaft aus einer Perspektive von Frauen für Frauen. Die Fokussierung auf Geschlecht ist dabei der „Universalschlüssel, um in die verschiedenen wissenschaftlichen Diskurse einzubrechen, männliche Selbstvergessenheit im Allgemeinen (Androzentrismus), die Verzerrungen und Abwertungen weiblicher Denk- und Lebenserfahrungen im Besonderen (Sexismus) aufzudecken" (Singer 2004: 257).

Das Feministische der feministischen Ökonomie ist im theoretischen Feminismus verankert. Die feministische Ökonomie ist im Speziellen mit der Verbesserung der ökonomischen Bedingungen von Frauen befasst (Barker 2005: 2189). Zudem ist im Sinne des feministischen „Ermächtigungskonzepts" die ökonomische Unabhängigkeit von Frauen von ihren (Ehe-)Männern und Familien ein zentrales Ziel. Denn diese ist eine Voraussetzung für die Option eines eigenständig geführten Lebens. Deshalb messen die meisten feministischen Ökonominnen der Erwerbsarbeit von Frauen – bei aller Kritik an diesen Lohnarbeitsverhältnissen – eine elementare emanzipatorische Bedeutung bei (Schultheiss 2008: 12). Insgesamt zielt die feministische Ökonomie auf eine alternative und humanere Vision der Wirtschaft und der Wirtschaftswissenschaften ab (Barker/Kuiper 2003: 5). Damit hat feministische Politik die Veränderung der bestehenden gesellschaftlichen Verhältnisse zum Ziel.

Die Verwendung der Kategorie „Gender" als zentrales Analyseinstrument in den unterschiedlichen wissenschaftlichen Disziplinen stellt einen wesentlichen Faktor in der Entwicklung neuerer feministischer Theorie dar (Benería 2003: 40). Mit dem Begriff Gender wurde ein feministisches „Instrument geschaffen, anhand dessen Rollenzuschreibungen aufgrund biologischer Faktoren zurückgewiesen werden können" (Frey 2003: 31). Mit Gender wurde eine Unterscheidung möglich zwischen dem „biologischen Geschlecht" – „Sex" – und dem „sozialen Geschlecht" – „Gender". Diese Unterscheidung impliziert, dass das soziale Geschlecht ein kulturelles, historisches, gesellschaftliches und ideologisches Konstrukt ist, das die ökonomischen Outcomes für Frauen und Männer beschreiben kann (Bakker 1994: 3). Gender schreibt Frauen und Männern unterschiedliche soziale und ökonomische Rollen zum Beispiel als Erwerbsarbeitskräfte, als Familienmitglieder und als Gesellschaftsmitglieder zu. Feministische Ökonominnen verwenden daher den Begriff Gender „to address the state of affairs concerning gender differences [and] the workings of gender in economic theorising" (Kuiper 2004: 113). Gender bildet die Basis für die geschlechtsspezifische Arbeitsteilung zwischen bezahlter und unbezahlter Arbeit und damit auch die Basis von Ungerechtigkeiten zwischen den Geschlechtern (Elson 2002: 23). Nicht zuletzt dadurch stellt die Kategorie „Gender" heute ein zentrales Analyseinstrument für die feministische Ökonomie dar.

Historischer Abriss der feministischen Ökonomie

Zwar kann der Beginn der systematischen Entwicklung von Ansätzen der feministischen Ökonomie in den 1970er Jahren gesehen werden, jedoch reichen ihre Wurzeln bis ins 19. Jahrhundert zurück. Denn bereits durch die erste[1] Frauenbewegung wurden, neben den zentralen Forderungen des Wahlrechts und der Bildungsbeteiligung, Fragen der ökonomischen Unabhängigkeit und, damit einhergehend, der Frauenarbeit und Entlohnung thematisiert. In Großbritannien setzten sich schon in der ersten Hälfte des 19. Jahrhunderts Harriet Taylor Mill und John Stuart Mill polit-ökonomisch mit Fragen der Geschlechtergerechtigkeit, der Stellung der Frau und dem Zugang von Frauen und Männern zu allen Berufen auseinander (vgl. Mill/Taylor Mill 1869). Als weitere wichtige Werke der englischen Debatte gelten die Arbeiten von Millicent Fawcett, Ada Heather-Bigg und Beatrice Webb-Potter, die sich insbesondere mit der unterschiedlichen Entlohnung von Frauen und Männern und der Verwehrung des Zugangs von Frauen zu verschiedenen Berufen beschäftigten. In den USA gilt Charlotte Perkins Gilmans 1898 erschienenes *Women and Economics* als Standardwerk der frühen feministischen Ökonomie, in dem sich die Autorin bereits unter anderem mit der wirtschaftlichen Bedeutung der (unbezahlten) Hausarbeit auseinandersetzt. Im deutschsprachigen Raum lassen sich zur gleichen Zeit ähnliche Debatten vor allem in Zusammenhängen der proletarischen Frauenbewegung, hier insbesondere vertreten durch Clara Zetkin, finden. In Österreich erlangten die Schriften von Käthe Leichter besondere Bedeutung. Sie gründete 1925 das Frauenreferat der Arbeiterkammer Wien und widmete sich einer systematischen Aufarbeitung der sozialen und ökonomischen Lage von Frauen und Frauenerwerbsarbeit. Und auch Schriften sozialistischer Autoren beschäftigten sich mit der „Frauenfrage", wie etwa August Bebels *Die Frau und der Sozialismus* (1879) und Friedrich Engels *Der Ursprung der Familie, des Privateigentums und des Staats* (1884) (vgl. zu diesem Absatz ausführlich: Pujol 1992: 15ff sowie Michalitsch/Schlager 2006: 56). Rosa Luxemburg lieferte mit der in *Die Akkumulation des Kapitals* (1913) entwickelten These, dass der Kapitalismus zu seiner Reproduktion ein nichtkapitalistisches Umfeld benötigt, einen zentralen Anknüpfungspunkt für spätere feministische Ökonominnen, die versuchten diese These auf die durch Frauen geleistete Hausarbeit anzuwenden (Michalitsch/Schlager 2006: 57; Haug 2007: 22f).

Dieser kurze historische Abriss macht deutlich, dass sich die zentralen Themen von Feministinnen in ökonomischen Fragestellungen bis heute kaum verändert haben. Immer noch drehen sich die Auseinandersetzungen unter anderem um den Bereich der unbezahlten Arbeit, der Erwerbsarbeit und ihrer Entlohnung und um die geschlechtsspezifische Segregation des Arbeitsmarktes. Doch während die

1 Während in der Theorie häufig von zwei wesentlichen Frauenbewegungen ausgegangen wird, weist Kuiper auf Untersuchungen zu zumindest sechs Wellen der Frauenbewegung hin, wobei die erste im Jahr 1400 identifiziert wird und die sechste als diejenige der 1960er Jahre, die zumeist als zweite bezeichnet wird (Kuiper 2008: 189ff).

Vertreterinnen der ersten Frauenbewegung ihre Erkenntnisse und Forderungen vorwiegend aus der Kritik an den realen Lebensverhältnissen von Frauen und aus politischen Auseinandersetzungen mit den männlichen Genossen ableiteten, etablierte sich ab den 1970er Jahren zunehmend auch eine theoretische Kritik an den Wirtschaftswissenschaften und ihren unterschiedlichen Schulen. Nachdem im Zuge der StudentInnenbewegung der 1960er Jahre und der zweiten Frauenbewegung die feministische Kritik zunächst hauptsächlich am Marxismus, insbesondere im Rahmen der so genannten „Hausarbeitsdebatte" um die zentrale Frage, ob Hausfrauen Mehrwert schaffen, formuliert wurde, verlangsamte sich das Tempo der Entwicklung der feministischen Ökonomie als wissenschaftliche Disziplin in den Folgejahren zunächst wieder. Zwar entwickelten sich die ersten systematischen Ansätze der feministischen Ökonomie, doch während andere Disziplinen der Sozialwissenschaften in den 1980er Jahren von feministischer Wissenschaft herausgefordert und in unterschiedlichem Ausmaß transformiert wurden, bildete sich die feministische Ökonomie erst in den frühen 1990er Jahren als ein eigenes Forschungsgebiet heraus (Hewitson 1999: 5, Power 2004: 5, Michalitsch/Schlager 2006: 58). Eine Institutionalisierung erfuhr die feministische Ökonomie durch die Gründung der *International Association For Feminist Economics* (IAFFE) 1992.[2] Seither ist feministische Ökonomie als Forschungsfeld stark international orientiert (Kuiper 2008: 194).

Mittlerweile gibt es viele verschiedene feministische Forschungen in den Wirtschaftswissenschaften. Die thematischen Felder sind dabei gleichermaßen weit gestreut und reichen von der Wirtschaftsgeschichte, zur Makroökonomie, Finanzwissenschaft und Arbeitsmarktökonomie – um nur einige zu nennen. Das bislang am weitesten entwickelte Feld – was Theorie und Praxis betrifft – ist die feministische Arbeitsmarktökonomie, was vor allem mit der steigenden Erwerbstätigkeit von Frauen im 20. Jahrhundert zu tun hat. Dieser Anstieg der Frauenerwerbstätigkeit wurde vom ökonomischen Mainstream als Anomalie (vgl. beispielsweise Becker 1981) interpretiert, was neue Erklärungsansätze geradezu provozierte. Gemeinsamer Ausgangspunkt der heutigen feministischen Ökonomie ist das Streben, die ökonomischen Analysen zu verbessern, indem versucht wird, die „Bias" die durch die Zentralität männlicher Interessen und Bedürfnisse entstanden sind, zu überwinden (Ferber/Nelson 1993: vii).

---

2 IAFFE entstand als Resultat des Zusammentreffens einer kleinen Gruppe von Ökonominnen im Rahmen der American Economic Association Conference, in Washington, DC im Jahr 1990. Erste gemeinsame Publikationen entstanden 1993, 1995 folgte die Gründung des ersten internationalen Journals Feminist Economics. Heute hat IAFFE Mitglieder aus 64 verschiedenen Ländern (vgl. http://www.iaffe.org/pages/about-iaffe/history/).

Gemeinsamkeiten feministischer Ökonominnen

Trotz der pluralen Ausprägungen verbinden die meisten feministischen Ökonominnen einige Gemeinsamkeiten. Feministische Ansätze untersuchen, wie Ökonomie die Geschlechterverhältnisse beeinflusst und wie Geschlechterverhältnisse die Ökonomie beeinflussen, um anschließend Ökonomie so zu konstruieren, dass sie die tatsächlichen Perspektiven und Lebensrealitäten von Frauen und Männern umfasst (Kuiper/Sap 1995: 4). Ein weiterer wesentlicher Punkt ist das In-Frage-Stellen der suggerierten Geschlechtslosigkeit oder Geschlechtsneutralität der herrschenden Wirtschaftswissenschaften. Es geht darum, deren „geschlechtliche Kodierungen offenzulegen und implizite Geschlechtlichkeit explizit zu machen" (Michalitsch/Schlager 2006: 59). Zudem setzen sich die meisten feministischen Ökonominnen fundamental mit den Grundannahmen und Methoden der Neoklassik auseinander. Dies gilt insbesondere für deren vorherrschendes Menschenbild des *Homo oeconomicus*, der von Habermann als „jeher der Lieblingsfeind feministischer ÖkonomInnen" beschrieben wird (Habermann 2010: 151).

Marilyn Power kann ferner fünf gemeinsame Anliegen als entstehender impliziter Konsens zwischen feministischen Ökonominnen identifizieren (Power 2004: 4f): Erstens sind bezahlte und unbezahlte Care- und Hausarbeit lebenswichtig für alle Wirtschaftssysteme sie sind wesentliche Teile der Ökonomie und sollen daher von Anfang an in jede ökonomische Analyse einbezogen werden. Zweitens soll der zentrale Maßstab wirtschaftlichen Erfolgs das „well-being", das menschliche Wohlergehen sein. Drittens sind menschliches Handeln und zwischenmenschliche Beziehungen zentral für wirtschaftliche Prozesse. Daher sollen Fragen der Macht und des ungleichen Zugangs zu Macht – sowohl hinsichtlich der Prozesse als auch hinsichtlich der Ergebnisse – in ökonomische Analysen mit einbezogen werden. Viertens sind ethische Urteile im Rahmen von Analysen nicht nur zulässig, sondern auch wünschenswert. Und fünftens sind Frauen keine homogene Kategorie, ihre Klassenzugehörigkeit und kulturelle Herkunft sowie andere Diskriminierungsfaktoren müssen in die ökonomische Forschung einbezogen werden, da sie für die sozioökonomische Situation einer Person ebenso entscheidend sein können wie ihr Geschlecht. Insgesamt ist das Ziel des Wirtschaftens im Ergebnis immer die Versorgung einer Gesellschaft mit Gütern und Dienstleistungen (vgl. ebd: 7). Diese Anliegen brechen fundamental mit dem derzeitigen (Selbst-)Verständnis der Mainstream-Ökonomie, die auf eine reine Nutzen- und Gewinnmaximierung abzielt und die meisten der von Power formulierten Thesen – mehr oder weniger explizit – ablehnt oder sich mit diesen Bereichen gar nicht erst auseinander setzt.

Im Folgenden sollen die drei Aspekte „Menschenbild", „Methodologie und Methoden" sowie der „Arbeitsbegriff" in einer kritischen Abgrenzung zu ihren

Bedeutungen in den herrschenden Wirtschaftswissenschaften näher betrachtet werden. Im Rahmen dieses Beitrags ist die Fülle der Themen, zu denen feministische Ökonominnen arbeiten, nicht abbildbar – jedoch können die ausgewählten Bereiche als Grundkritik der feministischen Ökonomie verstanden werden, die als Fundament für weitere – mikro- und makroökonomische – Kritik dienen kann. Neben dem Aufzeigen von Kritikpunkten werden auch feministische Alternativen angerissen, denn feministische Ökonomie ist kaum mehr ausschließlich mit der Kritik an der Neoklassik beschäftigt, sondern erarbeitet zahlreiche Alternativen und eigenständige feministische ökonomische Theorien.

Kritik am Menschenbild Homo oeconomicus

In den verschiedenen wirtschaftswissenschaftlichen Schulen gehört das Menschenbild oft zu den „verschwiegenste[n] Voraussetzungen der theoretischen Ökonomie, der Wirtschaftspolitik und der ökonomischen Praxis" (Gubitzer 2007: 33). Der Neoklassik liegt – relativ offensichtlich und transparent – das Menschenbild des Homo oeconomicus zugrunde, an dem seitens feministischer Ökonominnen vielfältige Kritik geübt wird. Beim Homo oeconomicus handelt es sich um ein „Modell eines ausschließlich 'wirtschaftlich' denkenden Menschen (...). *Hauptmerkmal* des Homo oeconomicus ist seine Fähigkeit zu uneingeschränktem rationalen Verhalten. *Handlungsbestimmend* ist das Streben nach Nutzenmaximierung, das für Konsumenten, oder Gewinnmaximierung, das für Produzenten angenommen wird" (Gabler Wirtschaftslexikon). Von kritischen ÖkonomInnen wird insbesondere die Annahme, dass Wirtschaftssubjekte uneingeschränkt rationale Entscheidungen treffen, hinterfragt. Dabei steht auch die von John Maynard Keynes verdeutlichte Rolle der Unsicherheit der Wirtschaftssubjekte im Zentrum, da rationale, auf die Zukunft gerichtete Handlungen nur möglich sind, wenn eine gewisse Sicherheit hinsichtlich des bestehenden – und zumindest theoretisch kalkulierbaren – Risikos existiert. Diese Prognosemöglichkeiten als Grundlage des rationalen Handelns sind jedoch vielfach nicht gegeben. Zudem wird seitens feministischer Ökonominnen kritisiert, dass diverse Eigenschaften des Homo oeconomicus[3] wie ausschließlich rationales, egoistisches, emotions-

3 Zwar wird von VertreterInnen der Neoklassik nicht offen davon ausgegangen, dass es sich beim Homo oeconomicus um das Abbild eines realen Menschen handelt, es wird betont, dass es sich um ein „Modell" oder „Analysekonstrukt" handelt (Gabler Wirtschaftslexikon). Aber wie etwa Klamer und Leonard (1994) aufzeigen, können solche Konstrukte, die zunächst metaphorisch gemeint waren, über die Zeit eine Art Eigenleben entwickeln und scheinbar real werden.

loses, rein seinen individuellen Nutzen maximierendes Verhalten generell als maskulin assoziiert werden. Zentraler Kritikpunkt ist die angebliche Autonomie und Unabhängigkeit, mit der der Homo oeconomicus seine Entscheidungen trifft. „Er ist als Idealtyp ein autonomes, vollkommen informiertes, von sozialen Zusammenhängen unabhängiges Individuum" (Gubitzer 2007 42; vgl. zu diesem Absatz ausführlich Maier 1993: 558ff, Hoppe 2002: 101ff). Die Neoklassik macht den individuellen Nutzen zur Grundlage wirtschaftlicher Entscheidungen. Damit werden jedoch die Entscheidungen auf einer Ebene persönlicher Präferenzen getroffen – diese entziehen sich letztlich einer systematischen wissenschaftlichen Untersuchung. So wird schon das Zustandekommen der Präferenzen ausgeblendet. In der Neoklassik wird ferner unterstellt, dass das rationale und egoistische Verhalten aller Individuen in Summe zum bestmöglichen Ergebnis für die Gesellschaft führe. Dass einzelwirtschaftliche Rationalität jedoch oft einer gesamtwirtschaftlichen oder gesellschaftlichen Vernunft widerspricht, wurde bereits von vielen kritischen ÖkonomInnen – regelmäßig etwa durch die Arbeiten der Arbeitsgruppe Alternative Wirtschaftspolitik – immer wieder aufgezeigt.

Ein weiterer zentraler Kritikpunkt feministischer und anderer kritischer ÖkonomInnen ist die Konzentration der Neoklassik auf die mikroökonomische Ebene. Makroökonomische Zusammenhänge werden von der Mikroebene aus konstruiert, indem sich mikroökonomische Entscheidungen in Summe zur Makroökonomie addieren. Dadurch werden jedoch Zielkonflikte zwischen den Ebenen ausgeblendet. Auch erscheinen Institutionen oder andere mikroökonomische Einheiten, wie Haushalte oder Unternehmen, in sich geschlechtsneutral (Hoppe 2002: 96). Dass Makroökonomie aber mehr als die Summe der Mikroebenen ist und dass gerade Diskriminierungen, wie auch Macht- und Herrschaftsausübungen, oft zwischen den Ebenen stattfinden, sollen nachfolgende Beispiele verdeutlichen.[4] So kann es für ein einzelnes Unternehmen rational sein, seinen Angestellten einen möglichst geringen Lohn zu zahlen, da so die Kosten des

4 Neuere Forschungen zeigen, dass aus einer feministischen Perspektive mikroökonomische und makroökonomischen Sicht oft nicht klar voneinander zu trennen sind und dies ebenso wenig von einer wirtschaftspolitischen Sicht. Damit trifft auf eine Theorie der feministischen Ökonomie zu, was genereller in der Entwicklung der ökonomischen Wissenschaft beobachtbar ist: Neuere Forschungsgebiete entstehen überwiegend in Bezug auf spezifische Praxisbereiche. Beispiele sind Umweltökonomie, Industrieökonomie, Arbeitsmarktökonomie. Diese Begriffe drücken aus, dass eine Trennung in mikro- und in makroökonomische Befassungen eher „künstlich" ist. Und es zeigt sich, dass eine Zusammenschau zu umfassenderen und dienlicheren Erkenntnissen bzgl. des gewählten Praxisbereichs führt. Auch für die feministische Ökonomie zeigt sich, dass für Theorien, die sich mit einem Praxisbereich befassen, die üblichen Trennungen in Mikroökonomie, Makroökonomie und Wirtschaftspolitik nicht mehr dienlich sind (vgl. Gubitzer/Mader 2011: 104).

Unternehmens gering gehalten und der Gewinn maximiert werden kann. Von einem gesamtwirtschaftlichen Standpunkt ist dies aber unvernünftig, da der Lohn der Angestellten eben auch Kaufkraft zur Steigerung der Nachfrage ist (Arbeitsgruppe Alternative Wirtschaftspolitik 2006: 55ff). Aus einer feministischen Perspektive verdeutlicht etwa folgendes Beispiel die Problematik: aufgrund der bestehenden geschlechtsspezifischen Lohnunterschiede ist es in der Regel für einen Haushalt/eine Familie individuell rational, dass nach der Geburt eines Kindes die Frau ihre Erwerbstätigkeit einschränkt oder unterbricht, da der Haushalt auf Grund des höheren Einkommens des Mannes somit sein Einkommen maximiert (im Gegensatz zur Alternative, dass der Mann seine Erwerbstätigkeit unterbricht und die Familie damit auf das höhere Einkommen verzichten würde). Neben vorhandenen Rollenmustern und Sozialisationen spielen demnach auch rationale Überlegungen bei der Entscheidung, wer die Kinder betreut, eine Rolle. Die Tatsache der geringeren Einkommen der Frauen ist im konkreten Fall ein gesetztes Datum, mit dem die Individuen planen müssen. Gesamtgesellschaftlich führt dieses Verhalten aber langfristig zu einer weiteren Diskriminierung der Frauen am Arbeitsmarkt, da potentielle ArbeitgeberInnen dieses Verhalten bei möglichen Bewerberinnen um einen Arbeitsplatz antizipieren – und Frauen damit bei der Besetzung von Stellen strukturell benachteiligt sind. Diese gesellschaftlichen Zusammenhänge werden aber in orthodoxen Analysen zumeist ausgeblendet – schließlich habe der Haushalt ja frei und rational entschieden.

Kritische Ökonomie, die ihre Ziele im Wohlbefinden aller Menschen und in einer humanen Vision der Wirtschaft sieht (Barker/Kuiper 2003: 5), zeigt, dass Menschen abhängige Beziehungswesen sind, die mit Rechten ausgestattet sind. Dies bedeutet menschliche Bedürfnisse als Normalzustand anzuerkennen und Beziehungen sowie die Art und Weise, wie Menschen Beziehungen leben, in den Blick zu nehmen. Diese Herangehensweise steht dem Menschenbild des Homo oeconomicus diametral entgegen und schafft die Basis für die Entwicklung eines erweiterten, differenzierten und gendersensiblen Menschenbildes in der Ökonomie (vgl. Gubitzer 2007: 64ff).

Kritik an der Methodologie und den Methoden

Einig sind sich viele feministische Ökonominnen in ihrer Kritik an der Methodeneinfalt der Neoklassik. Denn „die weitgehend einvernehmliche Orientierung der mainstream-Ökonomen auf formalisierte und mit mathematischer (Schein-) Genauigkeit berechenbare Modelle schließt andere methodische Ansätze weitgehend aus“ (Maier 1993: 564). Ausgangspunkt der feministischen Kritik an der Mainstream-Methodologie und -Methoden ist, dass mit ihnen eine Reihe von wesentlichen Fragen aus einer feministischen Perspektive nicht beantwortet werden können. Denn die feministische Ökonomie hat viele neue Fragen aufgeworfen, die neue oder adjustierte Daten, Methoden, Theorien und Methodologien brauchen (vgl. Kuiper 2008: 196). Zudem sollen mit Hilfe von feministischer Ökonomie Frauen als Subjekt der ökonomischen Forschung etabliert werden, daher braucht es mitunter auch neue Methodologien und Methoden, die Frauen und ihren Ideen und Bedürfnissen eine Stimme geben (van Staveren 1997: 131). Diese Frauen sollen persönliche Erfahrungen in den Forschungsprozess mit einbeziehen, in dem interdisziplinäre Ansätze verwendet werden und Aktivismus mit akademischen Zielen verbunden wird (Esim 1997: 137).

Daher arbeiten feministische Ökonominnen an alternativen Forschungsstrategien (Jacobsen/Newman 1997: 127) und an alternativen Methoden. Es ist zu betonen, dass hier keine „fertigen" Ergebnisse vorliegen und dass es ebenso wenig wie es eine einzige feministische Ökonomie gibt, *die eine* feministische ökonomische Methode oder Forschungsstrategie gibt oder geben wird. Grundsätzlich ist es jedoch wichtig, gängige Modelle und Forschungspraxen immer wieder kritisch zu hinterfragen und mit den Anforderungen feministischer Ökonomie herauszufordern. Es sollen die Methoden angewendet werden, die den Forschungsfragen am besten entsprechen. Dies bedeutet auch, die derzeitigen methodologischen und methodischen Grenzen zu sprengen und Forschung anzuwenden, die die Qualität von traditionellen Formen der ökonomischen Daten und Machbarkeit bzw. die Notwendigkeit von neuen Methoden der Datenerhebung beurteilt (Strassmann 1997: vii). Aus dem Blickwinkel der Grenzen qualitativer Forschungsmethoden für frauen- und genderspezifische Anliegen tendieren viele feministische Ökonominnen zur Anwendung von qualitativen Methoden. Dies ermöglicht es ihnen, Themen zu behandeln, die mit quantitativen Methoden alleine schwer bis kaum zu bearbeiten wären (Kuiper 2008: 196). Qualitative Methoden werden in der feministischen Ökonomie auch deshalb vermehrt verwendet, weil auf dem vorliegenden Gebiet noch vergleichsweise wenig geforscht wurde und es so „nur konsequent [ist], wenn (...) Untersuchungen zunächst einmal zum Zweck der *Generierung von Hypothesen* und der Theorie*konstruktion*" (Krüger 1994: 78, Hervorhebung im Original) durchgeführt werden. Qualitatives Forschen ist in der feministischen Forschung „unverzichtbar, da es gerade um die Aufdeckung noch unsichtbarer Strukturen und die Analyse höchst komplexer Deutungsmuster neuen Inhalts geht" (Sturm 1994: 94). Zeitgleich ist es aber notwendig, auch Datenerhebungen und Statistiken gendergerecht weiterzuentwickeln und Genderstatistiken zu etablieren. Dabei geht es um mehr als um eine reine Aufschlüsselung vorhandener Daten nach Geschlecht. Genderstatistiken müssen Wege erarbeiten und neue Daten erheben, um die bestehenden Geschlechterverhältnisse und soziale Ungleichheiten besser abbilden zu können.

Die feministische Ökonomie ist jedoch noch immer – so wie schon in den 1990er Jahren festgestellt wurde – in einem relativ frühen Stadium bei der Entwicklung methodischer Standards. Im Zentrum stand bisher das Benennen und Opponieren gegen den Männerbezug der Forschungsansätze des ökonomischen Mainstreams (MacDonald 1995: 162). Ein Problem ist dabei die fehlende Einbindung feministischer Ökonominnen in die wirtschaftswissenschaftlichen Debatten und die Konzentration auf die feministische Theorie. Es fehlt daher auch an der entsprechenden Theorie- und Methodenbildung der feministischen Ökonomie; eigenständige Antworten auf die drängenden Fragen stehen bis heute weitgehend aus (Robeyns 2000: 20). Dabei ist es aber gerade die Beharrungsfähigkeit bestehender Theorien, die feministische Analysen den Zugang zur breiten Debatte erschweren (Albelda 1995: 270). Um einen wirkungsvollen Gegenentwurf zum bestehenden wirtschaftswissenschaftlichen Dogma zu entwickeln, bedarf es eigener Erklärungsansätze, die zu einer eigenständigen Theoriebildung führen. Daher muss sowohl bei der feministischen ökonomischen Epistemologie als auch bei der Methodologie angesetzt werden, da es nicht ausreicht, die bestehenden Ansätze nur neu auszufüllen. Andererseits muss das Rad nicht gänzlich neu erfunden werden. Denn die ökonomische Theorie kann durch feministische Einblicke erweitert werden, daher – so Martha MacDonald (1995: 172) – kann auch die ökonomische Methodologie folgendermaßen verbessert werden: „Just as econometrics developed in response to the needs of modern economics, so too will new methodologies and refinements of the old gradually emerge as feminist economists turn more and more from conceptual to technical issues". Dies steht jedoch bis heute weitgehend aus. Eine feministische Epistemologie für die ökonomische Disziplin muss erst erarbeitet werden.

Kritik am Arbeitsbegriff

Eines der zentralen Forschungsfelder innerhalb der feministischen Ökonomie ist seit den 1960er Jahren die Untersuchung von unbezahlter Arbeit und Arbeit in Haushalten sowie in jüngster Zeit von Care-Arbeit, die überwiegend von Frauen geleistet wird. Ihre Beiträge zum ökonomischen Leben werden von der Mainstream-Ökonomie aber immer noch weitgehend ausgeblendet – unter Arbeit wird von den herrschenden Wirtschaftswissenschaften immer noch marktförmige Erwerbsarbeit verstanden. Dies führt dann etwa in der Messung des ökonomischen Wohlstands dazu, dass die Hausarbeit zwar in die Berechnung des Bruttoinlandsprodukts einfließt, wenn sie als Dienstleistung zugekauft wird, nicht aber, wenn sie unbezahlt (etwa von der Ehefrau) erbracht wird. Feministische Ökonomie zielt nun auf die Integration aller Care-Arbeit – auch der unbezahlten

– in die ökonomische Theorie ab, denn „any monetary economy would sooner or later come to a standstill if those activities were not performed“ (Jochimsen 2003: 5). Darüber hinaus kann ein expliziter Fokus auf Care-Arbeit und deren Verhältnis zur Erwerbsarbeit die Besonderheiten feministischer ökonomischer Ansätze verdeutlichen (Donath 2000: 122).

Seit den 1970er Jahren fordert die Frauenbewegung, dass der traditionelle Arbeitsbegriff erweitert werden muss. Jede gesellschaftlich nützliche Arbeit soll als Arbeit wahrgenommen werden, nicht nur die Lohnarbeit (Schilliger 2009: 103). Dies schließt neben unbezahlter Pflege- und Hausarbeit auch ehrenamtliche Tätigkeiten, freiwillige soziale Arbeit oder auch kulturelles und politisches Engagement ein. Die feministischen Debatten um die vermeintliche Zentralität der Erwerbsarbeit und um das Verhältnis zwischen bezahlter und unentgeltlicher Tätigkeit bieten vielfältige Anknüpfungspunkte für die „Grundprobleme der aktuellen Arbeitsdebatten, nämlich die Suche nach einem zukunftsfähigen Arbeitsbegriff und die darin enthaltene Frage, ob und ggf. in welcher Weise und in welchem Sinn Arbeit auch in Zukunft als (ein) zentrales Medium von Gesellschaft fungieren kann und soll“ (Kurz-Scherf 2007: 276). Dass Arbeit offenkundig ein „zentrales Medium der sozialen Integration und in zunehmenden Maße auch der Desintegration moderner Gesellschaften“ (ebd.: 282) ist und bleibt, verstärkt den Bedarf der Reflexion und Neubestimmung des Arbeitsbegriffs zusätzlich. Es geht um die angemessene Berücksichtigung der Vielfalt unterschiedlicher Arbeits- und Beschäftigungsformen einschließlich ihrer nach wie vor geschlechtsspezifischen Organisation, Verteilung und Bewertung. Zudem geht es um die Untersuchung der geschlechtsspezifischen Einbettung von Arbeit in die Gesamtheit der individuellen und gesellschaftlichen Lebenswirklichkeiten. Vor dem Hintergrund des aktuellen Wandels der Arbeit und seiner Verschränkung mit dem Wandel der Geschlechterverhältnisse bedarf es weiterer, weitläufig geführten, Diskussionen um den Arbeitsbegriff.

Es braucht einen Arbeitsbegriff, der sich nicht mehr ausschließlich am Umgang mit Materie (Produktion) orientiert, sondern auch am Umgang mit Menschen und Zeit (Thiessen 2004: 64) und damit die tatsächlichen Perspektiven und Lebensrealitäten von Frauen und Männern abbildet. Entscheidend ist daher, den Begriff von Arbeit vor allem bezüglich personenbezogener, haushaltsnaher Dienstleistungstätigkeiten neu zu konzeptualisieren. Hier sind die beiden Pole Produktion und Interaktion (verstanden als Dienst am Menschen) in ein neues Verhältnis zu setzen, denn eine Zentrierung – wie bislang – auf Produktion bedeutet, „in der Dienstleistungsökonomie den kulturellen Industrialismus weiter fortzusetzen“ (Thiessen 2004: 69). Zudem sind Interaktionen als bezahlte Dienstleistungen neu zu konzeptualisieren und auf die jeweiligen konkreten Anforderungen zu beziehen, denn sowohl Produktion als auch Interaktion sind verrichtungs- und personenbezogen, wenn auch in unterschiedlichen Anteilen: Es ist einerseits der Begriff der Produktion neu zu bestimmen, da heute Produktion kaum mehr ohne Dienstleistung denkbar ist, Produktion vielmehr immer enger mit Dienstleistung verknüpft wird. Andererseits weisen auch personenbezogene Dienstleistungsarbeiten materielle Verrichtungen auf. „Damit sind die Grenzen zwischen Herstellen und Dienst fließender als zunächst angenommen" (ebd.). Gefordert wird daher eine feministische Kritik der Ökonomie, die die Gesamtheit von Arbeit und Wirtschaft – den Zusammenhang von Produktion und Reproduktion, unbezahlter und bezahlter Arbeit, Markt und Sorgeökonomie ins Zentrum stellt und damit die Einengung auf die „Marktökonomie" aufhebt (Schilliger 2009: 101). Dabei ist zu beachten, dass im Bereich der zurzeit bezahlt geleisteten Arbeit wie auch im Bereich der aktuell unbezahlt geleisteten Arbeiten gesellschaftlich und wirtschaftlich notwendige und wertvolle Tätigkeiten verrichtet werden. Wenn es gelingt, die bisherige unbezahlte Pflege- und Reproduktionsarbeit zur professionalisieren, dann kann die unbezahlte Arbeit aus dem familialen Zusammenhang herausgelöst erfasst und ihre gesamtgesellschaftliche Bedeutung deutlich gemacht werden.

Für eine Neukonzeptionalisierung des Arbeitsbegriffes ist „Arbeit" als ein politisches Feld zu verstehen, denn damit lässt sich die „begriffliche Konstruktion bzw. das gesellschaftlich dominante Verständnis von Arbeit als Ausdruck von Machtverhältnissen und Interessenkonflikten analysieren" (Kurz-Scherf 2007: 277). Und genau diese Dimension des Politischen ist dem Care-Begriff im Unterschied zum Begriff der personenbezogenen (haushaltsnahen) Dienstleistung inne (Thiessen 2004: 374): der Begriff Care beinhaltet die öffentliche oder private Verantwortung, die bezahlte oder unbezahlte Versorgungsarbeit ebenso wie die Festschreibung von Abhängigkeit oder Ermöglichung von Unabhängigkeit (Brückner 2002: 45). Denn Care-Arbeit kann von der Person, die sie leistet, nicht separiert werden, dies im Unterschied zu dem Arbeitsbegriff, der den ökonomischen Theorien bislang zugrunde liegt und der dadurch charakterisiert ist, dass es egal ist, wer die Arbeit tätigt: mit anderen Worten, dass es eine Trennung zwischen ArbeiterIn und dem Produkt der Arbeit gibt. Wenn nun der Faktor Arbeit in diesem Wirtschafts- und Arbeitsverständnis reduziert wird, hat dies nicht zwangsweise Auswirkungen auf das Endprodukt – bei der Care-Arbeit jedoch schon (vgl. Donath 2000: 118). Denn Care umfasst „das Organisieren des Lebensnotwendigen" (Klawatsch-Treitl 2010), die lebensnotwendigen gesellschaftlichen Aufgaben zur Produktion des Lebensstandards, zur Schaffung von Voraussetzung für die menschliche Entwicklung und die Entfaltung der eigenen Persönlichkeit von Frauen wie Männern. Schließlich geht es bei Care um die Frage: Wie wollen wir leben (Schilliger 2009: 101)?

Resümee

Es ist deutlich geworden, dass sich Aspekte feministischer Ökonomie oft aus einer feministischen Kritik am (ökonomischen) Mainstream entwickeln und sich feministische Ökonominnen an der herrschenden Lehre „abarbeiten". Allerdings ist dies meist nicht der Ausgangspunkt. Vielmehr geht es den meisten feministischen Ökonominnen um Gesellschaftsanalysen und -kritik, aus denen sich dann häufig (auch) eine Kritik an der ökonomischen Theorie und Lehre ableitet. Damit kann feministische Ökonomie als Teil einer umfassenden Gesellschaftskritischen Ökonomie aufgefasst werden. Denn nach Becker und Schürz versucht „Gesellschaftskritische Ökonomie [...] nicht unbedingt andere theoretische Zugänge zurechtzurücken oder eine Revision der orthodoxen Ökonomie zu erreichen. Ihr Gegenstandsbereich ist primär die Gesellschaft und erst aus der Gesellschaftskritik ist die Erkenntniskritik am Mainstream ableitbar" (Becker/Schürz 2006:12).

Zudem wird aus dem vorliegenden Beitrag aber auch deutlich, dass es sich bei der feministischen Ökonomie um einen noch sehr jungen Forschungsbereich handelt. Sie ist noch nicht an dem Punkt, eine in sich geschlossene heterodoxe ökonomische Theorie anbieten zu können, wobei die Frage, ob dies überhaupt erstrebenswert wäre, in der Scientific Community noch nicht abschließend beantwortet wurde. Eine feministische Revolution in der ökonomischen Disziplin ist jedenfalls „far from complete" (Ferber/Nelson 2003: viii).

Literatur

Albelda, Randy (1995): The Impact of Feminism in Economics – Beyond the Pale? A Discussion and Survey Results, in: *Journal of Economic Education*, Vol. 26 (3): 253-273.

Arbeitsgruppe Alternative Wirtschaftspolitik (2006): *Memorandum 2006. Mehr Beschäftigung braucht eine andere Verteilung*, Köln.

Bakker, Isabella (Hg.) (1994): *The Strategic Silence. Gender and Economic Policy*, London.

Barker, Drucilla/Kuiper, Edith (2003): *Toward a Feminist Philosophy of Economics*, New York.

Barker, Drucilla (2005): Beyond Women and Economics: Rereading „Women's Work", in: *Signs: Journal of Women in Culture and Society*, Vol. 30 (4): 2189-2209.

Becker, Gary (1981): *A Treatise on the Family*, Cambridge, MA.

Becker, Joachim/Schürz, Martin (2006): Konturen einer gesellschaftskritischen Ökonomie, in: *Kurswechsel 4/2006*: 7-17.

Benería, Lourdes (2003): *Gender, Development and Globalisation. Economics as if all people mattered*. New York.

Berik, Günseli (1997): The Need for Crossing the Method Boundaries in Economics Research, in: *Feminist Economics* 3 (2): 121-125.

Donath, Susan (2000): The Other Economy: A Suggestion for a Distinctively Feminist Economics, in: *Feminist Economics* 6 (1): 115-123.

Elson, Diane (2002): *Geschlechtergerechtigkeit durch Gender-Budgeting? Einige Aspekte und Beispiele aus der Praxis von Gender-Responsive-Budget-Initiativen*, in: http://www.boell.de/downloads/gd/Einmischung2_ElsonYoung.pdf

Egeland, Cathrine (2004): What's Feminist in Feminist Theory? In: *European Journal of Women's Studies*, Vol. 11 (2): 177-188.

Ferber, Marianne/Nelson, Julie (1993): *Beyond Economic Man. Feminist Theory and Economics*, Chicago.

Ferber, Marianne/Nelson, Julie (2003): *Feminist Economics Today. Beyond Economic Man*, Chicago.

Frey, Regina (2003): *Gender im Mainstreaming. Geschlechtertheorie und -praxis im internationalen Diskurs*. Königstein/Taunus.

Gabler Wirtschaftslexikon, online: http://wirtschaftslexikon.gabler.de/Definition/homo-oeconomicus.html

Gubitzer, Luise (2007): Was hat der Schumpetersche Unternehmer mit den Desperate Housewives zu tun? Eine Annäherung an das Thema Menschenbild in der Ökonomie, in: Grisold, Andrea/Gubitzer, Luise/Priker, Reinhard (Hg.): *Das Menschenbild in der Ökonomie. Eine verschwiegene Voraussetzung*, Wien.

Gubitzer, Luise/Mader, Katharina (2011): *Eine Theorie der Care-Ökonomie als Fundament einer Feministischen Politischen Ökonomie*, Wien.

Habermann, Friederike (2010): Hegemonie, Identität und der homo oeconomicus. Oder: Warum feministische Ökonomie nicht ausreicht, in: Bauhardt, Christiane; Cağlar, Gülay (Hrsg.): *Gender and Economics. Feministische Kritik der politischen Ökonomie*, Wiesbaden: 151-173.

Haug, Frigga (2007): *Rosa Luxemburg und die Kunst der Politik*, Hamburg.

Hewitson, Gillian (1999): *Feminist Economics. Interrogating the Masculinity of Rational Economic Man*, Cheltenham.

Hoppe, Hella (2002): *Feministische Ökonomik. Gender in Wirtschaftstheorien und ihren Methoden*, Berlin.

Jacobsen, Joyce/Newman, Andrew (1997): What Data Do Economists Use? The Case of Labor Economics and Industrial Relations, in: *Feminist Economics* 3 (2): 127-130.

Jochimsen, Maren (2003): Car*eful Economics. Integrating Caring Activities and Economic Science*, Boston.

Klamer, Arjo/Leonard, Thomas C. (1994): So what's an economic metaphor?, in: Philip Mirowski (Ed.) *Natural Images in Economics,* Cambridge.

Klawatsch-Treitl, Eva (2010): Care in Babylon. Überlegungen zur WIDE-Jahreskonferenz „We Care" 2009. In: *Olympe* Heft 30.

Kuiper, Edith/Sap Jolande (1995): *Out of the Margin – Feminist Perspectives on Economics*, New York.

Kuiper, Edith (2004): Critical realism and feminist economics: How well do they get along? In:

Lewis, Paul (Hg.) *Transforming Economics. Perspectives on the critical realist project.* London: 107-131.

Kuiper, Edith (2008). Feminism in/and Economics, in: Davis, John/Dolfsma, Wilfred (Hg.) *The Elgar Handbook of Socio-Economics*, Cheltenham: 188-206.

Kurz-Scherf Ingrid (2007): Soziabilität – auf der Suche nach neuen Leitbildern der Arbeits- und Geschlechterpolitik, in: Aulenbacher, Brigitte/Funder, Maria/Jacobsen, Heike/Völker, Susanne (Hg.): *Arbeit und Gesellschaft im Umbruch der modernen Gesellschaft.* Wiesbaden: VS Verlag für Sozialwissenschaften: 269-284.

Krüger, Marlis (1994): Methodologische und wissenschaftstheoretische Reflexion über eine feministische Soziologie und Sozialforschung, in: Diezinger, Angelika/Kitzer, Hedwig/Anker, Ingrid/Odierna, Simone/Haas, Erika/Bingel, Irma, (Hg.): *Erfahrung mit Methode,* Freiburg,: 69-84.

MacDonald, Martha (1995): The Empirical Challenges of Feminist Economics. The example of economic restructuring, in: Kuiper, Edith/Sap Jolande (Hg.): *Out of the Margin – Feminist Perspectives on Economics,* New York: 175-197.

Maier, Friederike (1993): Homo Oeconomicus – Zur geschlechtsspezifischen Konstruktion der Wirtschaftswissenschaften, in: *PROKLA – Zeitschrift für kritische Sozialwissenschaft*, Heft 93, Jg. 1993, Nr.4: 551-571.

Mill, John Stuart/Taylor Mill, Harriet (1869): *Die Hörigkeit der Frau*. Frankfurt/Main

Michalitsch, Gabriele/Schlager, Christa (2006) : Feministische Ökonomik in Österreich. Eine Landvermessung verzögerten Widerspruchs, in*: Kurswechsel 4/2006*: 55-65.

Power, Marilyn (2004): Social Provisioning as a Starting Point for Feminist Economics. In: *Feminist Economics* 10 (3): 3-19.

Pujol, Michèle (1992): *Feminism and Anti-Feminism in Early Economic Thought*, Aldershot.

Robeyns, Ingrid (2000*): Is there feminist economic methodology?* In: http://www.ingridrobeyns.nl/Downloads/method.pdf

Schilliger, Sarah (2009): Who cares? Care-Arbeit im neoliberalen Geschlechterregime, in: *Widerspruch* 56: 93-106.

Schultheiss, Jana (2008): Frauenerwerbstätigkeit heute. Emanzipatorische, neoliberale und konservative Modelle, in: *Grand Hotel Abgrund*, Nr.2, Köln: 12-15.

Seiz, Janet (1995): Epistemology and the tasks of feminist economics. In: *Feminist Economics* 1 (3): 110-118.

Seiz, Janet (1997): Book review of Beyond the Economic Man: Feminist Theory and Economics, in: *Feminist Economics* 3 (1): 179-188.

Singer, Mona (2004): Feministische Wissenschaftskritik und Epistemologie: Voraussetzungen, Positionen, Perspektiven, in: Becker, Ruth/Kortendiek, Beate (Hg.): *Handbuch Frauen- und Geschlechterforschung: Theorie, Methoden, Empirie*. Wiesbaden: VS Verlag für Sozialwissenschaften: 257-266.

Strassmann, Diana (1997): Editorial: Expanding the Methodological Boundaries of Economics, in: *Feminist Economics* 3 (2): vii-viii.

Strober, Myra (1994): Rethinking economics through a feminist lens, in: *American Economic Review* 84 (2): 143-147.

Sturm, Gabriele (1994): Wie forschen Frauen? Überlegungen zur Entscheidung für qualitatives oder quantifizierendes Vorgehen, in: Diezinger, Angelika/Kitzer, Hedwig/Anker, Ingrid/Odierna, Simone/Haas, Erika/Bingel, Irma, (Hg.): Erfahrung mit Methode, Freiburg: 85-104.

Thiessen, Barbara (2004): *Re-Formulierung des Privaten. Professionalisierung personenbezogener, haushaltsnaher Dienstleistungsarbeit*, Wiesbaden.

van Staveren, Irene (1997): Focus Groups: Contributing to a Gender-Aware Methodology, in: *Feminist Economics* 3 (2): 131-135.

Katrin Hirte / Walter Ötsch

Institutionelle Verstetigung von paradigmatischer Ausrichtung – Das Beispiel Sachverständigenrat

Gerade in Zeiten von Krisen wird verstärkt debattiert, ob und in welchem Ausmaß der akademischen Wissenschaftszunft eine Mitverantwortung an den krisenhaften Zuständen zukommt. Diese Debatten erfolgen dabei mit großer Spannweite – von der Selbstverteidigung kritisierter Ökonomen, dass sie auf die Krise keinen Einfluss gehabt hätten,[1] über den Vorwurf des Irrens[2] bis hin zur Kritik an der aktiven Rolle von Ökonomen in der Ökonomie.[3] Auch der „Sachverständigenrat zur Begutachtung der gesamtwirtschaftlichen Entwicklung" Deutschlands (SVR), bestehend aus fünf ÖkonomInnen, zog sich jüngst wieder mit der Bezeichnung „Rat der Ratlosen" (Hickel 2010) harsche Kritik zu. Zentraler Punkt ist dabei die seit Jahrzehnten anhaltende „...marktoptimistische Vierermehrheit..." (ebd. 2010), die auch im jüngsten 27. Gutachten erkennbar war. Über die Ebene der Gutachten hinaus soll nachstehend die Rolle dieser Gutachter in der Gesellschaft thematisiert werden.

1. Theoretische Grundlegung – Wissenschaftssoziologie und Performativity

Diese zentrale Kritik an den Wirtschaftswissenschaften, über lange Zeiträume eine relativ monolithische Ausrichtung zu praktizieren, wird vor allem wissenschaftssoziologisch fundiert. Hier geht man von lang bestehenden Paradigmen

1 Z. B. von Hans-Werner Sinn, Leiter des Instituts für Wirtschaftsforschung in München, laut *Financial Times* (2009) neben Bert Rürup der einflussreichste Ökonom in Deutschland, der ein Versagen der Ökonomen mit der Begründung abwies, dass es um einen „anonymen Systemfehler" ginge. Zudem zog er mit der Aussage „Damals hat es in Deutschland die Juden getroffen, heute sind es die Manager" (*Tagesspiegel* 2008) harsche Kritik auf sich.

2 Zum Irren der Ökonomen kritisch von Ökonomen selbst siehe z. B. Paul Krugman: „How Did Economists Get It So Wrong?" vom 2.9.2007 in der *New York Times* (Krugman 2009).

3 Z.B. in der Finanzkrise durch die aktive Beteiligung bei der Entstehung der Finanzmarktinstrumente – siehe hierzu weiter unten zur Performativity-Theorie.

PROKLA. Verlag Westfälisches Dampfboot, Heft 164, 41. Jg. 2011, Nr. 3, 423 – 446

innerhalb einer praktizierten „Normalwissenschaft" aus, bevor diese wechseln (Fleck 1980, Kuhn 1973). Gemeinsame Grundpositionen werden geteilt und ebenso ein relativ einheitliches methodisches Herangehen praktiziert. So werden in der Phase der Normalwissenschaft auch Anomalien erfolgreich negiert bzw. integriert. Eine relativ monolithische Positionierung bei der Ergebnisrepräsentation ist ebenso Kennzeichen dieser Phase wie eine breite Ausfächerung des Wissensgebietes (Kuhn 1973: 34).

Während der Kuhn'sche Ansatz vor allem hinsichtlich der Paradigmenauffassung Kritik erfuhr, da mit dieser das Selbstverständnis von „Wahrheit" im Sinne von „wissenschaftlich" bzw. „gültig" usw. neu erschüttert wurde (vgl. als Überblick: Rose 2004), wird mit dem neueren Ansatz der Performativity weitergehend auch nach der Teilhabe der Wissenschaftler selbst an dem, was gesellschaftlich gültig ist bzw. eintritt, gefragt.[4] Insbesondere mit Blick auf die Finanzmärkte wurde thematisiert, welchen Einfluss Ökonomen auf wirtschaftliche Abläufe haben, hier hinsichtlich der Ausformung dieser Märkte (Callon 1998, 2005, 2007; MacKenzie/Yuval 2003, MacKenzie 2006, 2007). Der Ansatz der Performativity of Economics ist aber über diese innovative Rolle von Ökonomen hinaus (Kreierung von Finanzmarktprodukten) breiter fundiert.[5] Denn die Wirkungsdimensionen der Ökonomen beziehen sich letztlich neben dem Wirtschaftsbereich auch auf die anderen Gesellschaftsbereiche: auf den Wissenschaftsbereich (hier z.B. als Lehrende), den Bereich der Politik (hier z.B. in institutionalisierten Gremien) bzw. den der Medien (hier z.B. durch konzertierte Aktionen wie Appelle) (vgl. Weiterführend Hirte 2010: 49ff). Gleichzeitig wird und muss in diesen Bereichen die eigene Reproduktion realisiert werden, denn eine spezifische Ausrichtung muss immer wieder neu fundiert und weitergegeben, gefestigt und gesellschaftlich verankert werden, um ihre Gültigkeit und Wirksamkeit aufrechtzuerhalten. Diese Schritte: (1) die Fundierung und Weitergabe, inhaltlich wie auch strukturell, z.B. in Lehrbüchern oder als so genannte „Lehrer-Schüler"-Kontinuitäten, (2) die Ausgestaltung, z.B. in der Forschung sowie (3) die gesellschaftliche Verankerung, z.B. über Medien oder Gremien, haben je nach Wissenschaftsbereich ihre spezifische Ausprägung.

---

4 Performativity hier im Sinne von „formen". Ausgehend von der Bedeutung sprachlicher Äußerungen wird auf der Basis der Sprechakttheorie von Austin (1979) die generelle Ausdrucksdimension des Handelns hervorgehoben (Bachmann-Medick 2006: 105-133).

5 Die Bedeutung von Ideen wurde von Ökonomen selbst immer schon hoch eingeschätzt, vgl. Keynes, der meint, es sind „...die Gedanken der Ökonomen und Staatsphilosophen, sowohl wenn sie im Recht als wenn sie im Unrecht sind, einflussreicher, als gemeinhin angenommen wird." (Keynes 1952: 33). Und Krugman, auf die Intentionalität von Ideen insistierend, meint sogar: „... that bad ideas flourish because they are in the interest of powerful groups." (Krugmann 1995: 732).

Nachstehend soll erstens auf diese drei Schritte der Paradigmenproduktion im ökonomietheoretischen Feld kurz eingegangen werden. Anschließend wird hinterfragt, ob und wie im Sachverständigenrat als institutionalisierte Form wirtschaftspolitischer Gremienarbeit diese Paradigmenreproduktion wiederzufinden ist, hier aber nicht in Konzentration auf die für den Sachverständigenrat typische Form der Wissensproduktion in Gutachten, sondern in Konzentration auf die Sachverständigen als Teilmenge der Wissenschaftsvertreter. Dabei stehen die Fragen der Fundierung und Weitergabe in Lehrbüchern sowie die personelle Reproduktion im Vordergrund. Abschließend wird gefragt, inwieweit Vertreter im Sachverständigenrat in Prozesse der gesellschaftlichen Verankerung involviert sind, die über die Gutachtenpublikation hinausgehen, z.B. über Appelle, Initiativen usw.

Methodische Herangehensweisen dazu sind die statistische Erhebung und inhaltliche Auswertung von Kernaussagen (Lehrbuchanalyse) sowie statistische Erhebungen personenbezogener Daten und deren Auswertung (Netzwerkanalyse).

2. Ökonomie als Normalwissenschaft – Paradigmatische Entwicklungen

Mit einer Analyse der Paradigmenentwicklung im Bereich Wirtschaftswissenschaften können nicht nur Spezifika dieses Bereiches offengelegt werden, sondern es wird auch verständlich, warum nach einer Phase des standardisierten und relativ vereinheitlichten Ablaufs der Ausbildung im Studium (1) im Bereich der Forschung relativ breit gefächerte Inhaltsbereiche anzutreffen sind (2), die aber im *going out* [mit einer Position in die Öffentlichkeit gehen], wie z.B. im Hamburger Appell u.a. Verlautbarungen (3), wieder als eine relativ stringente und einheitliche Position präsentiert werden.

2.1 Fundierung und Weitergabe: Was Standardlehrbücher beinhalten

Im Gegensatz zur immer wieder beteuerten Vielfalt in der Ökonomie beginnen fast alle ÖkonomInnen ihre Ausbildung mit dem Kernbereich des neoklassischen Paradigmas, der allgemeinen Gleichgewichtstheorie (nach Arrow/Debreu) bzw. dem Angebots-Nachfrage-Modell (vgl. Ötsch/Kapeller 2010). Dieser Zugang findet sich in allen gängigen Lehrbüchern der Mikroökonomie. Sie sind weltweit standardisiert (Stiglitz 1988, Lee/Keen 2004, Grimes 2009), ihre Inhalte zum großen Teil deckungsgleich. Neue Textbücher erscheinen wie Klone der bereits bestehenden (Hill/Myatt 2007: 58).

Ein typisches Lehrbuch beginnt mit der Diskussion grundlegender Prinzipien des „ökonomischen Denkens“ und geht dann zum Angebots-Nachfrage-Modell über. Hier wird erklärt, wie Märkte über einen „Preismechanismus“ „funktionieren“, dargestellt im gängigen Angebots-Nachfrage-Diagramm mit fallender Nachfrage- und steigender Angebotskurve. Anschließend wird das Modell der vollkommenen Konkurrenz näher erläutert. Das Modell ist eine Popularisierung der (neueren) allgemeinen Gleichgewichtstheorie, die in den 50er Jahren des 20. Jahrhunderts entwickelt worden ist. Der Angebots-Nachfrage-Ansatz ist mit diesem Modell formal äquivalent, beide können durch das gängige Angebots-Nachfrage-Diagramm dargestellt werden. D.h., immer wenn das Diagramm zur Anwendung kommt, wird implizit das Modell der vollkommenen Konkurrenz vorausgesetzt – was aber oft vergessen wird. Mankiw (2001) z.B. wendet das Diagramm in seinem populären Lehrbuch der Mikroökonomie auf 850 Seiten 91mal an, diskutiert aber nicht, ob die institutionellen Voraussetzungen für die jeweilige Anwendung überhaupt gegeben sind.

Die bisher erwähnten Inhalte decken meist die erste Hälfte der Lehrbücher ab. In der zweiten Hälfte werden andere Markttypen diskutiert, wie Monopol oder Oligopol, dann oft die Faktormärkte oder die Rolle der Wirtschaftspolitik. In fast allen Fällen bleibt der Bezug zum Modell der vollkommenen Konkurrenz erhalten, z.B. als Beurteilungsrahmen für die Qualität wirtschaftspolitischer Maßnahmen. In dieser Hinsicht überrascht es nicht, dass viele Studierende das Modell der vollkommenen Konkurrenz als synonym mit einer mikroökonomischen Analyse von Märkten ansehen (Hill/Myatt 2007: 60).

Die standardisierten Lehrbücher der Mikroökonomie lenken das Denken der angehenden ÖkonomInnen systematisch in eine bestimmte Richtung. Die normierte „Einbahnstraße“ am Anfang schafft die Tendenz zu einem bestimmten Denkstil. Mit diesem verbunden sind die folgenden Ausprägungen:

a) eine ahistorische Betrachtung der Wirtschaft, wodurch eine konservative Orientierung auf den Status Quo der bestehenden Gesellschaft begünstigt wird, sowie der potentielle Ausschluss prinzipieller Fragen zum Wirtschaftssystem (Colander/McGoldrick 2009: 6),
b) das Suggerieren, in der Wirtschaft (bzw. auf „dem Markt“) würden ahistorisch und kontextfrei „Gesetze“ existieren. Dies korrespondiert mit einer Sicht „des Marktes“, dem implizit eine übergeordnete Stellung vor anderen Subsystemen der Gesellschaft eingeräumt wird (Ötsch 2009),
c) vor allem aber: die methodische Fokussierung auf formale Modelle, wobei der methodische Zugang selbst nicht thematisiert und Alternativen kaum diskutiert werden.

Die standardisierten Lehrbücher der Mikroökonomie entfalten zudem ihre Wirkung nicht nur auf ÖkonomInnen, sondern auch auf die (viel größere) Gruppe von Anwendern, die eine Einführung in das ökonomische Denken in ihrem Studium erhalten, wie WirtschaftsjuristInnen, WirtschaftsinformatikerInnen,

JournalistInnen, PolitikerInnen, BetriebswirtInnen usw. Der mikroökonomische Denkstil prägt auf diese Weise das Denken einer zukünftigen Elite, die potentiell wichtige Positionen in der Gesellschaft einnimmt.

2.2 Ausgestaltung – das Prinzip der axiomatischen Variation

Der relativ monolithische Zugang zum Feld der Ökonomie kontrastiert scheinbar mit einer großen Fülle unterschiedlicher Theorieansätze und Richtungen. Mit dem Verweis auf diese wird von Vertretern des Mainstreams in der Regel das Vorhandensein eines solchen monolithischen Zugangs abgestritten. Viele dieser variierten Modelle entstanden jedoch (nur) in Revision und Bezug zur allgemeinen Gleichgewichtstheorie. Neue Modelle in der Neoklassik entstehen – vereinfacht gesprochen – indem ein oder mehrere Axiome des Standardmodells modifiziert werden. Dabei bleiben stillschweigend die Kernelemente des methodischen Herangehens enthalten, vor allem jedoch ihre grundlegenden Kategorien wie die Annahme eines „Homo oeconomicus" oder die „des Marktes".

Analog der Bildung von Hilfshypothesen im naturwissenschaftlichen Bereich (Lakatos 1974: 98f.) gilt in der Ökonomie das Prinzip der axiomatischen Variation (Kapeller 2011: 140ff.), d.h., ausgehend von den Axiomen[6] der allgemeinen Gleichgewichtstheorie werden einzelne Axiome modifiziert, verändert oder weggelassen. Damit wird erreicht:

a) Man kann die modellmäßigen Implikationen der Variation erkunden, also – im Kontrast zum Standardmodell – ausfindig machen, wie „das Modell" reagiert.
b) Man kann ad hoc, ohne die Integration und den genauen Konnex zum Standardmodell zu thematisieren, neue reale Phänomene „erklären".

Das Prinzip der axiomatischen Variation bzw. das Nebeneinander scheinbar unterschiedlicher Modelle sind daher nicht Ausdruck für einen abnehmenden oder verschwindenden Mainstream. Sondern scheinbare Heterogenität durch axiomatische Variation ist mit einem monolithischen Denkstil vereinbar. Dieses Herangehen verlangt vor allem eine axiomatisch-mathematische Formulierung der Argumente, d.h. die Methode formaler Modelle, ohne dies prinzipiell zu problematisieren (Ötsch 1991). Damit wird eine unendliche Zahl von Modellen innerhalb des Denkstils möglich: durch Variation der Axiome können immer neue Probleme aufgeworfen und einer „Lösung" zugeführt werden (vgl. dazu Stigler 1957: 14).

6 Axiome als bedingende Voraussetzungen – z.B. in: Bucher (1998: 159ff.)

Das Variationsprinzip enthält auch einen Vorteil im Diskurs, wenn das neoklassische Paradigma selbst kritisiert wird.[7] Denn den KritikerInnen wird gesagt, sie sollten jene Modelle oder Modelltypen beachten, welchen den von ihnen monierten Kritikpunkten gerecht würden, bzw. den KritikerInnen wird generell vorgeworfen, sie würden die Fülle der aktuellen Modelle nicht kennen, d.h. über eine (verkürzte) „Neoklassik" reden, die es gar nicht (mehr) gäbe. „Anomalien" werden so zur Stärke des Paradigmas, dieses kann gegen Kritik immunisiert werden. Auch der Hinweis auf ein offensichtliches Versagen der Theorie, aktuell z.B. der Vorwurf, neoklassische ÖkonomInnen hätten die Krise ab 2007 bzw. 2008 nicht vorhergesehen bzw. nicht für möglich erachtet (vgl. Peukert 2010), wird mit dem Verweis auf neue Modelle begegnet, die zu entwerfen sind (z.B. indem man „gefährliche" Finanzprodukte einbaut).

2.3 *Going public*: Monolithisches Positionieren

Die axiomatische Variationsbreite neoklassischer Modelle im Rahmen des vorherrschenden Denkstils erlaubt unterschiedliche Schlussfolgerungen für wirtschaftspolitische Anwendungen. Innerhalb des Denkstils kann ein marktradikales und nicht-marktradikales Denken unterschieden werden.

Ein prominentes Beispiel für die zweite Ausrichtung ist Joseph E. Stiglitz. Innerhalb des vorherrschenden Denkstils hat er die Annahme vollkommener Information durch die Annahme asymmetrischer Informationen ersetzt. Dem so geschaffenen Set von Modellen schreibt Stiglitz eine Relevanz für den ganzen Gegenstandsbereich der Ökonomie zu (Grosman/Stiglitz 1980): „Der Markt" funktioniere auf diese Weise nicht „effizient", nicht-marktradikale Wirtschaftspolitiken sind also angebracht.

Demgegenüber sind viele Ökonomen in ihrem Denken als marktradikal einzustufen. Dieser Begriff beinhaltet, dem „Markt" Priorität vor allen anderen gesellschaftlichen Institutionen zuzuschreiben: Vor allem „dem Staat" sei er prinzipiell überlegen. Zentral ist vor allem der Bezug zu den im Standardmodell behaupteten „Gesetzen des Marktes", die als reale „Kräfte" verstanden werden.

Die weite Verbreitung des marktradikalen Denkens und ihr Konnex zum neoklassischen Mainstream kann in verschiedenen Formen des *going public* festgestellt werden. Hinsichtlich dieser Formen können (a) Aufforderungen, z.B. Befragungen, (b) Initiativen (z.B. Appelle) sowie (c) institutionalisierte Formen (und hier in rein wissenschaftliche bzw. in übergreifende) unterschieden werden.

---

7 Zu weiteren Motiven zur Anwendung dieses Prinzips vgl. Tabelle 7.1 in: Kapeller (2011: 157).

Name ______________________________

Vorname ___________________________

Straße ____________________________

PLZ/Ort ___________________________

E-Mail ____________________________

bitte ausreichend frankieren

Antwort
Verlag Westfälisches Dampfboot
Hafenweg 26 a

D - 48155 Münster

Name ______________________________

Vorname ___________________________

Straße ____________________________

PLZ/Ort ___________________________

E-Mail ____________________________

bitte ausreichend frankieren

Antwort
Verlag Westfälisches Dampfboot
Hafenweg 26 a

D - 48155 Münster

(a) Aktuelles Beispiel für Aufforderungen sind Befragungen, z.B. die Internetbefragung unter den Mitgliedern des Vereins für Socialpolitik im Sommer 2006. Deren Ergebnisse wurden zusammenfassend als „Vormarsch der Neoklassik" kommentiert.[8]

(b) Bei Appellen, wo sich von vornherein „Gleichgesinnte" unter eine gemeinsame Ansicht sammeln, zeigt sich ein noch deutlicherer Befund. Appelle entstehen meist in Reaktionen auf Ereignisse (z.B. die Finanzkrise) oder in Situationen mit potentiell neuen Entscheidungsoptionen, z.B. vor Bundestagswahlen. Ein Beispiel dafür ist der Hamburger Appell vom Juni 2005, der von Bernd Lucke (Universität Hamburg) u.a. initiiert wurde, den 253 ÖkonomInnen unterzeichneten und der dann vor der Bundestagswahl 2005 durch eine Anzeigenkampagne unter dem Slogan „250 Professoren – 10 Thesen – 1 Meinung" verbreitet wurde. Die Kernaussagen im Hamburger Appell sind marktradikal und arbeitnehmerfeindlich; z.B., Eingriffe in die Gesamtnachfrage würden deren Struktur stören. Notwendig sei hingegen eine „niedrige Entlohnung der ohnehin schon Geringverdienenden" (Hamburger Appell 2005). Der Appell empfahl auch, sich Länder wie Irland zum Vorbild zu nehmen – vier Jahre später machte Irland mit seiner Staatsverschuldung Schlagzeilen (siehe hier auch Fricke 2011).

(c) Dauerhaft institutionalisierte Form für das *going public* im Bereich Wirtschaftswissenschaften sind z.B. der Kronberger Kreis (KK) und das „Plenum der Ökonomen" (PdÖ). Der 1982 gegründete „Kronberger Kreis" ist ein Zusammenschluss von Ökonomen, welche sich als marktliberal verstehen, und der in der Funktion eines wissenschaftlichen Beirates für die im selben Jahr ins Leben gerufene „Stiftung Marktwirtschaft" tätig ist. Seine Devise lautet „Mehr Mut zum Markt" (Stiftung Marktwirtschaft 2011). Das „Plenum der Ökonomen" (PdÖ) wurde 2010 im Zuge der Finanzkrise von Bernd Lucke, Professor an der Universität Hamburg, gegründet und versteht sich für Ökonomen als „elektronische Vollversammlung" (Plenum der Ökonomen 2011). Im Februar 2011 unterzeichneten 189 Ökonomen dort eine „Stellungnahme zur europäischen

---

8 42 % der Befragten ordneten sich der „Neoklassik" zu, 37% zu „Public Choice/Institutionelle Ökonomik", 24% zu „Ordo-Liberalismus", 7% zu „Supply Side Economics", 5 % zu „Monetarismus". Nur 12% nannten sich dem Keynesianismus zugehörig und nur 1 % dem „Sozialismus/Marxismus" (12 % machten gar keine Angaben, Mehrfachnennungen waren möglich). Eindeutiger hingegen fiel die generelle Einschätzung zur Brauchbarkeit der Neoklassik aus. Sie erscheint 80% „wichtig zur Lösung der aktuellen wirtschaftspolitischen Probleme" (30 % „stimme stark zu", 50 % „stimme etwas zu"). Auch auf der Ebene der Methoden sind die deutschsprachigen Ökonomen von gemeinsamen Überzeugungen geprägt: Nur 32 % stimmten der Aussage zu: „Der nutzenmaximierende homo oeconomicus ist ein Zerrbild der Wirklichkeit und deshalb unbrauchbar". Die Rücklaufquote bei dieser Befragung betrug 21 % von 2.674 Mitgliedern. (Frey/Humpert/ Schneider 2006).

Schuldenkrise". In dieser wurden gemeinschaftliche Kredite im Zuge der geplanten Vergrößerung des EU-Rettungsschirms abgelehnt und staatliche Insolvenz vorgeschlagen. Kritiker meinten dazu: „In der Stellungnahme ... schimmert ein starker Glaube an die Effizienz der Finanzmärkte durch." (Ohanian 2011).

Ein weiteres Beispiel für eine dauerhaft institutionalisierte Formen des *going public* – hier über den Wissenschaftsbereich hinaus – ist die Initiative Neue Soziale Marktwirtschaft (INSM). Sie wurde im Dezember 1999 durch die Arbeitgeberverbände der Metall- und Elektroindustrie gegründet mit dem Auftrag, eine „...moderne Reforminitiative zur Erneuerung der Sozialen Marktwirtschaft ..." zu starten (INSM 2011). Die INSM entwickelt eine regelmäßige Medienarbeit für Zeitungen, Fernsehen und Rundfunk, auch in Medienpartnerschaften zu großen Zeitungen. Beispiele sind Inserate, das Bereitstellen von InterviewpartnerInnen, O-Töne für den Hörfunk bis hin zu fertigen Beiträgen für Print- und Fernsehmedien, die oft ohne Kennzeichnung der Quelle übernommen werden. Andere Versuche, die öffentliche Meinung zu beeinflussen, sind Veranstaltungen der „Kinderuniversität", die jährliche Kür eines „Reformers" und eines „Blockierers des Jahres" sowie die Bewertung deutscher Städte auf „Erfolg" und „Dynamik".

3. Der Sachverständigenrat und die Lehrbücher seiner Mitglieder

Der Sachverständigenrat gehört zu den fest installierten Einrichtungen für kontinuierliche Verlautbarungen. Juristische Grundlage für seine Bildung war das 1963 verabschiedete „Gesetz über die Bildung eines Sachverständigenrates zur Begutachtung der gesamtwirtschaftlichen Entwicklung" (SVRG). Entgegen der Praxis, dass wissenschaftliche Beiräte autonom kooptieren, wurde zum SVR beschlossen, dass die Berufungen (lt. § 6 SVRG) durch den Bundespräsidenten auf Vorschlag der Bundesregierung erfolgen sollen. Ursprünglich war eine Zusammensetzung aus drei Wissenschaftlern und zwei Praktikern vorgesehen. Unter Bundeswirtschaftsminister Kurt Schmücker wurde Ende 1963 die Vorstellung präzisiert, dass zwei der jeweils Berufenen über „besondere Kontakte zur Gewerkschafts- bzw. Arbeitgeberseite verfügen sollten" – was bei den ersten Berufungen 1964 durch die Berufung von Harald Koch und Paul Binder realisiert wurde (Tietmeyer 2003: 27-28).

Die Gutachten des SVR bzw. die Auffassungen darin werden mit (mindestens 3 Stimmen) Mehrheit gefasst (§8, Abs.1 SVRG). Minderheiten haben aber den gesetzlich verbrieften Anspruch, ihren abweichenden Standpunkt zu einzelnen Fragen in die Gutachten einzubringen (Minderheitenvotum § 3, Abs. 2 SVRG). Ob und inwieweit Minderheitenvoten entstehen, hängt von mehreren Umständen ab. Die Vergangenheit hat aber gezeigt, dass dies nicht nur eine Frage der Zusammensetzung des SVR ist (siehe dazu unten mehr).

Insgesamt wurden in 47 Jahren 37 Personen berufen, davon bisher lediglich eine Frau (Beatrice Weder di Mauro) und dies seit 2004. Von den Mitgliedern des SVR haben 22 ein oder mehrere Lehrbücher verfasst (hier sind alle Autoren Männer). Von den 12 Generalsekretären des SVR waren zwei Autoren (Olaf Sievert war sowohl Generalsekretär als auch Mitglied des SVR, er ist aber kein Lehrbuchautor).[9] 13 der 24 Verfasser haben zwei oder mehrere Lehrbücher veröffentlicht. Zehn Bücher wurden mit Koautoren verfasst.

Insgesamt konnten 42 Lehrbücher von Mitgliedern des SVR (plus zwei von Generalsekretären) identifiziert werden. Fast alle Bücher gehören dem Bereich der Volkswirtschaftslehre an (inkl. Finanzwissenschaften). Daneben findet sich noch eine Einführung in die Allgemeine Betriebswirtschaftslehre (Horst Albach) und zwei weitere betriebswirtschaftliche Einführungen (Dieter Pohmer). Vier Bücher beschäftigen sich mit dem Gesamtbereich der Volkswirtschaftslehre, vier sind Einführungen in die Mikro-, vier in die Makroökonomie und vier zu Allgemeiner Wirtschaftspolitik. Die Kategorie Makroökonomie nimmt den größten Platz ein, hierzu zählen auch vier Bücher zu den Themen Konjunktur und/oder Wachstum, drei zum Thema Außenwirtschaft und sechs aus dem Bereich der Geldtheorie bzw. -politik. Drei Lehrbücher sind Einführungen in die Finanzwissenschaften, die weiteren sind Spezialthemen wie der Investitionstheorie oder der Geschichte der Nationalökonomie gewidmet.

Mit Ausnahme von Hans Karl Schneider und Rüdiger Pohl hatten alle anderen Autoren ihr erstes Lehrbuch vor ihrer (ersten) Bestellung als Mitglied zum SVR veröffentlicht. Im ersten Jahrzehnt des SVR waren nur Fritz W. Meyer (sein Lehrbuch wurde allerdings schon 1938 veröffentlicht), Herbert Giersch und Wolfgang Stützel Lehrbuchverfasser, während bei den ab 1978 bestellten Mitgliedern fast alle ein Lehrbuch verfasst haben (19 von 23).

Nachstehend wird sowohl zeitlich als auch positionsbezogen auf die Inhalte der Lehrbücher eingegangen.

---

9 Datenbasis für die Erhebung war das Zentralverzeichnis der Deutschen National-Bibliothek Leipzig. In die Erhebung gingen Skripten für Lehrgänge nicht ein (z.B. die umfangreichen Skripte von Rüdiger Pohl von 1978 – 1984 für die Fernuniversität Hagen). Nicht berücksichtigt wurden auch Handwörterbücher und Sammelbände. Da nicht alle Lehrbücher im Zentralverzeichnis der Deutschen National-Bibliothek Leipzig vollständig geführt sind, musste auch ein Abgleich als zusätzliche Recherche erfolgen (über Verlagsangaben sowie die Angaben auf den Universitätsseiten).

3.1 Lehrbuchpositionen der Mitglieder des SVR im Zeitverlauf – von keynesianischen zu marktradikalen Sichtweisen

Die untersuchten Lehrbücher dokumentieren den Wandel der deutschsprachigen Nationalökonomie über eine Zeitspanne von mehr als vier Jahrzehnten. Die ersten Lehrbücher (Fritz M. Meyer *Der Ausgleich der Zahlungsbilanz* von 1938 und Dieter Pohmers *Grundlagen der betriebswirtschaftlichen Steuerlehre* von 1958) sind taxonomisch orientiert. Horst Sieberts *Einführung in die Volkswirtschaftslehre* zeigt in der 1. Auflage (1969), wie dominant das keynesianische Denken in den 1960er Jahren gewesen ist[10], z.B. wird das Domar-Modell noch positiv dargestellt. Ein weiteres Beispiel sind die *Übungen in Volkswirtschaftslehre* (1. Auflage 1973) des SVR-Mitglieds Wolfgang Stützel (mit M. Blitz und W. Cezanne). Die Mikro- und die Makroökonomie – letztere vor allem anhand der Aggregat-Ströme beschrieben – gelten Anfang der 1970er Jahre allgemein als zwei gleichwertige Gebiete. Man sieht noch keine Notwendigkeit für einen vereinheitlichten Theorierahmen.

Auch die Lehrbücher von Ernst Helmstädter aus den 1970er Jahren zeigen Mikro- und Makroökonomie theoretisch gleichberechtigt nebeneinander. Die Klammer bildet der Gleichgewichtsbegriff: er „... erscheint mir wie kein anderer geeignet, den Stoff systematisch zu gliedern" (Helmstädter 1979: vii). Helmstädter will ein problemorientiertes Denken in formalen Modellen vermitteln. Die mathematische Methode wird aber (in einer knappen methodischen Diskussion) eingeschränkt brauchbar beurteilt. Wirtschaften wird mehrdeutig definiert, zum einen (nach der traditionellen Definition von Lionel Robbins) als „rationale Disposition über knappe Mittel zur Erfüllung gegebener Zwecke" (Helmstädter 1979: 2), zum anderen als ein sozialer Prozess, den man aber auch durch „Robinson-Modelle" untersuchen könne, „um bei der Erörterung bestimmter wirtschaftlicher Fragen vom Einfluss der sozialen Umweltbedingungen ganz absehen zu können" (Helmstädter 1979: 21).

Ein weiteres Beispiel sind die makroökonomischen Lehrbücher von Jürgen Kromphardt ab den 1970er Jahren (*Wachstum und Konjunktur*, 1. Auflage 1972, 3. Auflage 1993; *Arbeitslosigkeit und Inflation*, 1. Auflage 1987, 2. Auflage 1998; sowie *Grundlagen der Makroökonomie*, 1. Auflage 1998, 3. Auflage 2006). In *Arbeitslosigkeit und Inflation* wird die traditionelle keynesianisch orientierte Geld- und Fiskalpolitik einer „neoklassisch-monetaristischen" gegenübergestellt. Erstere wird aus theoretischen und empirischen Gründen positiv eingeschätzt: „Die Erfahrungen [...] sprechen dafür, dass von ihr erhebliche Wirkungen ausgehen.

---

10 Diese Ansicht (eines damals dominierenden keynesianischen Herangehens) wurde später von Olaf Sievert in einem Rückblick auf den SVR abgelehnt (Sievert 2003: 34ff.).

Dies macht es umso wichtiger, sie richtig einzusetzen." (Kromphardt 1987: 185). Aber Kromphardt (er wurde 1999 auf Vorschlag der Gewerkschaften in den SVR berufen) befand sind schon in den 1980er Jahren in einer Minderheitenposition.[11]

Andere Lehrbücher aus den 1970er und 1980er Jahren dokumentieren den sich vollziehenden Paradigmenwechsel. Eine erste Andeutung findet sich in der ersten Auflage der *Einführung in die Grundbegriffe der Finanzwissenschaft* von Rolf Peffekoven (ab April 1991 im SVR) aus dem Jahre 1976. Hier werden die Kritiker der Angebotsseite nur kurz erwähnt (Peffekoven 1976: 125). Statt Deregulierung heißt es „sogenannte Entregulierung". Auch die Laffer-Kurve, die später in der Angebotspolitik unter Reagan eine Rolle spielt, kommt kurz zur Sprache.

Ein Beispiel für eine Zwischenposition ist die *Konjunkturpolitik* von Werner Glastetter aus dem Jahre 1987 (Glastetter wurde im August 1979 in den SVR berufen). Als Kernfrage formuliert Glastetter: „Ist eine Konjunkturpolitik heute noch nötig, ist sie möglich – oder ist sie sogar obsolet?" (Glastetter 1987: 16). Im ganzen Buch wird diese Frage aber nicht eindeutig beantwortet: „Die vorliegende Untersuchung kann dem Leser diese (letzte) Entscheidung nicht abnehmen." (Glastetter 1987: 18). Ähnlich sind diese Ausführungen auch in *Außenwirtschaftspolitik* (1. Auflage 1975) sowie in seinem Lehrbuch *Konjunktur- und Wachstumspolitik*, das immerhin bereits 1993 erschienen ist – jedesmal wird ein Zwei-Paradigmen-Bild entworfen.

Die Lehrbücher von Otmar Issing, Herbert Giersch und Helmut Hesse (Erstauflagen zwischen 1974 und 1977) künden von einer neuen Zeit. Issing argumentierte in der ersten Auflage seiner *Einführung in die Geldtheorie* (1974) noch ganz im IS-LM-Modell, die meisten Einträge im Namensverzeichnis erfolgten zu Keynes. Die weiteren Auflagen von 1976 bis 2011 werden dann immer mehr mit neoklassischer Mikroökonomie gefüllt. Man kann daher dort im Detail den Paradigmenwandel nachvollziehen.

Herbert Giersch war einer der einflussreichsten Ökonomen in der deutschen Nachkriegsgeschichte. In jungen Jahren noch Anhänger einer antizyklischen Konjunkturpolitik nach Keynes, wurde er später zu deren glühenden Gegner

---

11 In einer Meinungsumfrage unter professionellen Ökonomen Anfang der 1980er Jahre zu wirtschaftspolitischen Aussagen – wie: „Zölle und Importquoten verringern die wirtschaftliche Wohlfahrt der Gesellschaft", oder „Ein Minimallohn erhöht die Arbeitslosigkeit unter den jugendlichen und ungelernten Arbeitnehmern" – ergab laut Frey und Kirchgässner, „dass sich in wichtigen Fragen die Ökonomen in diesen Ländern (nämlich Deutschland, Österreich und Schweiz – Anm. d. V.) weitgehend einig sind. Der Konsensgrad [...] ist bei Aussagen über die Aussichten von Eingriffen in den Preismechanismus besonders hoch: Die professionellen Wirtschaftswissenschaftler sind sich der schädlichen Folgen sehr bewusst, und eine große Mehrheit lehnt sie deshalb ab." (Frey/Kirchgässner 1994: 476).

– bis dahin, dass er in den Jahren 1986 bis 1988 Präsident der Mont Pélerin Society war. Sein Lehrbuch *Konjunktur- und Wachstumspolitik in der offenen Wirtschaft*, in dem er ohne formale Modelle argumentiert, weist ihn als frühen Marktradikalen aus:

- „Der Markt" bzw. „der Mechanismus der relativen Preise" (Giersch 1977: 40) sind die zentralen Kräfte der Marktwirtschaft, sie besitzen potentiell optimale Wirkungen.
- „Der Markt" bzw. die Marktwirtschaft ist ein „offenes System", in dualen Gegenüberstellungen zu hierarchischen, „zentralgeleiteten" bzw. „geschlossenen Systemen". Alle „Eingriffe", die nicht nur auf „Datenvariation" abzielen, sind „Zwangseingriffe" mit schädlichen Wirkungen: „Direkte Kontrollen beeinträchtigen die Lernfähigkeit." (Giersch 1977: 142ff.)
- Marktwirtschaft verkörpert Freiheit: „Der fundamentale Grund für die Überlegenheit der indirekten Verhaltensbeeinflussung durch Datenvariation ist wohl ein psychologischer. Zwar mag es (noch) Menschen geben, die eine Art Lust zum Gehorchen verspüren, aber in einer Zeit, in der sich die nicht-autoritäre Erziehung durchsetzt und Verhaltensmuster für spätere Lebensjahre bestimmt, muss man bei allen Formen des Zwangs mit zunehmend größeren Widerständen rechnen." (Giersch 1977: 146).
- Beschäftigung und Wachstum müssen durch „Daten", d.h. angebotstheoretisch, erklärt werden.
- Die Grenzproduktivitätstheorie des Lohnes wird als empirisch relevant verstanden: der Reallohn bestimmt den Beschäftigungsgrad (mit Verweis auf das Jahresgutachten des SVR von 1967 (Giersch 1977: 63).
- Gewerkschaften üben „Marktmacht auf der Angebotsseite des Arbeitsmarktes" aus (Giersch 1977: 261), ihre Politik sei wirkungslos oder schädlich.
- „Dauerhaft verhindern kann man unfreiwillige Arbeitslosigkeit nur mit Einkommens- und Marktpolitik." (Giersch 1977: 251). Erstere meint keine zu hohen Löhne, letztere: „Marktpolitik zieht darauf ab, die Transparenz am Arbeitsmarkt, die Mobilität der Wirtschaftssubjekte, die Flexibilität der Preise und Löhne und die sonstigen Funktionsbedingungen der Wettbewerbsordnung zu verbessern." (Giersch 1977: 257)

Giersch versteht sich als „objektiver Experte", der andere, vor allem die Politik, zu erziehen habe:

> „Wenn man sagt, eine Maßnahme oder ein Vorschlag sei theoretisch gut, aber politisch nicht durchsetzbar, so beschreibt das Wort 'politisch' sehr wahrscheinlich die Gesamtheit aller Dinge und Zusammenhänge, die im relevanten Gedankenschema (Paradigma) derer, die zustimmen müssen, noch keinen richtigen Platz gefunden haben, also noch gelernt und eingeübt werden müssen. [...] Die Wirtschaftswissenschaft kann zu dem politischen

Lernprozess einen Beitrag leisten, und zwar nicht nur über Schriften für Studierende, die dann einiges davon später in die Praxis umsetzen, sondern auch für kurze Sicht, sei es in vertraulicher Beratung, sei es durch Aufklärung der Öffentlichkeit." (Giersch 1977: 140)

Jürgen B. Donges, Vorsitzender des SVR von März 2000 bis Februar 2002, zeigt mit seinem Lehrbuch *Allgemeine Wirtschaftspolitik* (1. Auflage 2001, 3. Auflage 2009) exemplarisch die Argumentationsmuster moderner marktradikaler Wirtschaftspolitik. Nationale Wirtschaftspolitik muss nach Donges im Hinblick auf die „Effizienz" „des Marktes" beurteilt werden. Der „positiven Theorie" kommt – ähnlich wie bei Giersch – die Rolle eines objektiven und ideologiefreien Schiedsrichters zu. Kriterium und Bezugspunkt ist der „Marktmechanismus" nach der allgemeinen Gleichgewichtstheorie bzw. nach dem Modell der vollkommenen Konkurrenz. „Er erlaubt, Marktprozesse in Reinheit zu analysieren." (Donges 2001: 121). Die Kritik an den unzähligen Annahmen, die dem Modell zugrunde liegen (zum Überblick vgl. Ötsch 2009) wird erwähnt, aber nicht ernst genommen. Auf der Basis dieses Fundaments kann die aktuelle Wirtschaftspolitik dem strengen Urteil unterzogen werden, ob sie überhaupt zu „wirtschaftspolitischen Reformen" in der Lage sei. In welche Richtung es dabei gehen muss, wird aus den einfachen mikroökonomischen Modellen geschlussfolgert. Sie „scheinen in sehr inflexiblen Regulierungen des Arbeitmarktes, vieler Regulierungen von Produktmärkten sowie einem verhältnismäßig hohen Außenschutz der Volkswirtschaft zu liegen. [...] Ohne wirtschaftspolitische Reformen, darunter die Deregulierung im Inland, eine Marktöffnung nach außen, die Konsolidierung der öffentlichen Haushalte, eine wachstumsorientierte Steuerreform sowie eine stabilitätsorientierte Geldordnung wird die Volkswirtschaft [...] keine Dynamik entfalten können, die sie auf einen höheren Pfad des wirtschaftlichen Wachstums bei höherer Beschäftigung bringen würde." (Donges 2001: 214f.).

Donges betont, wie viele marktradikal denkende ÖkonomInnen heute, die Existenz von „Staatsversagen". Dieses wird in seinem Lehrbuch direkt aus der neuen politischen Ökonomie (bzw. *Public Choice*) abgeleitet. Politik wird in diesen Ansätzen rigoros der Logik „des Marktes" unterworfen. Politik ist so (nur) eine spezielle Art von Markt. PolitikerInnen sind rationale Akteure, welche die Maximierung ihres eigenen Nutzens anstreben, d.h. sie sind „politische Unternehmer" (Donges 2001: 191ff.). Parteien müssen wie Firmen und Wähler wie Kunden untersucht werden. „Der Markt" ist in dieser Sichtweise „der Politik" immer überlegen, nicht nur vom Diktum her, sondern ebenso auch aus Sicht der Effizienz. Denn Individuen, die auf individuelle Vorteile aus sind, produzieren systematisch unterschiedliche Resultate: „Dieses Verhalten führt [...] auf dem politischen Markt zu einem gesamtwirtschaftlichen Wohlfahrtsverlust, während es am privaten Gütermarkt zu Wohlstandssteigerungen beitragen kann." (Donges 2001: 204). Denselben Standpunkt nimmt Lars P. Feld ein (er wurde im März

2011 Mitglied im SVR):[12] Feld wird für die geplante 4. Auflage des Lehrbuches *Demokratische Wirtschaftspolitik – Theorie und Anwendung* von Bruno S. Frey und Gebhard Kirchgässner neuer Koautor sein.

3.2 Lehrbuchpositionen der Mitglieder des SVR nach den Berufungs-Polen

Abschließend soll hinterfragt werden, ob auch auf Basis der Lehrbücher ein Unterschied im Denken der Mitglieder festgestellt werden kann, welche mit dem „Gewerkschafts-Ticket" in den SVR kamen im Vergleich zu denen mit dem „Arbeitgeber-Ticket".

Von den Mitgliedern im SVR, welche mit dem „Gewerkschafts-Ticket" berufen wurden, haben Glastetter, Pohl, Franz, Kromphardt und Bofinger ein oder mehrere Lehrbücher geschrieben.

Das Lehrbuch von Glastetter nahm – wie schon gezeigt – eine Mittelstellung ein. Rüdiger Pohl präsentiert in *Geld und Währung* (1993) unterschiedliche Modelle aus verschiedenen Blickwinkeln, ohne marktradikale Interpretationen. Seine Positionen sind abwägend, etwa hinsichtlich des Vergleichs der Vor- und Nachteile flexibler und fester Wechselkurse (z.B. Pohl 1993: 110).

Das Lehrbuch von Wolfgang Franz *Arbeitsmarktökonomik* (1. Auflage 1991, 7. Auflage 2009) ist institutionenorientiert. Makroökonomische Modelle werden nicht behandelt. Das Lehrbuch kommt auch ohne Angebots-Nachfrage-Diagramm aus. Franz führt verschiedene Modelle an, es gebe aber kein „akzeptiertes ökonomisches Modell [...] welches alle Aspekte der Ursachenanalyse – d.h. alle Arten von Arbeitslosigkeit – konsistent beschreibt." (Franz 1991: 351). Die Behauptung einer „sozialleistungsinduzierten Arbeitslosigkeit" wird kritisiert (Franz 1991: 368; ähnlich in *Der Arbeitsmarkt*, Franz 1993: 105). In beiden Lehrbüchern sieht Franz das Konzept einer „inflationsstabilen Arbeitslosenquote" als brauchbare Orientierungsgröße. Franz argumentiert pragmatisch und nicht einseitig, eine eindeutige paradigmatische Zuordnung ist nicht möglich.

Kromphardt und Bofinger hingegen vertreten eindeutig keynesianische Positionen, was sich auch an ihren regelmäßigen Minderheitspositionen im SVR zeigt. Kromphardts Lehrbücher – sie wurden bereits erwähnt – stehen für einen „alten" Keynesianismus, Peter Bofingers Lehrbuch *Grundzüge der Volkswirtschaftslehre* (1. Auflage 2003, 3. Auflage 2011) für einen modernisierten.

---

12 Feld, wie Donges im Kronberger Kreis aktiv, hat mit diesem und weiteren Autoren eine Publikation besonders weitsichtiger Pädagogik herausgebracht: Ein Pappbilderbuch von 56 Seiten mit dem Titel „Öffentliche Finanzen dauerhaft sanieren – in Deutschland und Europa". Zum gezielten Einfluss der Ökonomie auf jugendliches Denken siehe die Studie von Möller/Hedtke 2011.

Bofinger unterteilt die Volkswirtschaftslehre in zwei große gleichberechtigte Hauptgebiete (Bofinger 2003: 26). Er argumentiert eher institutionell. In der Diskussion konkreter Fragestellungen wird das staatliche Handeln immer positiv kommentiert. Im Gegensatz zum marktradikalen Denken findet sich bei ihm keine dichotome Gegenüberstellung von Markt und Staat. Staat und Gewerkschaften (Kap. 9.6) werden weder theoretisch noch exemplarisch negativ kommentiert.

Bofingers Lehrbuchdarstellung der Mikroökonomie zeichnet sich durch eine systematische Relativierung des neoklassischen Standardmodells aus. In Kapitel 2 wird das gängige Marktschema in Bezug auf Keynes illustriert, z.B. zur Frage, warum die Aktienkurse so stark schwanken (Bofinger 2003: 38ff.). Arbeitslosigkeit wird von Bofinger zwar auch mikroökonomisch diskutiert (ebenso wie Keynes dies tat). Gleichzeitig wird aber auch die Möglichkeit von „gravierenden Ungleichgewichten" betont, welche makroökonomische Ursachen hätten (Kap. 9.1).

Die aktuelle Marktwirtschaft sieht Bofinger von „hoher Effizienz" geprägt. Trotz dieser gehe es aber nicht „ohne den Staat"; dieser sei u.a. für die Rechtsordnung, für Eigentumsrechte, für die Zahlungsfunktion des Geldes und für die Wettbewerbspolitik nötig (Kap. 10), ebenso für die sozialen Aufgaben: „Die Distributionsfunktion des Staates" sorge für den „sozialen Ausgleich" in einer Marktwirtschaft. Dieser wird als notwendig angesehen, denn: „Ohne die Distributionsfunktion würden viele Menschen überhaupt kein Einkommen erzielen." (Kap. 11). Ebenso werden die Elemente des Sozialstaates wie Sozialversicherungssysteme positiv kommentiert (Kap. 12f.).

Für Lehrbuchautoren mit „Arbeitgeber-Ticket" steht stellvertretend Horst Siebert. Dessen *Einführung in die Volkswirtschaftslehre* (1. Auflage 1996, 15. Auflage 2007) ist der Prototyp eines marktradikalen Lehrbuchs, in dem die Mikroökonomie die Makroökonomie vollends dominiert. Das Angebots-Nachfrage-Modell auf den Gütermärkten wird von ihm ohne Problematisierung direkt auf den Arbeitsmarkt angewandt und so die Höhe der Beschäftigung erklärt (Kap. 10).

Siebert ist wie fast alle Vertreter eines marktradikalen Denkens einem einfachen dualen Bild der Wirtschaft verhaftet: Die „dezentrale Autonomie" der Marktwirtschaft wird stereotyp einer zentralen Instanz (wie Planbüro, Staat oder Politik) gegenübergestellt. Aber was „der Markt" ist, wird nicht erklärt, insbesondere nicht, wie die Koordination von Angebot und Nachfrage auf Märkten erfolgt. Siebert erkennt, dass man dazu im Modell einen fiktiven „Superauktionator" benötigen würde, welcher die Konsistenz der unzähligen Pläne alle Akteure zu gewährleisten hätte (vgl. dazu auch Ötsch 2009: 261ff. – das Modell der vollkommenen Konkurrenz enthält eine zentrale und autoritäre Koordinationsinstanz). Die Existenz einer solchen Person bzw. einer solchen Behörde wird trotzdem verneint und das, was hier geschehen soll, wird einfach „dem Markt" gutgeschrieben: „Der Markt leistet die Aufgabe des Superkoordinators." (Siebert 2003: 184).

Im makroökonomischen Teil des Lehrbuchs zeigt Siebert den Apparat des „hydraulischen Keynesianismus" (IS-LM-Diagramm), aber die ursprüngliche keynesianische Interpretation findet sich nicht – die „Hauptergebnisse" liegen ja auch schon aus der Mikroanalyse vor. Keynes' „These von der unzureichenden Nachfrage" ist „ohne weiteres nicht zulässig", da sie die mikroökonomischen Interdependenzen nicht berücksichtige. „Werden diese Interdependenzen beachtet, so lassen sich die Empfehlungen einer rein nachfrageseitig angelegten Makroökonomie nicht halten." (Siebert 2003: 313). Aus diesem Grund muss Fiskalpolitik ohnmächtig sein (Kap. 22.2).

4. Zur Struktur des SVR

Nachstehend wird auf die Berufungen im SVR eingegangen, auf Schulenausprägungen sowie auf Mitgliedschaften im Prozess des *going public* seitens der Mitglieder im SVR (s. Abbildung 1).

4.1 Berufungsdauer und Ausscheiden aus dem SVR

Die durchschnittliche Berufungsdauer im SVR beträgt 6,45 Jahre. Die Verweildauer umfasst eine Spanne von drei Jahren (z.B. Wolfgang Stützel, Otmar Issing) bis 15 Jahren (Olaf Sievert). Auffällig ist die im Durchschnitt kürzere Berufungszeit der „Ticket"-Berufenen: sowohl bei denen mit „Gewerkschafts-Ticket" (4,9 Jahre) als auch bei denen mit „Arbeitgeber-Ticket" (6,1 Jahre). Die in den anderen drei Blöcken Berufenen weisen hingegen eine Verweildauer von durchschnittlich acht Jahren auf.[13] Einerseits kann man diese Tendenz als Bemühungen um zeitadäquate Berufungspolitik der „Ticket-Vergeber" deuten, andererseits als Hang zur Cliquenbildung innerhalb der Wissenschaftskohorte im SVR.

Kurze Berufungszeiten können unterschiedlichste Gründe haben. Für eine vorzeitige Beendigung der Tätigkeit im SVR kommen prinzipiell in Frage:

1) *Tod*: Beispiel ist hier Wilhelm Bauer, der am 04. Juli 1974 verstarb.

2) *Amtsannahme* (SVRG § 1): Laut §1 SVRG schließen sich Mitgliedschaft im SVR und Mitgliedschaft in Regierung oder anderen gesetzgebenden Körperschaften bzw. Funktionen im öffentlichen Dienst des Bundes oder der Länder (ausgenommen Wissenschaftsangehörige) aus. Otmar Issing wechselte z.B. 1990 in das Direktorium der Bundesbank und schied somit aus dem SVR aus und

13 Hier sind die beiden Letzberufenen (Lars P. Feld, Christoph M. Schmidt) noch nicht inbegriffen.

Abbildung 1: Berufungen im SVR 1964-2011

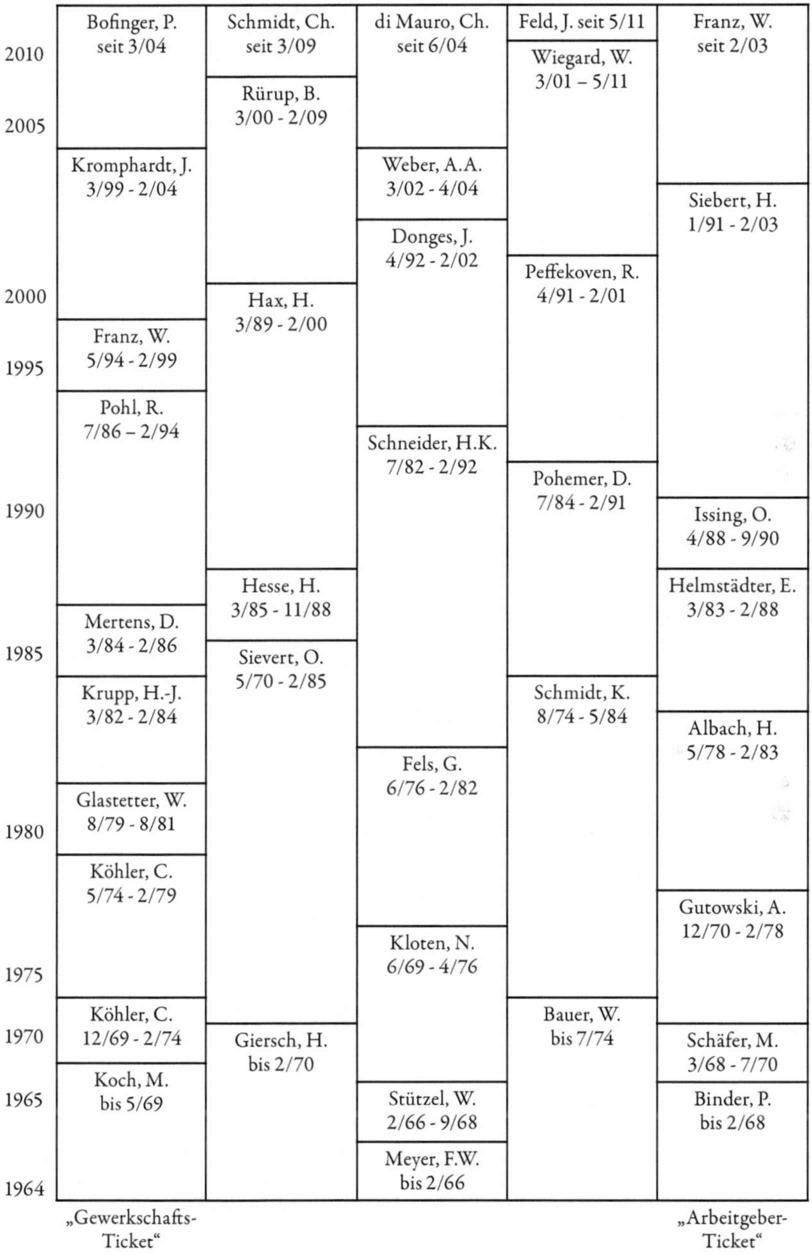
2010
2005
2000
1995
1990
1985
1980
1975
1970
1965
1964
Bofinger, P. seit 3/04
Kromphardt, J. 3/99 - 2/04
Franz, W. 5/94 - 2/99
Pohl, R. 7/86 – 2/94
Mertens, D. 3/84 - 2/86
Krupp, H.-J. 3/82 - 2/84
Glastetter, W. 8/79 - 8/81
Köhler, C. 5/74 - 2/79
Köhler, C. 12/69 - 2/74
Koch, M. bis 5/69
Schmidt, Ch. seit 3/09
Rürup, B. 3/00 - 2/09
Hax, H. 3/89 - 2/00
Hesse, H. 3/85 - 11/88
Sievert, O. 5/70 - 2/85
Giersch, H. bis 2/70
di Mauro, Ch. seit 6/04
Weber, A.A. 3/02 - 4/04
Donges, J. 4/92 - 2/02
Schneider, H.K. 7/82 - 2/92
Fels, G. 6/76 - 2/82
Kloten, N. 6/69 - 4/76
Stützel, W. 2/66 - 9/68
Meyer, F.W. bis 2/66
Feld, J. seit 5/11
Wiegard, W. 3/01 – 5/11
Peffekoven, R. 4/91 - 2/01
Pohemer, D. 7/84 - 2/91
Schmidt, K. 8/74 - 5/84
Bauer, W. bis 7/74
Franz, W. seit 2/03
Siebert, H. 1/91 - 2/03
Issing, O. 4/88 - 9/90
Helmstädter, E. 3/83 - 2/88
Albach, H. 5/78 - 2/83
Gutowski, A. 12/70 - 2/78
Schäfer, M. 3/68 - 7/70
Binder, P. bis 2/68
„Gewerkschafts-Ticket"
„Arbeitgeber-Ticket"

Quelle: Nach Glöckner (2003: 111) und neueren Angaben

ebenso ist die kurze Berufungszeit von Helmut Hesse begründet – er wechselte 1988 zur Landeszentralbank von Bremen, Niedersachsen und Sachsen-Anhalt.

3) *Diskrepanzen*: Seit Bestehen des SVR existiert das Problem des Umgangs mit differenzierten Anschauungen innerhalb des SVR. Austritte aus Diskrepanzen heraus sind Ausdruck dieser Problemkonstellation. Dabei traten bisher zwei Austrittsarten auf:

a) Eigene Erklärung: Hierunter zählt Wolfgang Stützel, der 1968 aus dem SVR ausschied. Er war mit seiner Position gegenüber den Aufwertungsbefürwortern in Minderheit und als er erfahren hatte, dass die anderen vier Mitglieder, ohne ihn informiert zu haben am Gutachtentext arbeiteten, erklärte er seinen Austritt. Ebenfalls im Zuge der Wechselkursdebatten Ende der 1960er Jahre verließ Harald Koch den SVR (Schanetzky 2006: 107 u. 109). 1981 trat Wolfgang Glastetter aus dem SVR aus. Er war der erste als offener Kritiker geltende Berufene in den SVR und die Diskrepanzen, die zu seinem Austritt führten, waren auch von grundsätzlichem ordnungspolitischen Charakter (Schanetzky 2006: 205 u. 211).[14]

b) Nichtwiederberufung: Für die Nichtwiederberufung steht das Beispiel Wolfgang Franz aus dem Jahr 1999. Nach dessen Berufung 1994 folgten Gutachten mit relativ einheitlicher Ausrichtung: „Nur bessere Angebotsbedingungen für die Wirtschaft können im Kampf gegen die Arbeitslosigkeit helfen." (Schmid 1998) Daher hatten die Gewerkschaften für Nicht-Wiederberufung plädiert.

c) Abberufung: Neben dem Austritt gibt es auch noch die Möglichkeit der Abberufung. Sie trat das erste Mal 1988 auf. Hier wurde Ernst Helmstädter trotz seiner Bereitschaft zur Wiederwahl abberufen, weil sonst im Falle seiner Wiederberufung zwei andere Mitglieder des SVR zurücktreten würden[15] (Helmstädter 1988, 34).

Insgesamt gab es in den 47 Jahren der Existenz des SVR 30 Jahre ohne Austritt, Nichtwiederberufung oder Abberufung eines Mitglieds. Zwei Phasen waren somit relativ frei von derartigen Vorkommnissen: die Phase 1968 (Ausscheiden

14 Glastetter forderte im Zuge der zweiten Ölkrise eine aktive Gesamtnachfragepolitik. Für Schanetzky markiert diese Zeit, in der Glastetter den SVR verließ, auch die endgültige angebotstheoretische Wende innerhalb des SVR (Schanetzky 2006: 211).

15 Nach den Angaben von Helmstädter waren das Hans Karl Schneider und Helmut Hesse. Unmittelbare inhaltliche Differenzen gingen dem nicht voraus, sondern Helmstädter vermutete eine Retourkutsche in Reaktion auf seinen Austritt aus dem Forschungskuratorium des RWI Essen, dessen Institutspräsident damals Schneider war und der ihm dies verübelt hätte, da sich Helmstädter mit der Diagnose verabschiedete, er „wolle nicht mitverantwortlich gemacht werden für die vom Präsidenten Schneider nicht gemeisterte, vor 7 Jahren schon vom Wissenschaftsrat gerügte Führungsmisere dieses Instituts." (Helmstädter 1988: 34).

von Wolfgang Stützel) bis 1979 (Eintritt von Werner Glastetter) und die Phase 1999 (Ausscheiden von Wolfgang Franz) bis heute.

4.2. Zur „4 + 1"-Konstellation

Im SVR gab es ab Anfang der 1970er Jahre offene Minderheitsvoten, als Claus Köhler mit der Mehrheit des Rates hinsichtlich der fiskalischen Fragen nicht mehr mitging und eine abweichende Vorstellung dokumentierte (Schanetzky 2006, 203). Ab Ende der 70er Jahre, als der keynesianische Konsens unter den Ratsmitgliedern endgültig aufgebrochen war und 1979 Werner Glastetter, der vorher u.a. als Referent am Wirtschafts- und Sozialwissenschaftlichen Institut (WSI) der Hans-Böckler-Stiftung gearbeitet hatte, in den SVR berufen wurde, war die „4 + 1"-Konstellation entlang der Angebots-/Nachfrage-Debatte ausgerichtet. Nur seit dem Wirken von Wolfgang Franz trat bis 1999 eine fünfjährige „Pause" ein. Nach dessen Sicht war eine „längst überfällige Integration beider Aspekte" fällig (Schmid 1998). Ab 2003 war Franz über das „Arbeitgeber-Ticket" wieder im SVR. Auf dem „Gewerkschaftsticket" folgten 1999 Jürgen Kromphardt und 2004 Peter Bofinger.

Einerseits wird die „4 + 1"-Konstellation als negativ bewertet, da die „Uneinigkeit zwischen den Ratsmitgliedern nicht die Schlagkraft der Argumente des SVR" (Franz 2008, 7) fördern würde. Zudem wird das „4 zu 1-Ergebnis" von ihm (2008) geringgeschätzt:

> „Tröstlich kommt für die übrigen Ratsmitglieder hinzu, dass die seit einigen Jahren erscheinenden penetranten Minderheitsvoten immer nur ein und desselben Ratsmitglieds sich mit der Zeit ziemlich abnutzen." (Franz 2008: 7)

Umgekehrt wird diese Konstellation wertgeschätzt, hier von dem Ökonomen Rudolf Hickel, der zu den nachfrageorientierten Ökonomen gerechnet wird:

> „Insgesamt steht die Nominierung der Sachverständigen unter starkem Konsenszwang des Rats. Immerhin sind gegenüber der Vierer-Mehrheit wertvolle Minderheitengutachten eingefügt worden." (Hickel 2003: 1)

Dem „Mehrheitsrat" bescheinigt Hickel allerdings seit den 1970er Jahren „konzeptionelle Redundanz" und fordert daher eine Berufungspraxis, bei der unterschiedliche Denkströmungen und Disziplinen zu Wort kämen (Hickel 2008: 198), denn mit der verfestigten „4+1"-Konstellation ab den 1970er Jahren wurde der SVR, das Gremium, in dem vom Auftrag her „unabhängige Sachverständige" tätig sein sollten, immer mehr selbst zum Bestandteil politischer Auseinandersetzungen (Schanetzky 2006: 205) entlang der Scheidelinie angebots- versus nachfrageorientiert bzw. arbeitgeber- versus arbeitnehmerfreundlich. Nachstehend soll hinterfragt werden, ob sich dieser Dualismus auch hinsichtlich der so genannten „Lehrer-Schüler"-Verhältnisse widerspiegelt.

4.3 Schulenausprägungen im SVR

Hinsichtlich der Lehrer-Schüler-Verhältnisse wurde hier der Indikator Promotion/Habilitation/Assistenz benutzt. Berücksichtigt man neben den Mitgliedern (als „Schüler") nur die Nichtmitglieder (als „Lehrer"), die mehr als einen „Schüler" hervorbrachten„ erhält man nachstehende Aufstellung (s. Abbildung 2).

Deutlich erkennbar ist hier die Herausbildung einer Reproduktionsstruktur um die Personen Gustav Walther Hoffmann, Erwin von Beckerath, Erich Gutenberg und Günter Schmölders als Nichtmitglieder des SVR. Hinzu kommt hier Herbert Giersch als Mitglied des SVR, bei dem Olaf Sievert, Jürgen Donges und Gerhard Fels promoviert hatten, die später auch Mitglieder im SVR wurden.

Auffällig dagegen ist die fehlende Reproduktionsstruktur bei denen, die mit dem „Gewerkschafts-Ticket" berufen worden sind (vgl. Abb. 1). Hier gibt es nur zwischen Claus Köhler und Rüdiger Pohl eine Verbindung – Pohl hatte bei Köhler promoviert und habilitiert.

Die geographischen universitären Zentren der genannten Akteure sind: Tübingen (Erwin von Beckerath, Paul Binder, Norbert Kloten), Kiel (Gustav Walther Hoffmann, Herbert Giersch), Saarbrücken (Herbert Giersch, Olaf Sievert), Köln (Günter Schmölders, Erich Gutenberg, Gerhard Fels, Jürgen Donges), Mainz (Kurt Schmidt, Rolf Peffekoven).

4.4 Mitglieder des SVR in weiteren Institutionen und Initiativen des *going public*

Die Mitglieder des SVR (unter Einschluss der Generalsekretäre) haben an folgenden *going public*-Aktionen teilgenommen, die über ihre Mitgliedschaft im SVR hinausgehen und als Förderung marktradikaler Ansichten interpretiert werden können:

a) Mitgliedschaft im Kronberger Kreis: Stützel, Franz, Sievert, Issing, Fels und Donges.
b) Kuratoren und Botschafter bei der Initiative Neue Soziale Marktwirtschaft (INSM): Feld, Hüther, van Suntum und Peffekoven.
c) Unterzeichner des Hamburger Appells: Feld, Hüther, und van Suntum.
d) Unterzeichner des Plenums der Ökonomen: Feld und van Suntum.

Auf den ersten Blick sehen diese Zahlen klein aus. Bedenkt man jedoch, dass der Kronberger Kreis 1982 und die INSM 2000 gegründet und der Hamburger Appell 2005 und das Plenum der Ökonomen 2010 verfasst wurde, dann sind die Anteile der Mitglieder des SVR eher als hoch einzuschätzen. Unter den Vertretern der letzten beiden Generationen sind hier allein vier vertreten: Jürgen Donges, Wolfgang Franz, Rolf Peffekoven und Lars P. Feld.

Abbildung 2: Betreuer/Promovenden/Habilitanden-Verhältnisse im SVR, nur Mehrfachbeziehungen

von Beckerath, E.	→ Binder, P.	
	→ Kloten, N.	
	→ Schmidt, K.	→ Peffekoven, R.
Gutenberg, E.	→ Albach, H.	
	→ Hax, H.	
Schmölders, G.	→ Rürup, H.-A.	
	→ Scherhorn, G.	
Hoffmann, W.-G.	→ Giersch, H.	→ Sievert, O.
		→ Donges, J.
		→ Fels, G.
	→ Kromphardt, J.	
	→ Hesse, H.	
Stützel, W.	→ Bofinger, P.	
Schneider, H.-K.	→ Siebert, H.	
Köhler, K.	→ Pohl, R.	

Quelle: Eigene Darstellung

Im Kronberger Kreis – unter den Mitgliedern das am meisten aufgesuchte Gremium – waren bzw. sind allein 20% der möglichen Mitglieder[16] des SVR vertreten, in der Initiative Neue Soziale Marktwirtschaft 14%. Den Hamburger Appell haben 10% der möglichen Mitglieder unterschrieben und immerhin noch 8 % wirken auch im Plenum der Ökonomen mit.

5. Schluss

Ziel des Beitrags war zu analysieren, inwieweit sich ein „4 zu 1"-Verhältnis im SVR neben den Positionen in den Gutachten auch wissenschaftsseitig widerspiegelt, insbesondere im Bereich Lehrbücher, Berufungspraktiken und *going public*. Wie gezeigt werden konnte, ist diese Konstellation in allen drei Bereichen deutlich ablesbar: Die jeweiligen Mitglieder des SVR vertreten in den Lehrbüchern entsprechende Positionen; im Bereich Berufungspraktiken sind Reproduktionsmuster – wenn auch nicht durchgängig – deutlich erkennbar und ebenso sind die Mitglieder des SVR in den typischen Gremien des *going public*, in denen

16 D.h. die Mitglieder, die mindestens bis 1982 zum Gründungszeitpunkt des Kronberger Kreises noch gelebt haben.

marktradikale Positionen vertreten werden, zu finden. Besonders deutlich ist die Zunahme dort in den letzten Jahren abzulesen.

Beachtet man diese Ergebnisse zudem im eingangs angeführten Kontext des gesamten Wirkungsspektrums von Ökonomen, unterstreichen diese ebenso die Bedeutung der Mitglieder des Sachverständigenrates als in die Gesellschaft Hineinwirkende. Als „Rat der fünf Weisen" oft karikiert bzw. glorifiziert oder als „Rat der Ratlosen" kritisiert, zeigen die Ergebnisse, dass das Wirken der Ratsmitglieder über ihre Gutachtertätigkeit hinausgeht. Jahrzehnte üben bzw. übten sie mit entsprechenden Positionen als Lehrende Einfluss aus und die Konstanz der Strukturbildungen zur eigenen „schulischen" Herkunft belegt die Stetigkeit und Relevanz dieses Wirkens und der Ausrichtung. Bedenklich ist dabei, dass die auf Marktradikalität ausgerichteten Ökonomen innerhalb des Sachverständigenrates gerade in den letzten Jahren zugenommen haben – in Zeiten zunehmender ökonomisch gravierender Probleme werden dort ebenso zunehmend „radikale" Antworten favorisiert.

Literatur

Eine vollständige Liste der 42 Lehrbücher der Mitglieder des Sachverständigenrates kann von den AutorInnen bezogen werden.

Austin, John L. (1979): *Zur Theorie der Sprechakte* (How to do things with words). Stuttgart.

Bachmann-Medick, Doris (2006): *Cultural Turns. Neuorientierungen in den Kulturwissenschaften.* Reinbek bei Hamburg.

Bofinger, Peter (2003): *Grundzüge der Volkswirtschaftslehre.* München.

Bucher, Theodor G. (1998): *Einführung in die angewandte Logik.* Berlin.

Callon, Michel (1998): *The Laws of the Markets.* Oxford.

Callon, Michel (2005): *Why Virtualism paves the way to political Impotence.* In: *European Electronic Newsletter,* Vol. 6, No. 2: 3-20.

Callon, Michel (2007): What Does It Mean to Say Economics Is Performative? In: MacKenzie, Donald, Fabian Muniesa, Lucia Siu (Hg.): *Do Economists Make Markets? On the Performativity of Economics.* Princeton: 311-357.

Colander, David; McGoldrick, KimMarie (2009): The Teagle Foundation Report: the economics major as part of a liberal education. In: Colander, David; McGoldrick, KimMarie (Hg.): *Educating Economists – The Teagle Discussion on Re-evaluating the Undergraduate Economics Major.* Cheltenham: 3-39.

Donges, Juergen B. (2001): *Allgemeine Wirtschaftspolitik.* Stuttgart.

Fleck, Ludwik (1980): *Entstehung und Entwicklung einer wissenschaftlichen Tatsache.* Suhrkamp.

Franz, Wolfgang (1991): *Arbeitsmarktökonomik.* Berlin.

Franz, Wolfgang (1993): *Der Arbeitmarkt. Eine ökonomische Analyse.* Mannheim, Leipzig, Wien, Zürich.

Franz, Wolfgang (2008): *Wirtschaftspolitische Beratung und Wirtschaftspolitik in Deutschland.* Forschungsgemeinschaft für Nationalökonomie an der Universität St. Gallen. Bamberg.

Frey, Bruno S., Humbert, Silke und Schneider, Friedrich (2007): Was denken deutsche Ökonomen? Eine empirische Auswertung einer Internetbefragung unter den Mitgliedern des Vereins für Socialpolitik im Sommer 2006. In: *Perspektiven der Wirtschaftspolitik,* Vol. 8, No. 4: 359-377.

Frey, Bruno S.; Kirchgässner, Gebhard (1994): *Demokratische Wirtschaftspolitik. Theorie und Anwendung.* 2. Auflage, München.

Fricke, Thomas (2011): Kuriose Professorenrufe. In: *Financial Times Deutschland* vom 25.02.2011.

Giersch, Herbert (1977): *Allgemeine Wirtschaftspolitik, Zweiter Band: Konjunktur- und Wachstumspolitik in der offenen Wirtschaft.* Wiesbaden.

Glastetter, Werner (1987): *Konjunkturpolitik. Ziele, Instrumente, alternative Strategien.* Köln.

Glöckler, Wolfgang (2003): Sachverständigenrat und Statistisches Bundesamt: 40 Jahre Zusammenarbeit. In: *Vierzig Jahre Sachverständigenrat.* Wiesbaden: 107-122.

Grimes, Paul W. (2009): Reflections on introductory course structures. In: Colander, David; McGoldrick, KimMarie (Hg.): *Educating Economists – The Teagle Discussion on Re-evaluating the Undergraduate Economics Major.* Cheltenham: 95-98.

Grossmann, Sanford J. und Stiglitz, Joseph E. (1980): On the Impossibility of Informationally Efficient Markets, In: *The American Economic Review,* 70(3): 393–408.

Hamburger Appell (2005): *Hamburger Appell.* Text + Unterzeichner. http://www.wiso.uni-hamburg.de/institute/institut-fuer-wachstum-und-konjunktur/hamburger-appell/(Stand 20.05.2011).

Helmstädter, Ernst (1979): *Wirtschaftstheorie I. Mikroökonomische Theorie.* 2. Auflage, München, Berlin und Köln).

Helmstädter, Ernst (1988): Und kein bisschen weise. Professor Ernst Helmstädter schildert die Hintergründe seines Abschieds aus dem Fünferrat. In: *Die Zeit* 14/1988: 34.

Hickel, Rudolf (2003): *40 Jahre Rat der „Fünf Weisen".* Ungelöste gesamtwirtschaftliche Probleme trotz oder wegen der „Sachverständigen zur Begutachtung der gesamtwirtschaftlichen Entwicklung. In: http://www.memo.uni-bremen.de/docs/m2003c.pdf (Stand 10.03.2011).

Hickel, Rudolf (2010): Rat der oftmals Ratlosen: Marktoptimistische Vierermehrheit. In: *Neues Deutschland* vom 08. November 2010.

Hill, Roderick; Myatt, Anthony (2007): Overemphasis on Perfectly Competitive Markets in Microeconomics Principles Textbooks. In: *Journal of Economic Education,* Vol. 38, No. 1: 58-77.

Hirte, Katrin (2010): Performativity of Economics – ein tragfähiger Ansatz zur Analyse der Rolle der Ökonomen in der Ökonomie? In: Ötsch, Walter; Hirte, Katrin; Nordmann, Jürgen (Hg.): *Krise. Welche Krise? Zur Problematik aktueller Krisendebatten.* Marburg: 49-75.

INSM (2011): *Ein FAQ über die Initiative Neue Soziale Marktwirtschaft.* In: http://www.insm.de/insm/ueber-die-insm/FAQ.html (Stand 10.03.2011).

Kapeller, Jakob (2011): *Modell-Platonismus in der Ökonomie. Zur Aktualität einer klassischen epistemologischen Kritik.* Linz.

Keynes, John M. (1952): *Allgemeine Theorie der Beschäftigung des Zinses und des Geldes.* Berlin.

Krugman, Paul R.: (1995): Cycles of Conventional Wisdom on Economic Development. In: *International Affairs, Vol.* 72, No. 1: 717-732.

Krugman, Paul (2009): How Did Economists Get It So Wrong? In: *New York Times Magazine* vom 02. September 2009. In: http://www.nytimes.com/2009/09/06/magazine/06Economic-t.html (Stand 20.01.2010).

Kuhn, Thomas S. (1973): *Die Struktur wissenschaftlicher Revolutionen.* Frankfurt am Main.

Lakatos, Imre (1974): Falsifikation und die Methodologie wissenschaftlicher Forschungsprogramme. In: Lakatos, Imre/Musgrave, Alan (Hg.): *Kritik und Erkenntnisfortschritt.* Braunschweig.

Lee, Frederic S.; Keen, Steve (2004): The Incoherent Emperor: A Heterodox Critique of Neoclassical Microeconomic Theory. In: *Review of Social Economy* LXII/2: 169-199.

MacKenzie, Donald (2006): *An Engine, Not a Camera. How Financial Models Shape Markets.* Cambridge.

MacKenzie, Donald (2007): Is Economics Performative? Option Theory and the Construction of Derivatives Markets. In: MacKenzie, Donald, Fabian Muniesa, Lucia Siu (Hg.): *Do Economists Make Markets? On the Performativity of Economics.* Princeton: 54-86.

MacKenzie, Donald, Yuval Millo (2003): Constructing a Market, Performing Theory – The Historical Sociology of a Financial Derivatives Exchange. In: *American Journal of Sociology,* Vol. 109, No. 1: 107-145.

Mankiw, Gregory N. (2001): *Grundzüge der Volkswirtschaftslehre.* Stuttgart.

Ohanian, Mathias (2011): Renommierte Ökonomen demontieren Plenum-Vorstoß. In: *FTD Wirtschaftswunder.* http://www.ftd.de/wirtschaftswunder/index.php?op=ViewArticle& articleId =2602&blogId=10 (Stand 10.05.2011).

Möller, Lucca; Hedke, Reinhold (2011): *Wem gehört die ökonomische Bildung?* Bielefeld.

Ötsch, Walter Otto (1991): Gibt es eine Grundlagenkrise der neoklassischen Theorie? In: *Jahrbücher für Nationalökonomie und Statistik, Vol.* 208, No. 6: 642-656.

Ötsch, Walter Otto (2009): *Mythos Markt.* Marktradikale Propaganda und ökonomische Theorie. Marburg.

Ötsch, Walter Otto; Kapeller, Jakob (2010): Perpetuing the Failure: Economic Education and the Current Crisis. In: *Journal of Social Science Education*, 9/2: 16-25.

Peffekoven, Rolf (1976): *Einführung in die Grundbegriffe der Finanzwissenschaft.* Darmstadt.

Peukert, Helge (2010): *Die große Finanzmarktkrise. Eine staatswissenschaftlich-finanzsoziologische Untersuchung.* Marburg

Plenum der Ökonomen (2011): Homepage Startseite. In: http://www.wiso.uni-hamburg.de/lucke/ (Stand 10.05.2011).

Pohl, Rüdiger (1993): *Geld und Währung.* Mannheim, Leipzig, Wien, Zürich.

Reuter, Norbert (2001): Aufbruch in die Vergangenheit. In: *Die Zeit* 42/2001: 42.

Rose, Uwe (2004): *Thomas S. Kuhn: Verständnis und Missverständnis. Zur Geschichte seiner Rezeption.* Göttingen.

Schanetzky, Tim (2006): *Die große Ernüchterung. Wirtschaftspolitik, Expertise und Gesellschaft in der Bundesrepublik 1966 bis 1982.* Berlin.

Schmid, Klaus-Peter (1998): Wo ist der Skandal? Die Fünf Weisen sind zu sehr auf Angebotslinie. Nun will die Regierung ausgerechnet den einzigen Abweichler ersetzen. In: *Die Zeit* 52/1998.

Siebert, Horst (2003): *Einführung in die Volkswirtschaftslehre.* 14. Auflage Stuttgart.

Sievert, Olaf (2003): Vom Keynesianismus zur Angebotspolitik. In: Sachverständigenrat zur Begutachtung der gesamtwirtschaftlichen Entwicklung (Hg.): *Vierzig Jahre Sachverständigenrat 1963-2003.* Wiesbaden 34-46.

Stigler, George J. (1957): Perfect Competition, Historically Considered. In: *Journal of Political Economy,* Vol. 65, No. 1: 1-17.

Stiglitz, Joseph (1988): On the market for principles of economics textbooks: Innovation and product differentiation. In: *Journal of Economic Education*, Vol. 19, No. 2: 171-177.

Tietmeyer, Hans (2003): Die Gründung des Sachverständigenrates aus Sicht der Wirtschaftspolitik. In: *Vierzig Jahre Sachverständigenrat.* Wiesbaden: 22-33.

Tagesspiegel (2008): 1929 traf es die Juden – heute die Manager. Interview mit Hans-Werner Sinn. In: *Tagesspiegel* vom 27.10.2008. http://www.tagesspiegel.de/wirtschaft/Finanzen-Finanzkrise;art130,2645880 (Stand 10.02.2010)

Vanessa Redak

Europe's next model
Zur Bedeutung von Risikomessmodellen in Finanzmarktlehre, -aufsicht und -industrie

„The market can stay irrational longer than you can stay solvent."
John Maynard Keynes

1990 erhielten drei US-amerikanische Wissenschaftler, Harry Markowitz, Merton Miller und William Sharpe, den Nobelpreis für Wirtschaftswissenschaften. Sieben Jahre später ging der Preis an die ebenfalls US-amerikanischen Professoren Myron Scholes und Robert Merton. In beiden Jahren wurden die Preise für finanzmathematische Arbeiten verliehen. Die Auswahl dieser Wissenschaftler sorgte in jenen Jahren für einige Verwirrung in der ökonomischen Community, da nicht nur die Tradition der Vergabe an Makroökonomen durchbrochen wurde (vier der genannten Preisträger sind Finance-Professoren), sondern es zu dieser Zeit auch fraglich war, ob das Gebiet der Finance überhaupt der Volkswirtschaft zuzurechnen sei. Bis heute gehören zahlreiche Finance Departments an Universitäten in Europa und den USA zur Betriebs- und nicht zur Volkswirtschaftslehre. Die Verleihung an die Finance-Professoren steht jedoch paradigmatisch für die veränderte Rolle von Finanzmärkten in Wirtschaft und Gesellschaft. Insofern entsprach die Anerkennung der wissenschaftlichen Arbeit von Markowitz & Co einer zunehmend wachsenden Bedeutung von Finanzmärkten innerhalb der Volkswirtschaft. Bis in die 1960er Jahre kam der Finanzmarktlehre akademisch keine hohe Bedeutung zu. Viel eher wurde sie in Business Schools unterrichtet, und methodisch war sie wenig anspruchsvoll (vgl. MacKenzie 2003). Sie richtete sich eher an produktiv tätige Unternehmer und vermittelte Methoden zur Unternehmens- und Investitionsfinanzierung, zum Cash Flow-Gebaren, zur Rechnungslegung etc. Noch war kein Fokus auf das Finanzmarktgeschehen (Aktien-, Anleihemärkte etc.) selbst feststellbar.

Betrachtet man Veröffentlichungen zu Finance in wissenschaftlichen Publikationen, fällt jedoch auf, dass die Dichte an entsprechenden Beiträgen Ende der 1960er Jahre zunimmt, etwa zeitgleich mit der beginnenden weltweiten Deregulierung der Finanzmärkte (vgl. Bernstein 1992). Mit dieser ging das Anwachsen des Finanzsektors in den USA und teilweise auch in Europa einher,

PROKLA. Verlag Westfälisches Dampfboot, Heft 164, 41. Jg. 2011, Nr. 3, 447–458

insbesondere Investment- und Pensionsfonds wiesen ein rasantes Wachstum auf. Diese wechselseitige Interaktion zwischen Wirtschaft, Politik und Wissenschaft führte letztendlich zu einer Transformation der politökonomischen Verhältnisse, insbesondere in den USA, und leitete einen bis heute andauernden Prozess ein, der als Finanzialisierung (Sablowski 2008) bezeichnet werden kann. Die Verschränkung zwischen Akademie und (Finanzmarkt-)Industrie bzw. Wissenschaft und Praxis war in kaum einem anderen Feld der Wirtschaftswissenschaften intensiver: Die Fortschritte in der Finanzmathematik stellten den Managern in den Finanzinstitutionen Tools zur Verfügung, die halfen, neue Instrumente zu schaffen und damit neue Märkte zu kreieren bzw. zu erobern. Umgekehrt lebten die Wissenschaftler von aktuellen Marktdaten, die ihnen durch die Finanzindustrie zur Verfügung gestellt wurden, von Aufträgen der Finanzbranche sowie von der Miteigentümerschaft an Finanzunternehmen.

Von CAPM zu Basel II

Markowitz erhielt den Nobelpreis für eine Methode zur Portfolio-Selektion, die den Risiko-Ertrags-Trade off von Anlageobjekten optimieren soll. Diese Methode ging in das für die Finanzmarktlehre zentrale Modell, das sog. *Capital Asset Pricing Model* (CAPM), ein. Merton und Scholes wurden für eine mathematische Formel geehrt, die ebenfalls versucht, den Ertrag eines Anlageinstrumentes (im konkreten Fall: einer Option) mit seinem Risiko in Verbindung zu bringen.

Dieses Verfahren sowie andere von den Nobellaureaten und ihren Finance-Kollegen entwickelte Methoden bilden bis heute die Grundlage für sog. Quantitative Risikomessmodelle (vgl. Merton 1994). Waren diese ersten Modelle vorwiegend auf die Erfassung des Marktrisikos ausgerichtet, also des Risikos, dass sich Preise von Wertpapieren, Währungen oder Zinsen ändern, entstand etwas später eine Generation von Risikomessmodellen, die sich des Kreditrisikos, also des Risikos eines Kreditausfalles, annahm. Für den kontinentaleuropäischen Raum war dieses Risiko viel relevanter, da der europäische Markt von Banken geprägt war und damit das wesentliche Finanzmarktrisiko auf deren Kreditvergabe entfiel. Diese internen Ratingmodelle für das Kreditrisiko, wie zum Beispiel CreditMetrics, Credit Risk+, Credit Portfolio View oder das sog. KMV-Modell, wurden von den Banken selbst, insbesondere von international tätigen Großbanken, in Anschluss an mehrere drastische Bankenkrisen in den 1980er Jahren entwickelt[1]. Im folgenden Jahrzehnt wurden diese Verfahren von den Banken

1 Merton (1994: 455) betont, dass die Modelle, die in den Finanzinstitutionen selbst entwickelt wurden, mindestens so ausgeklügelt wie jene im akademischen Bereich waren.

verfeinert, in der Wissenschaft zunehmend erforscht und mit Verzögerung von den Aufsichtsorganen wahrgenommen. Im Wesentlichen fußen diese Modelle auf der statistischen Berechnung von Ausfallswahrscheinlichkeiten, die sich aus historischen Zeitreihen herleiten lässt. Ein Risikomessmodell soll darüber Auskunft geben, welcher Verlust mit einer bestimmten Wahrscheinlichkeit in einem gegebenen Forderungsportfolio nicht überschritten wird.

Die intensiven Bemühungen sowohl seitens der Wissenschaft wie auch der Finanzindustrie in Richtung Optimierung und Verbesserung der Modelle blieben von der Finanzmarktaufsicht und den Regulatoren lange Zeit unbeachtet. Die in den 1960er Jahren entwickelten Modelle zur Risikoerkennung wurden erst 1996 aufsichtlich anerkannt. In diesem Jahr erfolgte im Rahmen einer Adaptierung des sog. Basler Akkords (den weltweit geltenden Eigenkapitalvorschriften für Banken aus dem Jahr 1988) erstmals auch die Anerkennung von Marktrisikomodellen zum Zwecke der Risikosteuerung durch die Finanzmarktaufsicht. Seit damals ist es möglich, entsprechende Marktrisikomodelle bei der Aufsicht einzureichen. Werden diese genehmigt, ist es den Banken möglich, die Eigenmittelausstattung für das Marktrisiko nicht mehr starr an die von der Aufsicht vorgegebenen Quoten anzupassen, sondern dem entsprechend ermittelten Risiko anzupassen, was in vielen Fällen zu einer Reduktion der Eigenmittelanforderung führte. Mit Basel II, dem zweiten Eigenmittelabkommen der führenden Notenbanker und Aufsichtsbehörden der Welt, wurden erstmals auch Modelle zur Berechnung des Kreditrisikos, sog. *Internal Rating Based Approaches*, aufsichtlich anerkannt. Für kontinentaleuropäische Banken ist diese Anerkennung viel bedeutsamer als jene der Marktrisikomodelle, da bei den klassischen europäischen Geschäftsbanken rund 80 Prozent der Bilanz auf das Kreditrisiko entfallen und nur 20 Prozent auf das Marktrisiko. Der Anreiz zur Übernahme dieser internen Rating-Modelle kam über eine von der Aufsicht vorgegebene Formel zur Eigenmittelberechnung, die die Eigenmittelerfordernisse der Banken reduziert[2], so sie diese Modelle verwenden (vgl. BCBS 2003).

Prinzipiell spricht nichts gegen eine genauere Erfassung von Risiko seitens der Finanzindustrie. Allerdings hat sich aber nicht zuletzt in der Finance Community selbst starke Kritik an den Modellen entwickelt, die es fraglich erscheinen lässt, ob ihre Verwendung tatsächlich die Finanzmarktstabilität erhöht und ob der zwischen

---

2 Allerdings verringert sich die Eigenmittelanforderung nur in wirtschaftlich ausgeglichenen Zeiten. Für die Berechnungen zu Basel II ging man von mäßigem Wirtschaftswachstum aus. Im Zuge der Finanzmarktkrise zeigte sich bei vielen Banken jedoch, dass die internen Ratingmodelle stark auf die schlechten BIP-Daten reagierten und die errechneten Ausfallswahrscheinlichkeiten schlagartig anstiegen, weshalb einige Banken wieder aus dem internen Rating-Ansatz ausstiegen.

Aufsicht und Industrie erzielte Konsens über die Verwendung dieser Modelle und die damit einhergehenden Folgen für die Kreditvergabe positive Effekte erzielen.

Präzise Mathematik, unperfekte Welt

Diese Kritik zielt zunächst auf modell-interne 'technische' Mängel wie etwa falsche Annahmen über Finanzmarktvariablen oder eine mangelhafte Methodik der Modelle. So beschäftigen sich etwa einige Papers, die im Umkreis der Financial Markets Group der London School of Economics angesiedelt sind, kritisch mit der Verwendung dieser Methoden im Rahmen von Basel II (vgl. Daníelsson et al. 2001, Daníelsson 2003). Kernstück dieser Kritik ist die Beschaffenheit von Finanzmarktdaten, insb. Zeitreihen über Finanzmärkte, und deren statistischen Eigenheiten.

Die grundsätzlichste Kritik richtet sich dabei auf die Annahme der Normalverteilung, die in nahezu all diesen Modellen verwendet wird. Demgemäß lässt sich die Wahrscheinlichkeit eines Ausfalls mithilfe der Gauß'schen Glockenkurve ermitteln, die zeigt, mit welcher Wahrscheinlichkeit ein bestimmter Prozentsatz des Kreditportfolios ausfällt. Empirische Daten zeigen jedoch, dass die tatsächliche Verteilung von Risiko oftmals nicht der Normalverteilung entspricht, sondern sich extreme Ansammlungen von Risiko an den Enden der Verteilung zeigen. Diese extremen Enden der Verteilung werden in der Fachsprache *fat tails* (siehe Abb. unten) genannt und beschreiben etwa Vorfälle wie die Möglichkeit eines plötzlichen großen Schocks, der einen hohen Prozentsatz des Kreditportfolios ausfallen lässt. Die gegenwärtige Finanzmarktkrise ist ein Beispiel für diese seltenen, extremen Schocks. Ein verwandter Kritikpunkt betrifft das sog. *risk clus-*

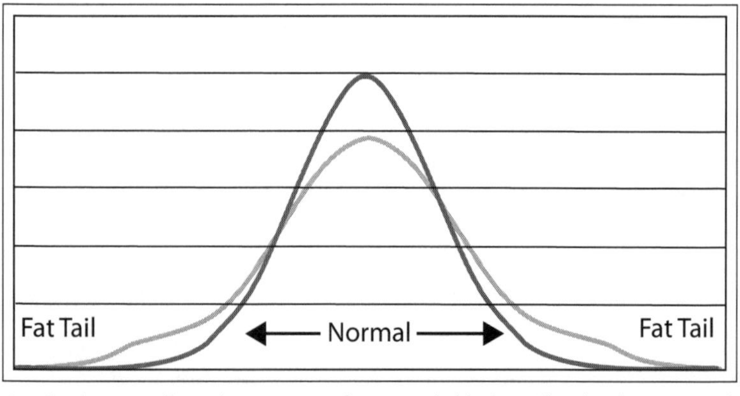

Graphische Darstellung der sog. *Fat tails*. Die Buckel links und rechts der Kurve gefallen den Finanzmathematikern nicht. Sie hätten lieber die Normalverteilung in der Mitte.

tering: Zeitreihen von Finanzmarktbeobachtungen lassen erkennen, dass sowohl Risiken wie auch Volatilitäten (starke Schwankungen von Werten) in Clustern auftreten, also zu manchen Zeiten geballt und häufiger auftreten als in anderen Perioden. Leider lassen sich für das Auftreten solcher großen, zumeist geballten Schocks keine Muster oder Regularitäten in Finanzmarktdatenreihen feststellen, da sie selten vorkommen. Daher ist es nur schwer möglich zu prognostizieren, wann Risiko tatsächlich schlagend wird (vgl. Daníelsson 2003: 168).

„Überspitzt könnte man sagen, dass (Risiko-)Maße genau jenen Teil der Wahrscheinlichkeitsverteilung außer Acht lassen, der für das Risikomanagement am relevantesten wäre" (Heri/Zimmermann 2001: 1005).

Ein weiterer Kritikpunkt gilt bestimmt Eigenschaften von Finanzmarktdaten, die eher Wertpapiere betreffen. Diese verhalten sich asymmetrisch bzw. nichtlinear, d.h. Wert- und Preisschwankungen haben unterschiedliche Verläufe, je nachdem, ob sich der Markt gerade in einer Aufwärtsphase befindet oder eher im Abschwung. „(W)hen markets are generally increasing some assets increase in values whilst others decrease. In contrast, when markets are dropping, most assets fall together. As a result, correlations overestimate diversification effects when markets are rising and underestimate downside risk when markets fall" (Daníelsson 2003: 170). Diese Asymmetrien werden in den Modellen nicht immer berücksichtigt, sondern es werden vor allem als typisch angenommene Korrelationen zwischen Finanzmarktvariablen verwendet, obwohl sich diese, wie sich empirisch zeigt, atypisch verhalten (vgl. Daníelsson 2003: 171; Heri/Zimmermann 2011: 1007).

Für Kreditrisikomodelle, die, wie erwähnt, das Kerngeschäft der europäischen Banken betreffen, wirken sich die geschilderten Probleme noch heftiger aus, da im Bereich des Kreditrisikos keine langen Datenreihen zur Verfügung stehen. Während für Aktienkursschwankungen immerhin lange Zeitreihen (mehrere Jahrzehnte, teilweise sogar über ein Jahrhundert hinweg) aufgrund der vorhandenen Dokumentation zur Verfügung stehen, haben viele Banken überhaupt erst im Zuge der Einführung von Basel II angefangen, systematisch Daten über Kreditausfälle zu sammeln.

Die meisten Risikomessmodelle versuchen natürlich, diese Eigenheiten von Finanzmarktdaten in die Modelle zu integrieren. Da diese Modelle allerdings immer nur von Daten der Vergangenheit auf die Zukunft schließen können, bleiben sie aufgrund der ständigen Weiterentwicklung von Finanzmärkten hinsichtlich der Produkt- und Strategieinnovationen immer mit Unsicherheit behaftet (vgl. Focardi et al. 2004). Risikomessmodelle befinden sich in einem ständigen *catching up*-Prozess, der den Anwendern bewusst sein sollte.

Neben diesen methodischen Problemen ist ein weiterer Kritikpunkt, der insbesondere im Umkreis der Bank für Internationalen Zahlungsausgleich im

Zuge der Diskussionen zu Basel II geäußert wurde, dass makroökonomische Faktoren in Risikomessmodellen vernachlässigt werden (vgl. Lowe 2002, Altman et al. 2002). Der Steuerung der Krisenanfälligkeit von Finanzsystemen über individuelle Risikomessmodelle geht die Annahme voraus, dass Risiko genuin im Finanzsystem selbst entsteht (*idiosyncratic risk*), durch falsches oder fehlendes individuelles Risikomanagement einzelner Kreditinstitute. In ein Ratingmodell gehen daher vor allem die *hard* und *soft facts* des Unternehmens ein, für das ein Rating erstellt wird, wie die Bilanzdaten, der Cash Flow usw. Damit einher geht aber die Ausblendung zahlreicher makroökonomischer sowie politischer Entwicklungen, die Einfluss auf das Risiko haben könnten. Die Geschichte von Bankenkrisen hat jedoch gezeigt, dass beispielsweise abrupte Systemtransformationen (wie in Osteuropa) oder Wechselkursschwankungen aufgrund von Spekulationsattacken Ursachen für Instabilitäten auf den Finanzmärkten waren. Diese unvorhergesehenen politischen und makroökonomischen Ereignisse können nicht aus unternehmensinternen Daten herausgelesen werden. Die Integration makroökonomischer Variablen in Risikomessmodelle lässt sich allerdings recht leicht bewerkstelligen, und zahlreiche Banken haben dies in den letzten Jahren gemacht. Doch die zusätzliche Berücksichtigung dieser Variablen birgt wiederum das Risiko des *over fitting*, also die Gefahr, dass letztendlich zu viele Variablen berücksichtigt werden, die keine erklärende Bedeutung mehr für das Ergebnis haben.

Eine weitere Kritik betrifft weniger die methodischen Bestandteile der Modelle, sondern die Verwendung der Modelle selbst. Die Verbreitung dieser Risikomessmodelle kann aufgrund von Herdeneffekten selbst neue Risiken produzieren. Durch die von vielen Marktteilnehmern gemeinsam und gleichzeitig geteilten Annahmen über die Verteilung und Berechnung von Risiko kann es bei diesen Modellen zum sog. *model risk* kommen, d.h. alle Banken reagieren auf Veränderungen an den Finanzmärkten zur gleichen Zeit und auf die gleiche Weise (z.B. gleichzeitiger Verkauf bestimmter Aktiva) und produzieren gerade dadurch neue Risiken bzw. sogar Krisen. Dieses Risiko entstand etwa im Fall des Beinahe-Konkurses des Hedge Funds LTCM, als plötzlich alle Marktteilnehmer der gleichen Strategie wie LTCM folgten, nämlich der Portfoliooptimierung basierend auf der Optionspreistheorie von Black, Scholes und Merton (vgl. Holzer/ Millo 2005, Majumder 2006). Diese Kritik ist eine modell-immanente Kritik, d.h. sie kann auch nicht durch „besseres Modellieren" entkräftet werden.

Zusammenfassend lässt sich sagen, dass das Modellieren von Risiko schnell an seine Grenzen stößt, denn: „Die an den Finanzmärkten wirkenden preisbestimmenden Prozesse sind alles andere als deterministisch. In vielen Fällen gehorchen sie auch nicht einer vernünftigen Stochastik, sondern sind vollgestopft mit Irregularitäten, Strukturbrüchen, 'Katastrophen', Seifenblasen, die unvorhersehbar platzen, und Ähnlichem. Solche vermeintlichen Irregularitäten oder Irrationalitäten werden produziert durch eine Mischung unterschiedlichen Verhaltens unterschiedlicher Marktteilnehmer mit den verschiedensten Risikoneigungen, Vorlieben und Ängsten, die sich mehr oder weniger unvorhersehbar ändern können (Heri/Zimmermann 2001: 1013). Die Kritik, die an den Finance-Modellen geäußert wird, unterscheidet sich nicht wesentlich von jener, die gegen die „old style macro models" (Daníelsson 2003: 159) der Volkswirtschaftslehre vorgebracht wurde. Also im Wesentlichen unterliegen auch diese Modelle dem Trugschluss, durch eine Reihe von mathematischen Gleichungen und simplifizierten Annahmen Aussagen über die Zukunft treffen zu wollen. Dies räumte letztendlich eine der prägendsten Figuren der Finance Community, der Mathematiker und Harvard-Professor Robert C. Merton selbst – schon Jahre vor seinem Nobelpreisgewinn – ein: „The mathematics of the models are precise, but the models are not, being only approximations to the complex, real world" (Merton 1994: 451). Liest man Aussagen von Finanzmathematikern und Finance-Akademikern über ihre eigene Profession und Disziplin, entsteht der Eindruck, dass diese wesentlich offener über die Grenzen ihrer Modelle reden können, als dies bei den Ökonometrikern und Modellplatonikern der klassischen Volkswirtschaftslehre der Fall ist.

Insofern erstaunt das weitgehende Vertrauen, das Regulatoren und Bankenaufsicht der finanzmathematischen Risikomodellierung mittlerweile entgegenbringen. Die technokratische Vorstellung, mittels der Wahrscheinlichkeitsrechnung Forderungsausfälle und damit Bankenrisiken vorhersagen zu können, vernachlässigt zahlreiche Aspekte, die zu Bankenkrisen führen können. Vielmehr werden über den zwischen Aufsicht und Industrie erzielten Konsens zur Verwendung von Risikomessmodellen erst recht Risiken produziert wie das erwähnte *model risk*, aber ganz allgemein auch das Risiko, das Bankensystem irrtümlich als sicher und zuverlässig einzuschätzen und mögliche Gefahren (z.B. makroökonomische und systemische Probleme) zu ignorieren.

Von der Kapitalallokation zur Risikoallokation

Die verbreitete Verwendung von Risikomodellen birgt jedoch nicht nur die Gefahr, dass Risiken falsch eingeschätzt werden. Sie führt auch zu deutlichen Veränderungen in der Geschäftspraxis von Banken und Finanzinstitutionen. Die Erfassung, Bemessung, Behandlung, etc. von Risiken erfuhr sowohl im Wertpapierbereich (Marktrisiko) wie im Kreditwesen (Kreditrisiko) in den letzten Jahrzehnten eine deutliche Aufwertung und zählt heute zu den zentralen Techniken und Praktiken im Bank- und Finanzwesen. Das hat weitreichende Auswirkungen auf den Kreditvergabeprozess bzw. die Finanzierungsfunktion und damit im weiteren Sinne auf den Akkumulationsprozess selbst – eine Auswirkung, die von den Finance-Akademikern nicht intendiert wurde, die jedoch in der Bank- und Finanzwelt feststellbar ist.

Geht man davon aus, dass die Akkumulationsdynamik wesentlich von den von Banken und der Finanzbranche zur Verfügung gestellten Finanzmitteln abhängt, dann ändert ein Wandel in den Praktiken der Banken und der Finanzinstitution die Finanzierungsbedingungen des Kapitals. „Insofern wirkt das Kreditsystem als eine strukturelle Steuerungsinstanz der kapitalistischen Akkumulation. Relevant für diese Steuerung sind aber nicht in erster Linie die früher erzielten Profite, sondern die Erwartung zukünftiger Profite und die Einschätzung des jeweiligen Risikos" (Heinrich 2003: 406). Durch die Verwendung von Risikomessmodellen wird genau diese Risiko- und Profiteinschätzung erheblich verändert. Fußte die bisherige Bankensteuerung, insb. in den Hausbankensystemen Kontinentaleuropas, auf Bilanzkennzahlen, qualitativer Risikoeinschätzung und engen und persönlichen Kundenbeziehungen, wird sie nun seit einigen Jahren durch eine stärkere Fokussierung auf quantitative Modelle ersetzt[3]. Der Wandel und Übergang erfolgte langsam, es zeigt sich auch eine gewisse Persistenz und Behäbigkeit des traditionellen Hausbankenmodelles (vgl. Jäger/Redak 2006). Dennoch, mit den Vorstellungen zu Risikomessung und -management, wie sie letztendlich im Zuge von Basel II vermittelt wurden, gehen grundsätzlich neue Annahmen über die Beziehung zwischen Kreditnehmer und Kreditgeber einher, die mit den bisherigen Traditionen dieser Beziehungen brechen. Die enge Geschäftsbeziehung, die insbesondere in Ländern mit Hausbankenprinzip (Österreich, Deutschland und Japan) vorrangig war, gilt als problematisch, weil sich die Preise und Konditionen der Kredite nicht immer nach dem Risiko des Kunden richteten. In diesen Ländern war es durchaus üblich, Kunden über den Konjunkturzyklus hinweg zu finanzieren, d.h. auch in ökonomisch schwachen Zeiten Kredite zu gewähren, obwohl das Ausfallsrisiko der Kunden zu diesem Zeitpunkt steigt. Diese Kreditvergabemechanismen werden im Zuge der Einführung von Risikomessmodellen abgelöst durch Risiko-/Ertragskalküle, die sich zum Beispiel in einer risikoadäquaten Bepreisung von Krediten äußern.

---

3 Interessanterweise findet sich im akademischen „Klassiker" der deutschsprachigen Bankbetriebslehre, den Bankmanagement-Büchern des Schweizer Universitätsprofessors Henner Schierenbeck eine ausführliche Widmung der internen Risikomessmodelle erstmals 1997, also erst in der 5. Auflage seines Handbuches zum „Ertragsorientierten Bankmanagement" (vgl. Schierenbeck 1997), obwohl entsprechende Modelle sowohl im akademischen Betrieb wie auch in der unternehmerischen Praxis bereits seit längerem im Einsatz waren und insb. in den USA der diesbezügliche Hype enorm war.

Diese Änderung in der Bankenpraxis hat also unmittelbar Auswirkungen auf die Finanzierungsfunktion von Banken. Die Kapitalallokation rückt zugunsten der Risikoallokation in den Hintergrund. Die Ablösung des Hausbankenprinzips durch Risiko- und Ertragskalküle der Banken macht die Kreditvergabe marktförmiger. Das Hausbankenprinzip, das auf subjektiven und qualitativen Kriterien fußte, oftmals durch persönliche Beziehungen geprägt war, entsprach nicht den theoretischen Vorstellungen des objektiven Marktes. Der Kreditpreis war Ergebnis individueller Verhandlungen, in vielen Fällen wurde über den Konjunkturzyklus hinweg finanziert, das heißt Unternehmen erhielten auch in wirtschaftlich schwachen Zeiten Kredite zu günstigen Konditionen, wodurch Marktverzerrungen induziert wurden.

Nun hängt die Ausweitung des Kredites von den Risikomodellen ab und diese können, wie oben ausgeführt, falsche Ergebnisse liefern. Dies kann in jede Richtung problematische Folgen haben: Wird das Risiko aufgrund dieser Modelle zu hoch eingeschätzt, kann es zu einer Kreditverknappung für einzelne Kreditnehmer, aber auch des gesamten Systems führen. Die Unterschätzung des Risikos bzw. die damit verbundene Vermittlung von Sicherheit kann zu einer unbedachtsamen Ausweitung des Kreditvolumens führen, dessen Wiedereinbringung zu einem späteren Zeitpunkt fraglich werden kann.

Unter Regulatoren herrschten lange Zeit recht unterschiedliche Vorstellungen, welche Art der Risikobeurteilung genauer ist: Das Hausbankenprinzip, das aufgrund der langfristigen und persönlichen Beziehung zwischen Kreditgeber und -nehmer die Kenntnisse der Bank über den Kreditnehmer steigern und damit einen Effizienzgewinn entstehen lässt, oder die auf quantitative Methoden beruhende Risikomessung, die von subjektiven Faktoren unbeeinflusst ist. Über die Einführung von Basel II haben sich jedoch tendenziell jene Aufseher durchgesetzt, die auf die Aussagekraft quantitativer Risikomessmodelle setzen. Über den sog. *use test*, der Bestandteil von Basel II und damit auch der entsprechenden gesetzlichen Vorschriften ist, werden die Banken, die interne Ratingmodelle verwenden, explizit dazu angehalten, die Ergebnisse der Risikomessungen in die Kreditgebarung einfließen zu lassen. Voraussetzung für die Bewilligung zur Verwendung eines internen Ratingansatzes ist der Nachweis der Bank, dass die eingesetzten Kreditrisikobeurteilungssysteme für den Kreditvergabeprozess der Bank eine wesentliche Rolle spielen.

Doch nicht nur die Steuerung der Banken wird damit auf eine neue Basis gestellt, auch die Aufsicht selbst orientiert sich damit zunehmend an den Ergebnissen dieser Modelle und verwendet sie sogar selbst. So liegen etwa die methodisch gleichen Risikomessmodelle den von der Europäischen Zentralbank seit einigen Jahren durchgeführten sog. Stresstests, die ein Urteil über die Risikoanfälligkeit des Finanzsystems fällen sollen, zugrunde. D.h., sowohl die Risikoeinschätzung der Banken selbst wie auch der für die Finanzmarktaufsicht in Europa zuständigen Personen, wie auch die daraus abgeleiteten Handlungen und Maßnahmen fußen zu einem nicht unwesentlichen Teil auf den Ergebnissen dieser Modelle.

Liberale Regulierungspraxis forciert weiterhin Modelle

Wie geht nun die finanzökonomische Theorie damit um, dass ihre Grundannahmen und Modelle sich gerade auf den Finanzmärkten im Zuge der Finanzmarktkrise so gründlich blamiert haben[4]? Ehrlicherweise muss man sagen: sehr offen. Wie schon das selbstkritische Zitat von Robert Merton oben zeigte, sind die Grenzen der quantitativen Risikoprognose ihren akademischen Repräsentanten deutlich bewusst, und entsprechende Warnungen vor einer Überinterpretation der Ergebnisse der Risikomessmodelle finden sich in etlichen wissenschaftlichen Aufsätzen und Lehrbüchern. Relativ unbeeindruckt auf das Versagen der Risikomodelle reagiert hat hingegen die Finanzmarktaufsicht. Aufgrund des Drucks, im Zuge der Krise Handlungsfähigkeit zu beweisen, reagierten EU-Politiker sehr rasch mit einem umfangreichen Maßnahmenkatalog auf die Finanzmarktkrise. Doch die neuen Regulierungsvorschriften deuten nicht darauf hin, dass es seitens Politik und Aufsicht Bedenken hinsichtlich der Wirksamkeit von Risikomessmodellen gibt. Im Bereich des Bankwesens wurden zwar im Zuge der „Basel III“ genannten Erweiterung der Eigenkapitalrichtlinie zahlreiche neue Einzelmaßnahmen beschlossen, allerdings keine in Bezug auf Risikomessmodelle. Im Rahmen der Regulierung anderer Finanzmarktbereiche bzw. -institutionen wurde sogar die Bedeutung von Risikomessmodellen erhöht, zum Beispiel bei Ratingagenturen und Hedge Fonds, die verpflichtet werden, entsprechende Modelle überhaupt einzuführen bzw. vorhandene zu verbessern. Auch die seit der Krise intensivierte Durchführung von sog. Makro-Stresstests seitens der Europäischen Zentralbank (EZB), deren Methodologie auf den sog. Credit VaR-Modellen beruht, deutet darauf hin, dass die Bedenken hinsichtlich dieser Modelle nicht bei den Regulatoren ankommen, und wenn doch, dann nicht durchkommen. Ein interessantes Beispiel in dieser Hinsicht ist die Ernennung des Universitätsprofessors Martin Hellwig zum Vorsitzenden des Wissenschaftlichen Beirates des neugegründeten European Systemic Risk Board, das bei der EZB angesiedelt ist. In seiner Person wurde ein markanter Kritiker des Modellvertrauens „an Bord“ geholt, der im Zuge der Krise deutliche Worte zur Illusion der Messbarkeit von

4 Ein gut dokumentiertes Beispiel für das Versagen von Risikomessmodellen aufgrund der oben beschriebenen methodischen Probleme stellt der Shareholder Report der UBS im Jahr 2008 dar (vgl. UBS 2008).

Risiken und zum regulatorischen Umgang damit fand: „(Es) wird vertuscht, dass die Versuche, Risiko zu messen und diese Messungen zur Grundlage des Risikomanagements zu machen, grandios gescheitert sind und dass die konsequent risikosensitive Eigenkapitalregulierung einen erheblichen Beitrag zur Krise geleistet hat" (Hellwig 2010: 34). Doch das gleiche Board, das ihn zum wissenschaftlichen Beirat ernennt, baut derzeit eben jene EU-Stresstests aus, die als Basis für zukünftige regulatorische Entscheidungen und aufsichtliche Maßnahmen gegenüber europäischen Banken dienen.

Tendenziell zeichnet sich damit seit Jahren eine regulatorische Stoßrichtung ab, die nicht die riskanten Produkte, Instrumente und Anlagestrategien von Finanzinstitutionen verbietet bzw. beschränkt, sondern im Sinne eines liberalen „anything goes" alle Finanzmarktpraktiken zulässt, vorausgesetzt, das Finanzunternehmen kann ein entsprechend qualitativ hochwertiges Risikomanagement vorweisen. Diese Form der Regulierung kommt den Finanzmarktakteuren natürlich entgegen. Die Praxis der Anerkennung von Risikomessmodellen der letzten Jahre hat gezeigt, dass sich Aufsicht und Industrie über die „mathematics" der Modelle unterhalten, aber die „models" selbst nicht in Frage gestellt werden. Unklar ist, welche Motive die Aufsicht verfolgt, wenn sie wider besseres Wissen dermaßen konsequent an dieser Form der Risikosteuerung festhält. Am ehesten lässt es sich dadurch erklären, dass ein Abweichen dieser Regulierungspraxis dem Eingestehen eines politischen Scheiterns und Irrtums gleichkommt, nachdem sich über zwei Jahrzehnte führende Politiker und Notenbankchefs für diese Modelle stark gemacht haben. Sicherlich hat auch das im Rahmen eines Interviews mit einer leitenden Nationalbankmitarbeiterin geäußerte Argument Gewicht, dass angesichts der Größe und Komplexität der heutigen Banken eine Risikosteuerung rein über die Bilanz und ihrer Kennzahlen fahrlässig wäre. Risikomessmodelle gäben einfach zusätzlich Auskunft über das Risiko von Banken und ihrer Kunden. Die regulatorische bzw. wirtschaftspolitische Antwort auf diesen Umstand könnte jedoch auch die Redimensionierung des Bankensektors und seiner Geschäfte im Sinne volkswirtschaftlicher Zwecke sein, wie dies von kritischen Beobachtern der Finanzmärkte gefordert wird.

Literatur

Altman, Edward; Resti, Andrea; Sironi, Andrea (2002): *The link between default and recovery rates: effects on the procyclicality of regulatory capital ratios*, BIS Working Paper, Nr. 113, Basel.

Bernstein, Peter L. (1992): *Capital Ideas. The Improbable Origins of Modern Wall Street*, Hoboken, New Jersey.

BCBS – Basel Committee on Banking Supervision (2003): *Quantitative Impact Study 3. Overview of Global Results*, Basel. Auf: http://www.bis.org/bcbs/qis/qis3results.pdf

Daníelsson, Jon (2003): On the Feasibility of Risk Based Regulation, in: *CESifo Economic Studies*, Vol. 49, 2: 157-180.

Daníelsson, Jon; Embrechts, Paul; Goodhart, Charles; Keating, Con; Muennich, Felix; Renault, Olivier; Shin, Hyun Song (2001): *An Academic Response to Basel II*, Special Paper Nr. 130, Financial Markets Group, London School of Economics, London.

Focardi, Sergio; Kolm, Petter; Fabozzi, Frank (2004): New Kids on the Block, Trends in quantitative finance and their impact on investment management, in: *The Journal of Portfolio Management*, 30th Anniversary Issue: 42-54.

Heinrich, Michael (2003): Geld und Kredit in der Kritik der politischen Ökonomie, in: *Das Argument*, Nr. 251: 397-409.

Hellwig, Martin (2010): *Finanzkrise und Reformbedarf*, Reprints of the Max Planck Institute for Research on Collective Goods, Bonn.

Heri, Erwin; Zimmermann, Heinz (2001): Grenzen statistischer Messkonzepte für die Risikosteuerung, in: Schierenbeck, H. et al. (Hg.), *Handbuch Bankcontrolling*, 2. Auflage, Wiesbaden, 995-1014.

Holzer, Boris; Millo, Yuval (2005): From Risks to Second-order Dangers in Financial Markets: Unintended Consequences of Risk Management Systems, in: *New Political Economy*, 10(2): 223-245.

Jäger, Johannes; Redak, Vanessa (2006): Kreditvergabe- und Bepreisungsstrategien österreichischer Banken vor dem Hintergrund von Basel II, in: *Finanzmarktstabilitätsbericht der Oesterreichischen Nationalbank*, Nr. 12: 102-115.

Lowe, Philip (2002): *Credit risk measurement and procyclicality*, BIS Working Paper, Nr. 116, Basel.

MacKenzie, Donald (2003): An Equation and its Worlds: Bricolage, Exemplars, Disunity and Performativity in Financial Economics, in: *Social Studies of Science*, 33/6: 831-868.

MacKenzie, Donald; Millo, Yuval (2003): Constructing a market, performing theory: the historical sociology of a financial derivatives exchange. *American Journal of Sociology*, 109 (1): 107-145.

Majumder, Debasish (2006): Inefficient markets and credit risk modelling: Why Merton's model failed, in: *Journal of Policy Modeling*, 28: 3: 307-318.

Merton, Robert C. (1994): Influence of Mathematical Models in Finance on Practice: Past, Present, and Future, in: *Philosophical Transactions: Physical Sciences and Engineering*, Vol. 347 (1684): 451-463.

Sablowski, Thomas (2008): Das globale, finanzgetriebene Akkumulationsregime, in: *Z. Zeitschrift marxistische Erneuerung*, Heft 72, 19. Jahrgang: 23-35.

Schierenbeck, Henner (1997): *Ertragsorientiertes Bankmanagement*, 3 Bände, 5. Auflage, Wiesbaden.

UBS (2008): *Shareholder Report on UBS's Write-Downs*, Zürich.

Luise Görges / Ulf Kadritzke

Corporate Social Responsibility – vom Reputationsmanagement zum politischen Projekt

1. Einleitung

„Der Slogan 'Verbrechen lohnt sich nicht' ist der Ausdruck für einen moralischen Bankrott. Er bedeutet, dass die Grenzlinie zwischen Tugend und Laster verschwinden würde, wenn sich Verbrechen lohnen könnte."
McLuhan 1951/1996: 48

Warum spekuliert die Deutsche Bank auf Ernteausfälle, Nahrungsmittelknappheit und damit auf Hungertote? Warum setzen in Frankreich, Japan und Deutschland alle Kernkraftwerke Leiharbeiter zu besonders üblen, gefährlichen Arbeiten ein? Die ökonomische Theorie sagt, das liege in der Natur des Unternehmens, Max Weber spricht von der für den Kapitalismus typischen Verkehrung von Mittel und Zweck. Heute zieht die moderne Managementlehre, wenn die Missbräuche sich häufen und öffentlich werden, selbst die Ethikkarte und betont, das Unternehmen *habe* eine gesellschaftliche Verantwortung, die es auch übernehmen *könne* und *müsse.* Was ist von diesem Widerstreit zu halten? Die Frage richtet sich an neue Konzepte, die nicht nur, aber weit verbreitet unter dem Titel CSR firmieren: *Corporate Social Responsibility.*

Nimmt man die „gesellschaftliche Verantwortung von Unternehmen" ganz wörtlich, könnte man denken, die Betreiber von Atomkraftwerken hätten allen Grund, ihre dürftige Ethik-Bilanz durch Maßnahmen aufzubessern, die ihre Extraprofite kaum schmälern würden: relativ hohe Löhne als Risikoprämie, stabile Beschäftigung und eine sorgsame Pflege des Arbeitsklimas. Die Deutsche Bank könnte versprechen, mit anderen Spekulationen als ausgerechnet auf Nahrungsmittel Geschäfte zu machen. Sie tun nichts dergleichen und sind dennoch Mitglied in der großen CSR-Gemeinde. Die Deutsche Bank wirbt mit ihrer aktiven Rolle im *Global Compact* der Vereinten Nationen, ihre Mitarbeiter schmieren zuweilen Brote in Frankfurter Suppenküchen, und sie verspricht in ihrem CSR-Report 2009, alle Kontakte zur *betting & gambling industry* zu meiden – gemeint ist nicht der Finanzmarkt-Kapitalismus als System, sondern sittenwidrige Geschäfte im Rotlichtmilieu und Geldwäsche.

Insgesamt 5.300 Unternehmen aus 130 Ländern beschwören im Rahmen des *Global Compact* ihre Bereitschaft, in der Gesellschaft eine Verantwortung zu übernehmen, die über das im marktwirtschaftlichen Kapitalismus gängige Gewinnziel hinausreicht. Dabei geht es vor allem um jene sozialen und ökologischen Ziele, die seit der Verabschiedung der UN-Charta nach dem Zweiten Weltkrieg weithin anerkannt sind: Menschenrechte, zuträgliche Arbeitsbedingungen, Schutz der Umwelt und die Korruptionsbekämpfung. Die CSR gilt ferner als erfolgreiche Umsetzung dessen, was in der modernen Betriebswirtschaftslehre unter den hohen Begriff der Unternehmensethik fällt. Mit guten Gründen ist mittlerweile von einer CSR-*Bewegung* (Curbach 2009) die Rede.

Das wirft die Frage nach Anspruch und Wirklichkeit der „Unternehmensverantwortung" auf. Beschwört der Begriff nur jene trübe „Verbindung aus den ewigen Wahrheiten und den Geschäften", der Robert Musil (1970: 99) in der k.u.k. „Parallelaktion" ein satirisches Denkmal gesetzt hat? Ist seine Verkündung in Firmenbroschüren nur eine symbolhafte Finte – oder der Versuch der globalen Eliten, die Widersprüche eines Globalisierungsprozesses, der vor allem soziale Ungleichheiten und ökologischen Verwüstungen hervorgebracht hat, in neuen Koordinationsformen unter Kontrolle und politische Gegenbewegungen in Schach zu halten? Welche Rolle spielt dabei das Unternehmen, das nach Schumpeters Bestimmung die des *schöpferischen Zerstörers* einnehmen soll? Schöpferische Zerstörung und gesellschaftliche Verantwortung, wie geht das zusammen? Welche höhere Bestimmung könnte einer Unternehmensethik[1] zukommen, die als *Corporate Social Responsibility*[2] verkündet wird und glaubhaft umgesetzt werden soll?

Zunächst ist ein Blick auf die wissenschaftliche Disziplin zu werfen, die sich für Unternehmensethik und CSR mit zuständig erklärt. Die moderne Lehre vom Management nimmt, wo sie sich als Sozialwissenschaft reflektiert, einerseits zur Kenntnis, dass der Globalisierungsprozess dem Transnationalen Unternehmen

---

1 Zwischen Ethik und Moral wird hier nicht unterschieden. Auch der Diskurs über das Verhältnis von Wirtschaft und Ethik, Markt und Moral wird allenfalls punktuell aufgegriffen. Grundlegend dazu Breuer/Brink/Schumann (2003); Ulrich (2005); Priddat (2007); Stehr (2007); Münch/Frerichs (2008); auf Unternehmensethik und CSR angewandt: Crane et al. (2008); Beckert (2010).

2 Übersichten über CSR, verwandte Konzepte und weitere Instrumente wie *Codes of Conduct* (CoC) bieten: Jenkins (2001); Hansen/Schrader (2005); Loew (2005); Corporate Watch (2006); Schmidpeter/Palz (2008); Curbach (2009: 19-30). Wir beschränken uns im Folgenden auf den Begriff CSR, der sich weithin durchgesetzt hat. Die Konzepte und Leitbilder des *Corporate Citizen* werden wegen der Ungenauigkeiten im Gebrauch hier nicht eingehend behandelt.

(TNC) erweiterte und vor allem angenehm ungeregelte Handlungsspielräume für seine Effizienzrevolutionen eröffnet. Andererseits seien gerade deshalb die „nationalen Unternehmen gefordert, ethische Standards im internationalen Geschäft zu entwickeln und einzuhalten" (Steinmann/Schreyögg 2005: 121). Die Wissenschaft vom Management erklärt damit das Leitbild und die Umsetzung von CSR zur nicht mehr zufälligen oder situationsabhängigen, sondern zur *strategischen* Antwort der Unternehmen auf normative Erwartungen von außen und innen.

Die Zuschreibung einer *zusätzlichen* Verantwortung ist beim gegenwärtigen Stand der öffentlich wahrgenommenen Problemfelder der gesellschaftlichen Entwicklung eng mit den Kriterien der Nachhaltigkeit[3] verknüpft. Gefordert wird eine möglichst gleichrangige Beachtung sozialer, ökologischer und ökonomischer Ziele, die im demokratischen Diskurs breit anerkannt sind und zum Beispiel im *Global Compact* der UN zum Ausdruck kommen. Vor allem drei Problemfelder, die sich im Globalisierungsprozess erweitert haben, stehen häufig im Mittelpunkt der Kritik an dem Verhalten von Unternehmen: die Verlagerung der Produktionsstätten in Niedriglohnländer, die bevorzugte Investition in 'sichere', weil autoritäre Staaten und der Raubbau an der Umwelt, dessen Kosten die Unternehmen externalisieren können. Die sozialen und ökologischen Nebenfolgen ihrer den Globus umspannenden Wertschöpfungsketten zwingen die Unternehmen zu Antworten auf verschiedenen Ebenen. Vor allem die zahlreichen Skandale haben eine Vielfalt von Erklärungen und Unternehmensbekenntnissen zum Grundgedanken der Unternehmensverantwortung ausgelöst. Ob mit CSR-Grundsätzen und *Codes of Conduct* oder mit der vertragsähnlichen Bindung an Institutionen wie *Global Compact* oder an die ILO-Kernarbeitsnormen, gemeinsam ist den meisten Bekenntnissen zur gesellschaftlichen Verantwortung das Prinzip der *Freiwilligkeit,* das die Unternehmen fast wie eine naturrechtliche Grundlage ihres Handelns begreifen. Sie adressieren mittlerweile ihre Botschaft des 'guten Wirtschaftens' an Kapitaleigner und Beschäftigte, Konsumenten und Zivilbürger, Gemeinden und ganze Staaten.

2. Unternehmensethik und CSR – vom Ballast zum koordinierten Projekt

Auch die *Business Sciences* können die sozialen Folgen, die das wirtschaftliche Handeln ihres Erkenntnisgegenstands Unternehmen produziert, nicht einfach

3 Die vielen Facetten des Nachhaltigkeitsdiskurses sind hier nicht nachzuzeichnen. Zur Klärung des unter Beliebigkeitsverdacht geratenen Begriffs vgl. Rogall (2011).

verdrängen. Ihre Überlegungen zu Wirtschafts- und Unternehmensethik bleiben zumeist den Grundgedanken der neoklassischen Theorie treu. Wie aber geht die Managementlehre mit Interessenkonflikten und gesellschaftlichen Ansprüchen an das Unternehmen um, die sich dem Win-Win-Spiel nicht einfügen? Welche Spielregeln gelten dann und wer hat sie aufgestellt? Spielregeln ermöglichen erst das Spiel und nützen auf diese *vermittelte* Weise den beteiligten Spielern selbst. Wenn sie einmal erlassen sind, dann gelten sie in jedem Spiel, sofern der Schiedsrichter nicht bestochen ist. Wo keine Regeln, da kein Spiel, sondern Kampf und das Recht des Stärkeren oder Geschickteren. Im Reich der Unternehmensethik lernen wir eigenartige Regeln und auch eigenartige Schiedsrichter kennen.

2.1 Friedmans pränatale Diagnose: CSR als Ballast für das ethikfreie Unternehmen

Die Frage nach der Möglichkeit und Wünschbarkeit einer gesellschaftlichen Verantwortung von Unternehmen hat Milton Friedman (1970) zu einem frühen Zeitpunkt aufgegriffen, als sich die Wende zum unternehmensethischen Diskurs noch kaum andeutete. Weil sein Essay im *New York Times Magazine*, dessen Titel „The social responsibility of business is to increase its profits" viel zitiert wird, diesen Umbruch vorwegnahm, ist er eine genauere Betrachtung wert. Friedmans wirtschaftsliberales *No-Responsibility*-Manifest schärft den Blick für die späteren Kontroversen über den Charakter und die gesellschaftlichen Folgen von CSR-Strategien, weil es deren Risiken für die Unternehmen gründlich durchspielt.

Sein radikal wirtschaftsliberales Programm versucht Friedman wissenschaftlich zu begründen, indem er das Handeln auf der Basis freier Vereinbarungen nicht nur für das Funktionieren des Marktmechanismus, sondern für die ganze Gesellschaft als konstitutiv erklärt. Im Interesse einer Ausdehnung dieser Marktprinzipien empfiehlt er jedem Privateigentümer, die Übernahme einer gesellschaftlichen Verantwortung prinzipiell abzulehnen – will das Individuum dennoch für andere Gutes tun, ist das seine ureigene Sache: „They can do good – but only at their own expense." Seine Empfehlung gilt selbst dann, wenn ein Unternehmen damit nur das Ziel verfolgen sollte, durch fein dosierte soziale Gaben den Staat davon abzuhalten, seinen Handlungsspielraum mit sozialstaatlichen und damit marktfeindlichen Maßnahmen einzuengen. Friedman argumentiert schlüssig, es wäre höchst unvernünftig, wenn ein privater Akteur 'soziale' Maßnahmen vorwegnähme, noch bevor die politische Macht derartige Restriktionen 'von oben' durchsetze. Die Unternehmen müssten die in einem politischen System eingeführten Gesetze und auch die 'Moralkultur' einer Gesellschaft beachten – nur sollten sie deren marktwidriger Ausgestaltung nicht durch eigenes Verhalten Vorschub leisten.

Damit legt Friedman in der 'pränatalen' Debatte des Jahres 1970 schon fast alle Karten auf den Tisch, die später in der Diskussion über die Chancen und Risiken von CSR gespielt werden. Sein Manifest von 1970 ist das akademische Vorspiel, dem Thatcher und Reagan die Hauptaufführung folgen lassen (vgl. Harvey 2007: 12-82). In den Wirtschaftswissenschaften verwandelt sich der ursprünglich idealtypisch gedachte *homo oeconomicus* in den herrschenden Sozialcharakter, der überall in der Gesellschaft nach denselben Effizienzregeln den individuellen Erfolg sucht: als Shareholder oder Vermögensbesitzer, als der Manager, der zu kontrollieren oder durch Anreize zu binden ist, als 'Arbeitskraftunternehmer', der die natürlichen Risiken ungünstiger Marktlagen bedenkt, oder auch als Konsument. Wo der allseitige *homo oeconomicus* keinen Erfolg hat, ist dies gerecht und er muss die Naturgesetze der Konkurrenz noch geschickter nutzen.

Friedmans Marktmodell der Vergesellschaftung, das keine *common goods* kennt, liefert das wissenschaftliche Beglaubigungsschreiben für den Aufschwung eines neoliberalen Regimes. Für Politik und Sozialstaat hatte am Ende des *Golden Age of Capitalism* (1950 bis ca. 1975) die radikale Inthronisierung des Marktes, die sich in der Ära von Thatcher und Reagan[4] vollzog, weitreichende Folgen für das Verhältnis von Ökonomie und Politik sowie für die Rolle des Staates. Erst die Deregulierung der Wirtschaft machte den Weg frei für eine fast weltweite Neustrukturierung der Corporate Governance nach den Funktionserfordernissen einer *Liberal Market Economy* angloamerikanischer Prägung (vgl. Hall/ Soskice 2001). Mit der in den 1980er Jahren einsetzenden Deregulierung der Finanzmärkte unter dem wirtschaftspolitischen *und* wissenschaftlichen Regime mathematikbegeisterten Ökonomen (MacKenzie 2006; Kädtler 2009, 2010) vergrößert der neue Typus des reinen Finanzinvestors in der Klasse der Kapitalvermögensbesitzer seinen Einfluss auf die TNCs.

Der hier nur skizzierte Strukturwandel des gegenwärtigen Kapitalismus hat, gewissermaßen als Antwort auf das, was der seinen Nutzen kalkulierende *homo oeconomicus* angerichtet hat, im neueren wirtschaftswissenschaftlichen Ethikdiskurs einen Raum eröffnet. Seitdem gerät „das Unternehmen" auch als 'moralischer' Akteur auf den Prüfstand, seine Rolle wird in der Ökonomie, in sozialwissenschaftlich umrahmten Managementtheorien und in der neo-institutionalistischen Soziologie in einer schier unendlichen Vielfalt von Begründungs- und Deutungsversuchen in Augenschein genommen, jedoch allenfalls in Ansätzen empirisch überprüft[5].

4 Es ist kein Zufall, dass Friedman nach 1970 zu den Gutachtern gehörte, die in den USA dem Handel mit Börsenindizes den Weg ebneten.

5 Übersichten zur soziologischen Debatte bieten Hiß (2005: 106-202), Bluhm (2008) und Beckert (2010).

Auf den ersten Blick mag es als Fortschritt erscheinen, wenn die Managementforscher untersuchen, ob und wie Unternehmen über die Primärziele Rentabilität und Produktionseffizienz hinaus ihre gesellschaftliche Verantwortung im strategischen und operativen Handeln reflektieren. Nicht eine rein „karitative Unternehmensethik" (Ulrich 2007), sondern die Anwendung ethischer Kategorien und Maximen auf das Kerngeschäft der Unternehmen wird eingefordert (vgl. Beschorner 2007: 69). Aber wie lässt sich die Einbindung von Kriterien jenseits des Gewinns in das Zielsystem des Unternehmens denken, und welche Rolle kommt dabei der CSR zu?

Die Ziele und Handlungen des Unternehmens lassen sich in ihrem normativen Bezug zur Umwelt aus sehr unterschiedlichen Blickwinkeln untersuchen und beurteilen. Beckert unterscheidet drei Ebenen, auf denen die Frage „Sind Unternehmen sozial verantwortlich?" behandelt werden kann: (1) auf der Ebene der Empirie, (2) als Frage „nach den Bedingungen der Möglichkeit sozial verantwortlichen Handelns" und (3) als normative Frage nach „der Wünschbarkeit einer Orientierung unternehmerischen Handelns an Kriterien der sozialen Verantwortung" (Beckert 2010: 109). Auf die Empirie wird (und dies in dem streng begrenzten Rahmen des Möglichen) im Folgenden eher an einzelnen Beispielen eingegangen. Die beiden anderen Ebenen gehen ineinander über und sind Gegenstand zahlreicher Kontroversen, von denen wir hier zur Verdeutlichung der Positionen die normativen aufgreifen. Die Kritiker der wirtschaftsliberalen Landnahme bestimmen das Unternehmen als Machthaber neuen Typs (Bakan 2005) oder als „primary systemic actor" (Harvey 2010: 185), der Schumpeters Fähigkeit der 'schöpferischen Zerstörung' in der Form der Aktiengesellschaft bewahrt und noch verstärkt habe.

Ironischerweise greift auch Bakan die von Friedman betonte systembedingte Gleichgültigkeit in Sachen Ethik auf, wenn er die Entwicklung des kapitalistischen Unternehmens als „Externalisierungsmaschine" beschreibt, das sich seines in den Anfängen noch rechtlich gefassten 'öffentlichen Auftrags' längst entledigt hat. Gegenüber den Allokationsfunktionen und Effizienzgewinnen der mächtigen Marktakteure rückt er jedoch deren zerstörerische Kraft in den Mittelpunkt (Bakan 2005: 39ff, 77ff) und verweist auf die Widersprüche, in die sich das Unternehmen verstrickt, wenn es dem Publikum eine 'gesellschaftliche Verantwortung' und die moralischen Regungen einer Person vorspiegelt. Dahinter sieht er das reine Marketingkalkül, denn „trotz dieser veränderten Sicht hat sich der Konzern nicht gewandelt. Es bleibt ... eine vom Gesetz definierte 'Rechtsperson', dazu berufen, die eigenen Interessen zu befördern und sich dabei über moralische Bedenken hinwegzusetzen. Bei einem Menschen würden man solche 'Persönlichkeitsmerkmale' abstoßend, ja sogar psychopathisch finden, doch seltsamerweise akzeptieren wir sie bei den mächtigsten Institutionen der Gesellschaft." (Bakan 2005: 39)

2.2 CSR und Betriebswirtschaft: von der Mitbestimmung zur Selbstverpflichtung

Verglichen mit anderen Ländern hat die Betriebswirtschaftslehre in Deutschland nach dem Zweiten Weltkrieg aus historischen, kulturellen und wissenschaftshistorischen Gründen die Unternehmensethik[6] zurückhaltend behandelt. Als typischer Versuch, diesen Zustand zu überwinden, kann die sozialwissenschaftlich orientierte Sichtweise von Steinmann und Schreyögg (2005) in dem weithin anerkannten Management-Lehrbuch gelten.

In ihrer wissenschaftlichen Begründung des Managementhandelns versuchen Steinmann und Schreyögg, den aus Habermas' Handlungstheorie übernommenen Begriff der „kommunikativen Rationalität" (Steinmann/Schreyögg 2005: 113) in die Theorie des Managements zu integrieren und für das erfolgreiche Unternehmenshandeln auch andere als auf Markt oder Macht gegründete Koordinationsformen auszuweisen. Auf den wichtigen Typus des verständigungsorientierten Handelns kann, so die Begründung, das Unternehmen nicht verzichten, weil dessen wichtigste Ressource die Menschen sind, die durch das materielle Eigeninteresse allein nicht zum *best performer* werden. Das Management muss also auch lernen, im dialogischen Verfahren das Einverständnis der Betroffenen mit seinen Entscheidungen zu erreichen. Der Unternehmensgewinn ist in dieser Sichtweise ein zwar notwendiges, aber nicht immer auf dem kürzesten Weg (durch Lohnanreiz, Befehl und Gehorsam) erreichbares Ziel des Wirtschaftens. Vielmehr sollen Partizipation und sinnstiftende Arbeit die Menschen ans Unternehmen binden. Damit vergrößert sich auch die Chance, dass betriebliche Zwänge als 'sachgesetzliche' erlebt werden.

In ihrem Ansatz, der auch kollektive und individuelle Konfliktlagen anerkennt, begrenzen Steinmann und Schreyögg den Geltungsbereich der Unternehmensethik und lösen sich dabei von dem amerikanisch geprägten Leitbild des *Corporate Citizen,* der je nach Vorliebe Opernbälle oder Waisenhäuser finanziert. Die wohltätige Gewinn*verwendung* erklären sie nicht zum ethischen Handlungsfeld, sondern zum Privatvergnügen des Vermögensbesitzers. Die Ethik des Geschäfts kann sich demgegenüber nur auf Maßnahmen und Prozesse der „Gewinn*entstehung*" beziehen und damit auf die Frage, welche Grenzen das Unternehmen im Kerngeschäft der 'Plusmacherei' einhalten soll, um seine Funktion und damit die besondere Risikoprämie gesellschaftlich zu legitimieren.

---

6 Vgl. die Studie von Hundt (1977) und die Bestandsaufnahme von Hansen/Schrader (2005: 378-383). Eine systematisch-kritische Einführung in Begriff und Praxis der Unternehmensethik als Unternehmenspolitik bieten Kieser/Oechsler (2004: 327-378).

Trotz ihres erweiterten Blickwinkels weisen auch Steinmann und Schreyögg der Diskursethik nur ein begrenztes betriebliches Reservat zu. Die Handlungsfreiheit des Unternehmens (im Rahmen der Gesetze) bleibt im Innern unangetastet. Als Wesensprinzip des 'Unternehmerischen' gilt die unbedingte *Selbstverantwortung* – im Unterschied zum zwangsbewehrten Recht, dessen Geltung der demokratisch legitimierte Staat auch *gegen* seine Bürger durchsetzen kann. Damit steht die Unternehmensethik auch in der modernisierten Fassung auf einem eigenartigen Fundament. Sie erklärt das Unternehmen zum Inhaber all jener Rechte, die in der Demokratie dem 'freien Bürger' zukommen, freilich *ohne* die Grenzen, die diesem durch die Rechte der 'anderen' gezogen sind. Dass die Ver*antwort*ung – schon der Wortstamm „Antwort" verweist auf die Rechenschaftspflicht gegenüber *anderen* – nicht nur *freiwillig* sein kann, ist offensichtlich. Aber im Begriff der gesellschaftlichen Unternehmensverantwortung ist eine solche Absurdität eingebaut und wird in der modernen Betriebswirtschaftslehre als neue Erkenntnis verbucht.[7] Kein Wunder, dass sich das *Gesellschaftliche* an der Unternehmensverantwortung auf das *Soziale* verengt und auf die Selbstermutigung des *Corporate Citizen* zu „guten Taten": zum doppelten Vorteil des materiellen Profits und des Reputationsgewinns. Jens Beckert hat recht, wenn er nach dem Gang durch die Begründungsversuche der CSR Milton Friedmans 'Ethik des Profitstrebens' insofern recht gibt, als sie der „Vorstellung funktional differenzierter Gesellschaft viel eher gerecht (wird) als das entdifferenzierende Konzept der 'Corporate Social Responsibility'" (Beckert 2010: 119).

Ist damit die „Alternative zu Forderungen nach freiwilliger sozialer Verantwortung" auf einer übergreifenden Ebene zu suchen, in der „Institutionalisierung eines Ordnungssystems der Wirtschaft, in dem klare rechtliche Vorschriften den Handlungsrahmen der Unternehmen institutionell abstecken" (Beckert 2010: 121)? Es ist daran zu erinnern, dass im 'Modell Deutschland' der demokratisch legitimierte Gesetzgeber einen rechtlich verbindlichen Rahmen unternehmerischen Handelns abgesteckt hat, der nun von den modernen CSR-Konzepten nicht nur ignoriert, sondern aktiv unterlaufen wird: die inner- und überbetriebliche *Mitbestimmung* (vgl. Trinczek 2010, Dörre 2010). Wenn das in der Vergangenheit recht erfolgreiche – und gerade in der Finanzkrise nochmals bewährte – Regulationsmodell der Mitbestimmung in Deutschland geschwächt ist, in Europa zahnlos und im Globalisierungsprozess vollends ins Leere läuft, dann erscheint die Ethikwelle in der Betriebswirtschaftslehre noch in einem anderen Licht. Es

7 Nur Peter Ulrich (2003) versucht, im Rahmen eine normativ-kritischen Sozialökonomie aus einem Begriff des „vernünftigen Wirtschaftens" eine praktische Unternehmensethik zu entwickeln, die gesellschaftliche Ansprüche an Unternehmen in *Institutionen* und *Rechte* fasst.

bleibt der Verdacht, die dort verkündeten CSR-Konzepte seien „im Wesentlichen symbolische Reaktionen auf reale Probleme" (Beckert 2010: 119). Ist aber mit dem Ideologieverdacht das letzte Wort über CSR gesprochen?

2.3 *CSR reloaded* – von der Infrastruktur der Freiwilligkeit zum koordinierten Projekt

Jenseits ihrer symbolischen und legitimierenden Rolle hat sich das Konzept der CSR vom Ethikversprechen, das zunächst nur auf Skandale antwortet, als Projekt 'von oben' in eine „Infrastruktur der Freiwilligkeit" (Hiß 2009: 295) verwandelt. CSR ist anfangs durchaus keine selbstgewählte Strategie, sondern zunächst nur eine Reaktion auf öffentliche Kritik. Diese entzündete sich daran, dass gerade die transnational mächtigsten Unternehmen in der Lage waren, national geltende Regeln und Institutionen im eigenen Interesse zu verändern, auszuhebeln oder durch Ausweichen in regelungsarme Räume ganz zu umschiffen. Nicht zufällig entstanden die ersten CSR-Konzepte und *Codes of Conduct* gerade als Antwort der globalen Unternehmen auf öffentliche Kritik und Skandale.

In dem Maße, wie die externen Effekte des globalen Unternehmenshandelns immer deutlicher zutage traten und sich in Protestbewegungen Ausdruck verschafften, haben die kritisierten Instanzen nach einer Phase des Beschweigens ein *strategisches* Gespür für die Möglichkeit entwickelt, das gesellschaftliche Legitimationsproblem offensiv zu bearbeiten. Dahinter steht die Einsicht in die vielseitige Verwendbarkeit des Konzepts (vgl. Porter/Kramer 2006). Es bezieht sich heute auf drei Ebenen, „auf das Kerngeschäft, die Unterstützung der Zivilgesellschaft und auf die Beteiligung an der Weiterentwicklung der Rahmenordnung" (Hansen/Schrader 2005: 376-377).

Mit ihrer insgesamt erfolgreichen Antwort auf moralische Kritik ist es den Unternehmen binnen eines Jahrzehnts gelungen, die CSR in den übergreifenden Mythos kapitalistischer Rationalität einzufügen (vgl. Hiß 2005: 135f.). Die gesellschaftliche Funktion, die das Projekt mittlerweile erfüllt, geht weit über eine Inszenierung symbolischer Verantwortung als Teil des *Corporate Branding* hinaus. Den erweiterten Rahmen füllen nationale und internationale Dienstleistungsagenturen aus, die eine publizistische und kulturelle Deutungsmacht über das Bild der 'guten Gesellschaft' anstreben (z.B. Bertelsmann-Stiftung, Initiative Neue Soziale Marktwirtschaft, Econsense, Global Reporting Initiative). Bis in die feinsten Verästelungen des politischen und gesellschaftlichen Lebens verschaffen sie dem Gedanken der 'Freiwilligkeit' praktische Geltung.

Die in ihrer Vielfalt unübersichtlichen und wenig vergleichbaren CSR-Publikationen nähren vordergründig den Eindruck, es handle sich hier nur um „Instrumente der Selbstdarstellung von Unternehmen" (Hiß 2009: 296). Sie sind aber mehr. Politisch versuchen die Unternehmen und ihre Interessenverbände, mit CSR-Initiativen die öffentliche Kritik zu neutralisieren und zugleich den moralisch aufgeladenen Begriff der gesellschaftlichen Verantwortung an das neoliberale Leitbild des 'Unternehmers seiner selbst' zu binden. „In einer beeindruckenden Leistung gelingt es ihnen, sich als gute *Corporate Citizens* zu inszenieren, während sie auf der anderen Seite am Abbau der Institutionen, die lange Zeit Verantwortung implizit gewährleistet hatten, aktiv mitwirken." (Hiß 2009: 299). Die neue Verantwortung ist nicht mehr in der Gesellschaftsordnung institutionell verankert, für die Menschen gleichsam nicht mehr einklagbar, sie wird vielmehr vom Unternehmen je nach Marktlage ausgeübt.

CSR liefert nach dem strategischen Verständnis der Unternehmen wichtige Beiträge zum Reputationsmanagement, zum Risikomanagement, zur Mitarbeiterzufriedenheit und gelegentlich sogar zur Pflege der Investorenbeziehungen. Es hilft den Zugang zum Kapitalmarkt, die Marktposition und die Wettbewerbsstärke zu sichern und obendrein mit dem Schwerpunkt der ökologischen Verantwortung die Energieeffizienz zu steigern (vgl. Corporate Watch 2006: 5-6). Auffällig ist in den letzten Jahren eine Akzentverschiebung bei den Inhalten: Die gezielte Besetzung ökologischer Themen geht oft *zu Lasten* der Menschenrechte und der Arbeitsbedingungen. So konzentrieren sich viele CSR- und Nachhaltigkeitsberichte auf ein jeweils branchengerechtes Umweltengagement, das für die Energie- und Ressourcenschonung ohnehin wichtig ist, während die 'soziale' Verantwortung des Unternehmens mit dem gelegentlichen Aufenthalt von Mitarbeitern in den Suppenküchen des Landes oder mit Preisen für das familienfreundlichste Unternehmen vorgezeigt wird.

Die strategische Auswahl der Felder, auf denen die Unternehmen ihr Engagement öffentlich ausstellen, verdeutlicht den *gewandelten* Beitrag der Verantwortungskonzepte. Die anfangs durch konkrete Kritik an Missständen bewegte CSR-Bewegung hat sich in eine breit und projektförmig koordinierte *CSR-Industrie* verwandelt. Deren Produkte und ihr Marketing erweisen sich, wie Kritiker sagen, als „toolbox full of tricks and ploys that serve to *avoid* the acceptance of more far-reaching social obligations" (van Oosterhout/Heugens 2008: 216). Freilich treibt der bislang geglückte Versuch, auf allen Ebenen das System des Markt*kapitalismus* auch ethisch zu legitimieren, zugleich neue Widersprüche hervor. Diese tun sich auf der nationalen Ebene, insbesondere aber in den schwach geregelten transnationalen Räumen auf. Können die ursprünglichen Kritiker auch noch auf eine derart industrialisierte CSR-Bewegung Einfluss nehmen?

3. Chancen und Grenzen des Einflusses ausgewählter Akteure auf CSR

Die unternehmensnahen Verfechter der CSR begründen das Prinzip einer freiwilligen gesellschaftlichen Verantwortung oft mit dem Argument, zur moralischen Einsicht der Unternehmen trügen auch externe Akteure bei, die im Rahmen von Multi-Stakeholder-Beziehungen ihre sozialen und ökologischen Ansprüche und Forderungen vortragen, in den Unternehmensdialog einbringen und am Prozess der Umsetzung beteiligt werden. Dieser Hinweis auf den Einfluss Dritter rückt zunächst den Gründungsmythos zurecht, demzufolge CSR „insbesondere im Kreise von Unternehmern und Managern selbst entwickelt und diskutiert" (Steimann/Schreyögg 2005: 112) worden sei. Aber der Kern der Kritik ist damit nicht berührt. Deshalb nehmen wir im Folgenden den erweiterten Stakeholder-Ansatz[8] beim Wort und fragen nach den Chancen für *nicht* der Kapitalseite zugehörige Anspruchsgruppen. Sie lassen sich nach der Form ihres Einflusses in eine *regulative* und eine *politische* Einflussfraktion unterscheiden. Die eine kann mit rechtlich bindenden Mitteln (z.B. Gesetze, Rechtsaufsicht, Kollektivverträge) eine relativ stabile Macht ausüben; die andere ist auf weichere, vor allem öffentlichkeitswirksame Mittel (Aufklärung, Demonstrationen, Boykottaufrufe) angewiesen, und ihr Einfluss kann mit den politischen Umständen und Machtverhältnissen schwanken.

Wie können die skizzierten Akteure die von den Shareholderinteressen[9] geprägten Managementstrategien und das konkrete Unternehmenshandeln ernsthaft beeinflussen? Um die Resonanzbereitschaft und -fähigkeit der Unternehmen und ihrer CSR-Konzepte gegenüber Stakeholder-Interessen zu prüfen, gehen wir von den Handlungsoptionen im ökonomischen, sozialen und politischen Feld aus, die Hirschman (1974) vorgeschlagen und in verschiedenen Bereichen durchgespielt hat: *Abwanderung* (Exit) als ökonomisches und *Widerspruch* (Voice) als politisches Verhalten. Dabei nehmen wir exemplarisch zwei viel diskutierte Akteursgruppen unter die Lupe: Der Konsument gilt als Herr über die *Exit-*

---

8 Zur Geschichte und Reichweite dieses Ansatzes vgl. Freeman (2004). Eine Aufgliederung nach den wichtigsten internen und externen Anspruchsgruppen bieten Kieser/Oechsler (2004: 25, Abb. 6). Im inneren Kreis des Unternehmens agieren die Vertreter der Shareholder und die Mitarbeiter, im äußeren Kreis so unterschiedliche Stakeholder wie Kunden, Zulieferer, Gewerkschaften, Anwohner, zivilgesellschaftliche Akteure (vor allem NGOs), die Medien und natürlich der Staat.

9 Die für den Finanzmarkt-Kapitalismus charakteristischen Machtverschiebungen zwischen den gegenwärtigen Shareholder-Fraktionen beleuchten Windolf (2005) und Kädtler (2005), die maßgebliche Rolle der wirtschaftswissenschaftlichen Innovationen in diesem Prozess legt insbesondere Kädtler (2009, 2010) dar.

Option. Sie steht einem Akteur zur Verfügung, der einen ökonomischen Tauschakt als unbefriedigend empfindet und deshalb zum eigenen Vorteil z.B. den Handelspartner oder die Marke wechselt. Konkret könnte damit der Konsument die Missachtung seiner moralischen Maßstäbe mit seiner Nachfrageverweigerung des Produktes bestrafen. Der Arbeitnehmer steht demgegenüber für die *Voice*-Option. Über sie verfügen Akteure, die in einer für sie unbefriedigenden Situation ihre Stimme erheben (können, müssen), um ihr Interesse durchzusetzen. Hier kommt auch die Frage der konkreten Gegenmacht ins Spiel. Typisch für derartige Konstellationen sind Tarifverhandlungen über höhere Löhne, bessere Arbeitsbedingungen und kürzere Arbeitszeiten.

3.1 CSR und Konsumenten: Exit-Option und ihre Grenzen

Die Einschätzungen über die Einflussmöglichkeiten der Konsumenten, die Unternehmen in sozialen und ökologischen Fragen in die Pflicht zu nehmen, gehen weit auseinander. Am Pol der Optimisten berichtete die Body-Shop-Gründerin Anita Roddick über einen Topmanager von Shell, der nach der Brent Spar-Affäre von 1995 geurteilt habe: „We don't fear regulations anymore. We control them. What we fear is consumer revolt."[10] Dem steht die nüchterne Einschätzung einer kritischen CSR-Forscherin gegenüber: „... for most consumers, ethics are a relative thing. In fact, (...) consumers are more concerned about things like price, taste or sell-by date than ethics." (Doane 2005: 26)

Die beiden Positionen verdeutlichen die mögliche Spannweite an Einflussmöglichkeiten von Konsumenten, die sich selbst 'gesellschaftlich verantwortlich' fühlen. In der öffentlichen und wissenschaftlichen Debatte wird die Neigung zum „ethischen Konsum" Verbrauchern zugeschrieben, die sich vornehmlich durch Bildung und soziale Empathie auszeichnen. Als Hoffnungsträger gelten vor allem die Mitglieder einer Mittelklasse, denen in den USA ein aufschlussreiches Kürzel verpasst wurde: die LOHASs (*Lifestyle of Health and Sustainability*). Gemeint sind Konsument/inn/en, die sich bewusst und kritisch mit der Herkunft der Produkte auseinandersetzen – und auch die Zeit sowie das nötige Kleingeld dafür haben. Ihre Kaufentscheidungen prägt eine gesundheits- und umweltbewusste, obendrein sozialverträgliche Wertorientierung, die zuweilen nur vergängliche *Einstellung* bleibt.

Das individualisierende Lob des anspruchsvollen Kunden hat handfest ökonomische Gründe, die mit CSR-Motiven wenig zu tun haben. Je nach Strategie und Produktspektrum überreden die Unternehmen in ihren Marketingstrategien

---

10 Anita Roddick in einem Interview von 1999 (wiedergegeben in: http://www.auburnmedia.com/wordpress/2005/01/08/tsunami-revives-social-responsibility-discussion/)

diesen (angenehmerweise auch kaufkräftigen) Kundentypus dazu, dem nicht ganz eigennützigen Selbstbild des unverwechselbaren Individuums durch den Kauf bestimmter Produkte Ausdruck zu verleihen; man nannte das früher schlicht 'Markenbindung'. Genau dieses Bedürfnis nach 'Individualität' könnte aber der Entwicklung einer kollektiven Handlungsmacht im Wege stehen, die groß genug wäre, um durch massenhafte Konsumentscheidungen genügend 'ethischen' Druck auf die Produktionsbedingungen und Vermarktungsstrategien *vieler* Unternehmen und damit ganzer Branchen zu erzeugen. Darüber hinaus ist fraglich, wie genau es der einzelne Kunde mit seiner Moral tatsächlich nehmen *will* oder *kann*, wenn z.B. der Bearbeitungsweg eines Produktes über die gesamte Wertschöpfungskette hinweg gar nicht transparent ist.

Aus der neoklassischen Perspektive ist der Konsument der Kronzeuge im Plädoyer für die unternehmerische Selbstbindung: Er entscheidet darüber, welche Produkte am Markt nachgefragt werden und welche nicht. Nach neoklassischer Theorie müssten also Güter, die nicht den ethischen Maßstäben von Konsumenten entsprechen, an Nachfrage einbüßen und schließlich vom Markt verschwinden. Tatsächlich zeigten Skandale in der jüngsten Vergangenheit, dass Unternehmen, deren Ruf durch Fehlverhalten beschädigt wurde, Umsatzeinbußen erlitten, nachdem viele Konsumenten von ihrer *Exit*-Option Gebrauch gemacht hatten. Solche Schäden nach Konsumentenboykotten (bei Shell nach der Brent-Spar-Affäre oder jüngst bei Schlecker und Lidl) verweisen auf die Erfolgschancen solcher Aktionen, und den übergreifenden Reputationsverlust haben Unternehmen zu Recht zu fürchten. Aber im Blick auf den Alltag des gewöhnlichen Konsums erscheint die Vorstellung wenig realistisch, der Verbraucher könne beim Kauf eines jeden einzelnen Produktes ständig 'moralisch korrekt' handeln, wenn die Beschaffungskosten für zuverlässige Informationen und die dafür aufzuwendende Zeit überhand nehmen. Da es im Hinblick auf CSR – und dies auf Betreiben der Branchenverbände – keine einheitlichen Standards zu den Informationspflichten über die ökonomischen, ökologischen und sozialen Herstellungsbedingungen eines Produkts gibt, bleibt der bewusste Konsument auf externe Bewertungen (durch die Stiftung Warentest, Verbraucherschutzverbände und NGOs wie Foodwatch oder Fairtrade) angewiesen oder auf Informationen, die das Unternehmen freiwillig zur Verfügung stellt. Für viele Verbraucher übersteigen damit die Opportunitätskosten den moralischen 'Nutzen'. Deshalb richtet die Masse der Verbraucher – trotz Versicherung des Gegenteils in Umfragen – gerade bei niedrigpreisigen Gütern des alltäglichen Bedarfs den Konsum nur selten, wenngleich in leicht steigendem Maß an moralischen Maßstäben aus. Ein weiteres Hindernis für die freie Auswahl von Produkten bildet die aus der neoklassischen Theorie bekannte Budgetrestriktion; die 'moralisch' überlegenen Güter sind oft wesentlich teurer als ihre auf Kosten von Umwelt und Sozialstandards produzierten Konkurrenten.

Das Dilemma des ethischen Konsums lässt sich damit auf einen Nenner bringen, der auf die soziale Polarisierung der Gesellschaft abhebt. Da die in Deutschland besonders enge Verknüpfung von Einkommen und Bildung auch das Konsumverhalten[11] prägt, erweist sich der 'Mythos des ethischen Konsums' auch als von den gesellschaftlichen Klassenverhältnissen geprägt. Der *Fair-Trade*-Konsum droht ein Privileg für einkommens- und bildungsstarke Gruppen zu bleiben, „a consumerist identity project in affluent societies" (Varul 2009: 382) von Menschen, die sich die 'guten Dinge des Lebens' leisten können und auch noch eine moralische Dividende einstreichen. Das spricht nicht gegen die Förderung des 'ethischen Konsums' durch Aufklärung und unabhängige öffentliche Institutionen (vgl. Vinz 2005: 16-18), wohl aber gegen die Illusion, die Kunden könnten als *Bewegung* auf die kritischen, kostenintensiven Elemente der Geschäftsmodelle maßgeblich Einfluss nehmen. Das Marketing der CSR ist nicht auf Kommunikation *mit* den Kunden angelegt, sondern auf die Überredung zum Kauf der strategisch festgelegten Angebote. Das gilt für rechtsdrehenden, geschmacksverstärkten Fruchtjoghurt ebenso wie für spekulative Finanzprodukte. Den Zustand und die Chancen einer gesellschaftlich verantwortlichen Konsumentenbewegung, die einst in den USA entstanden ist, fasst eine kritische Analyse in den Worten zusammen: „It's much more interesting to find out how I can get a delicious and safe tomato for myself than how all tomatoes can be made delicious and safe." (Lieberman 2008).

3.2 *Exit und Voice*: Option für jede(n)?

Um die Möglichkeiten von Anspruchsgruppen, sich bei der CSR 'einzuklagen', genauer zu bestimmen, werfen wir einen kurzen Seitenblick auf die wichtigsten *internen* Stakeholder: die Beschäftigten eines Unternehmens. Deren Einflussmöglichkeiten auf die freiwillige CSR der Unternehmen sind an die *Voice*-Option gebunden. Durch Kritik oder Widerspruch gegenüber dem Arbeitgeber tragen sie aber deutlich höhere Risiken als Konsumenten beim bloßen Markenwechsel oder Boykott. Andererseits bieten die auf den Betrieb zentrierten, kollektiven Aktionsformen der Arbeitskräfte größere Durchsetzungschancen für gemeinsame Forderungen, während die Konsumenten ihre individuellen Kaufentscheidungen zwar mit Gleichgesinnten teilen, aber diese Gemeinsamkeit nicht unmittelbar sinnlich erleben. Kollektive Aktionen der Beschäftigten können sich deshalb auch individuell stärker in einem Bewusstsein der gemeinsamen Lage verankern.

---

11 Eine differenzierte Analyse des kritischen Potentials von Konsumenten bieten Smith (2008) und Heath/Potter (2009). Eine Übersicht über die wenig konsistenten Befunde der Konsumentenboykott-Forschung präsentieren Lindenmeier/Tscheulin (2008).

Demgegenüber scheint das freundliche Partizipationsangebot, das betriebliche, oft inszenierte Unternehmenskulturen mit ihren CSR-Leitsätzen oder *Codes of Conduct* unterbreiten, auf den ersten Blick als relativ sanktionsfreie Möglichkeit, verständigungsorientiert im Sinne von Steinmann und Schreyögg die eigene *Voice* zu erheben. Seine Grenzen treten aber zutage, wenn wirklich weitreichende Entscheidungen über die Köpfe hinweg geplant und nur noch durch die institutionelle Macht von Betriebsräten und Gewerkschaften beeinflusst werden können.

Im günstigen Fall sind Konsumenten zugleich Arbeitnehmer, die ihr Handeln in und jenseits der Arbeit mit *Exit*- und *Voice*-Optionen austarieren müssen, aber zumeist auch darauf verzichten. Schlimmstenfalls ist jedoch der Konsument nicht einmal Arbeitnehmer oder eine Person mit geringer Kaufkraft, und dann tritt wieder das zentrale Problem zutage: Selbst was die weniger riskante *Exit*-Option angeht, so sind es auch hier die Unternehmen, die am längeren Hebel sitzen. Vor diesem Hintergrund zeigt sich in Deutschland das ernüchternde Bild eines Konsumenten, der mit 8,5%iger Wahrscheinlichkeit arbeitslos, mit 10%iger Wahrscheinlichkeit auf existenzsichernde Sozialleistungen vom Staat angewiesen und mit 22%iger Wahrscheinlichkeit im Niedriglohnsektor beschäftigt ist (vgl. Böckler-Impuls 2008/14/15). In seiner täglichen Kaufentscheidung steht er vor einer Überfülle kunstvoll (und künstlich) differenzierter Produkte, die nicht selten entlang der Wertschöpfungskette einmal um den Globus gegangen sind. Durch die eigene unsichere materielle Lage verliert das noch größere Elend der restlichen Welt an subjektiver Eindringlichkeit. Die Lohnsenkungen der vergangenen Jahre, die mit der – politisch geförderten – Zunahme von atypischen Beschäftigungsformen sowie der Auflösung der Bindungswirkung von Tarifverträgen einher gingen, lassen in der Bevölkerung die Verunsicherung wachsen. Laut einer Umfrage glauben nur noch 15% der Befragten, dass die wirtschaftlichen Verhältnisse in Deutschland gerecht sind (vgl. Vehrkamp/Kleinsteuber 2007:5). Die daraus resultierende Politikverdrossenheit ist vor allem auch Ausdruck einer Ohnmacht aus Mangel an Handlungsoptionen. Wer sich ohnmächtig fühlt, ist nicht einfach nicht motiviert zu handeln, er *kann* es auch nicht, weder als Konsument noch als Arbeitnehmer. Das drückt sich unter anderem in rückläufigen Mitgliederzahlen bei Gewerkschaften und Parteien aus. Es sind demgegenüber die Unternehmen, die im Globalisierungsprozesse über neue *Exit*-Option verfügen und somit die Macht haben, die wirtschaftliche Existenz einzelner Menschen, die Wirtschaftskraft ganzer Regionen und sogar ganze Volkswirtschaften an den Rand zu drücken.

Wenngleich neue Informationsmedien eine rasche Verbreitung von Missständen begünstigen und Raum für Kampagnen schaffen, verfügen die Stakeholder weder als Konsumenten noch als Arbeitskräfte über genügend Informationen, geschweige denn institutionellen Einfluss oder jene strukturelle Macht, die bislang die freilich geschwächte Mitbestimmung noch gewährt. Die hier exemplarisch beschriebenen Gruppen können den transnational agierenden Unternehmen keine wirksamen Grenzen ziehen, geschweige denn einen verbindlichen Rahmen schaffen, der den bestehenden CSR-Konzepten die bequeme Selbstermächtigung mit konkreten Kontrollen und Nachweispflichten austriebe. Gerade unter den veränderten Bedingungen bleibt die Frage nach der Organisation von Interessen auf der Tagesordnung. Sie stellt sich, wie die nun folgende Analyse transnationaler Unternehmenspolitik und der Machtverhältnisse zwischen TNCs, Arbeitnehmerorganisationen und NGOs zeigen wird, auf alte und neue Weise.

4. CSR im transnationalen Raum: das TNC und neue Akteure

Unter den Bedingungen des globalisierten Marktkapitalismus liegt es einerseits im Interesse der um Investitionen werbenden Länder, die Bedingungen zu beeinflussen, unter denen sich TNCs ansiedeln, Arbeitskräfte rekrutieren und einsetzen, Steuern zahlen und zur gesellschaftlichen Entwicklung beitragen. Andererseits sind die TNCs selbst an günstigen und verlässlichen Rahmenbedingungen interessiert, die 'vor Ort' ihre Investitionstätigkeit und die betrieblichen Handlungsspielräume möglichst wenig behindern. Sie beeinflussen die internationalen Regulierungen, z.B. im Rahmen der WTO, in zwischenstaatlichen Handelsverträgen und Entwicklungsabkommen, aber auch die Regelwerke unterhalb der staatlichen Ebene. Die geschaffenen Rahmenbedingungen sollen nationale Schutzzäune beseitigen und neue Marktchancen eröffnen, vor allem durch möglichst wenig restriktive Gesetze, schwache Arbeitnehmerorganisationen und die Freigabe bislang staatlich organisierter oder regulierter Sektoren für die private Bewirtschaftung. Unabdingbare Standards und Regelungen, die dem Interesse der Unternehmen an der Sicherheit der Investitionen entsprechen, sollen so weit wie möglich freiwillig vereinbart oder aber von Organisationen und Institutionen festgelegt werden, in denen der unternehmerische Einfluss gesichert ist.

Die unstrittigen Machtverschiebungen, die im Zuge der neoliberalen Globalisierung eingetreten sind, werfen die Frage auf, wie der Rückzug des staatlichen Einflusses mit dem Bedeutungszuwachs einer „Mehrebenen-Governance" (vgl. Messner 2005: 37ff.) und mit der veränderten Rolle zivilgesellschaftlicher Akteure in diesem Prozess zusammenhängt. Welche Akteure und Einflusskräfte streben eine institutionelle Einbindung und Kontrolle der unternehmerischen Verantwortung an, wie beantworten die TNC diese Versuche, und welche Rolle spielen die CSR-Konzepte in ihrer Interessenpolitik?

4.1 Das TNC und die Grenzen des (nationalen) Sozialstaats

Ein beherrschendes Phänomen auf den globalen Märkten ist die zunehmende Konzentration von Wirtschaftsmacht bei den TNCs. Solche Konzerne sind nicht, was für das Entstehen der modernen Unternehmen noch galt, private Akteure, für die der Staat den Rahmen und Umfang der Rechte und Pflichten festgelegt hatte (vgl. am US-amerikanischen Beispiel Bakan 2005: 5-27). Sie haben sich vielmehr im Zuge der ökonomisch *und* politisch vorangetriebenen Globalisierung dank ihrer wirtschaftlichen Macht (und der geschulten Phantasie ihrer Anwaltsklasse) eine weitgehend eigene rechtliche Welt geschaffen. Gerade deshalb passt in die Zeit des staatlichen Rückzugs aus der Sphäre der Ökonomie das Freiwilligkeitsprinzip der CSR. Im Vordringen dieses Leitbildes spiegelt sich eine veränderte Interessenkonstellation, die sich mit der Entwicklung eines globalen, durch das Auftreten neuartiger Shareholder geprägten Finanzmarkt-Kapitalismus herausgebildet hat.

Mit dem Ende des *Golden Age of Capitalism* 1950 bis ca. 1975, und verstärkt in der Ära des Neoliberalismus (vgl. Harvey 2007, 2010), beginnt das im internationalen Vergleich erfolgreiche, institutionalisierte Konflikt- und Kooperationsbündnis der „Deutschland AG" zu bröckeln und wird vom angelsächsischen Modell des „marktkoordinierten Kapitalismus" bedrängt. Neben der Mitbestimmung steht vor allem die *Corporate Governance* unter Druck. In diesem Sinne erweist sich die im deutschen Modell eingebaute *hidden ethic* gegenüber transnational agierenden Unternehmen als wenig globalisierungsfest. Der Durchsetzungsschwäche der national noch verankerten (betrieblichen und überbetrieblichen) Mitbestimmung, die aber schon im europäischen Wirtschaftsraum nicht mehr greift, entspricht spiegelbildlich die Stärke der CSR-Industrie, die ihre ideologische Kernaussage nicht nur als 'Erzählung', sondern auch auf den maßgeblichen politischen Regelungsebenen durchzusetzen vermag: *gesellschaftlich* verantwortlich handeln heißt *selbstverantwortlich* handeln.

Der von den TNCs eroberte transnationale Raum eröffnet den Konzernen und den von ihnen beeinflussten Netzwerken vielfältige Möglichkeiten der Einflussnahme auf nationale und makro-regionale Ministerien, Volksvertreter und staatliche Behörden. Sie reichen von der *Regulatory Capture,* der Erbeutung der Gesetze (Sklair/Miller2010: 487), bis zum Regimeshopping *all inclusive.* In einer möglichst regelungsarmen globalen Umwelt können die TNCs die Wertschöpfungsketten logistisch straffen und weltweit zwischenstaatliche Kostengefälle nutzen. Sie erweitert den inneren Spielraum der TNCs für eine den Gewinn steigernde „Konstruktion der Wirklichkeit durch das Rechnungswesen" (Chiapello 2009). In der schöpferischen Ausgestaltung der Bewertungsregeln kann die Unternehmenszentrale in ihrem transnationalen Wirtschaftsraum das interne

Transferpreissystem optimieren und Unterschiede in den nationalen Besteuerungsregeln ausnutzen. So wie Geld nicht stinkt, wird auch der höchstmögliche Verrechnungsgewinn nicht erröten, wenn die inneren und äußeren Bilanzen die real erzielten Wertschöpfungsbeiträge der einzelnen Unternehmenseinheit verfälschen oder verzerrt abbilden (vgl. Morgan 2011: 426ff.). Über diese wichtigen Felder einer transnationalen *Corporate Governance* gibt es aus einsichtigen Gründen kaum empirische Fallstudien und noch weniger vergleichende Untersuchungen. Sie würden wahrscheinlich die Ohnmacht einer CSR-Politik der Freiwilligkeit und der dosierten Transparenz demonstrieren, denn auch diese 'Erfolgskontrollen' der CSR werden mit scheingenauen Angaben versehen und damit dem *outcome fetishism* des Bilanz- und Berichtswesens unterworfen (vgl. van Oosterhout/Heugens 2008: 209ff.).

Auch auf der Ebene der Arbeitsbedingungen und der Beziehungen zwischen Arbeit und Kapital eröffnet der kapitalistische Entwicklungspfad der Globalisierung den Unternehmen die Chancen einer Entregelung und damit neue Spielräume, in die CSR-Konzepte eindringen. Die gesetzlich flankierten industriellen Beziehungen werden vor allem in den Ländern, in denen die Wertschöpfungsketten globaler Produkte beginnen, durch Audit- und Akkreditierungsverfahren abgelöst, die der Logik des CSR-Leitbildes folgen. Diese Verfahren stützen sich zwar häufig auf die Kriterien der ILO Convention oder die mittlerweile zehn Punkte der UN-Menschenrechts-Charta. Wie die Realität der Audits und Kontrollen aussieht und welchen Einfluss darauf lokale Gewerkschaften und NGOs haben, sollen einige Beispiele zeigen.

4.2 NGOs im Kampf um die Wertschöpfungskette

Über die schwierige Aufgabe von NGOs als Gegenspieler und Partner in der *Global Governance* handeln eingehende Studien, die hier nicht einmal im Ansatz resümiert werden können.[12] Wie unübersichtlich die Lage ist, deutet allein die Zahl der registrierten NGOs an, die (laut FAZ vom 21.7.2011) im Jahr 2007 auf 7.626 angewachsen ist und vermutlich weiter wächst. Ihr Spektrum reicht von der kleinen Ein-Thema-Organisation bis zum großen NGO-Großunternehmen mit einem Jahresetat, der wie im Falle des World Wildlife Fund (WWF) über 500 Millionen beträgt.[13] Von den weltweit registrierten NGOs dürften die

12 Vgl. zur Geschichte, Struktur und Typenvielfalt von NGOs die Sammelbände von Altvater et al. (2000); Brand et. al. (2001); Brunnengräber/Klein/Walk (2005); Curbach (2009: 119-151).

13 Darin ist das Honorar aus der Kampagne mit der Biermarke Krombacher enthalten, die unter dem treffenden Motto „Saufen für den Regenwald" bekannt wurde.

Mehrheit mit Einzelthemen befasst sein; ein beträchtlicher Anteil davon ist von den Unternehmen selbst und ihren Verbänden geschaffen oder kooptiert worden (Beispiele bei Sklair/Miller 2010: 489). Als unabhängige NGOs gelten vor allem spenden- oder mitgliederfinanzierte Organisationen, die aus Konflikten im Bereich der Arbeitsbedingungen (wie Gewerkschaften) und Menschenrechte (wie Amnesty International) sowie aus sozialen und ökologischen Initiativen hervorgegangen sind.

Die von den Gewerkschaften beeinflusste International Labour Organization (ILO) ist eines der Informations- und Dokumentationszentren, das zwar eine Fülle konkreter Hinweise auf Regelverstöße sammelt, aber darüber hinaus – wie die noch schwächere Global Compact-Initiative der UN – nur auf Goodwill-Erklärungen der regionalen Sozialpartner und Regierungen setzen kann. In diesem Rahmen und zum Teil parallel dazu ist im letzten Jahrzehnt die erwähnte CSR-Dienstleistungsindustrie entstanden, in der kapitalfinanzierte Stiftungen, Unternehmen und Branchenverbände tätig sind. In ihrem Rahmen sind von Unternehmensinteressen (oft verdeckt) gelenkte Gremien, Standardisierungs- und Reportingagenturen entstanden. Solche Kooperationen mit ursprünglich kritischen NGOs und unabhängigen Forschungsinstituten können zwar durchaus aufklärende und kontrollierende Funktionen haben, aber viele NGOs passen sich den betriebswirtschaftlichen Regeln des Accounting nur an oder beteiligen sich an Evaluationsverfahren, die lediglich Zertifikate für die Public Relations vergeben und Preise für Familienfreundlichkeit oder Nachhaltigkeit.

NGOs, die mit sozialen, auf Menschenrechte und Arbeitsbedingungen bezogenen Kriterien transnationale Unternehmen auf ihre CSR-Praxis prüfen, bewegen sich dabei in unterschiedlichen Rollen, häufig pendelnd zwischen öffentlicher Kritik und wissenschaftlicher Analyse, Konflikt und Kooperation, Kontrolle und Expertise. Die Orte, an denen die Grenzen des Einflusses von NGOs und unabhängigen Prüfungsinstanzen am klarsten zutage treten, sind die Fabriken am Beginn der globalen Wertschöpfungskette, in der Bekleidungs-, Sportartikel- und Möbelindustrie oder in der Halbleiterfertigung. Wenngleich in der CSR-Praxis das Ausmaß der kleinen Fortschritte und festgestellten Mängel variiert, lassen sich die wichtigsten Befunde in einer nicht repräsentativen, aber doch aussagefähigen Bilanz zusammenfassen.[14]

Die Probleme der Kontrolle von CSR-Praktiken vor Ort beginnen schon mit der Recherche. Die Zahl der Kontrollen pro Wertschöpfungskette ist extrem gering; so waren (laut FAZ vom 6. Juni 2002) für weltweit 150 Puma-Zulieferer

14 Zu diesem Zweck wurden alle verfügbaren Berichte zu den drei maßgeblichen TNCs Nike, Puma und Ikea ausgewertet; sie können hier wegen der großen Zahl nicht alle aufgeführt werden.

lediglich acht Kontrolleure eingesetzt. In vielen Fällen wird berichtet, dass unangemeldete Besuche abgeblockt werden und, sofern sie dennoch stattfinden, elende Arbeitsbedingungen verschleiert und auskunftswillige Arbeiter aus dem Verkehr gezogen werden: „Whenever social auditors come to this factory, we are given holiday“ berichtete ein Arbeiter aus einer indischen Bekleidungsfabrik, die auch für KarstadtQuelle, Otto und andere deutsche Firmen produzierte (Pruett 2005: 2). Häufig werden ausgewählte Arbeitskräfte für die Interviews von Vorgesetzten 'geschult'. Oft sind die Muttergesellschaften nach ihren eigenen Regeln gar nicht verpflichtet, im eigenen oder dem Zulieferbetrieb diese Sozialstandards zu gewährleisten, vielmehr werden lediglich vage Zielvorstellungen formuliert, auf die 'hingearbeitet' werden soll. Diese Audits werden dann von kommerziellen Unternehmen durchgeführt; lokale NGOs und Gewerkschaften sind zumeist nicht in die Prüfverfahren einbezogen. Die Prozesse und Ergebnisse solcher Audits werden nicht veröffentlicht, von „unabhängigen externen Prüfungen“ kann damit keine Rede sein (vgl. Saage-Maß/von Gall 2010).

Bei den Kooperationsversuchen zwischen unabhängigen NGOs und Unternehmen überwiegen deutlich die negativen Erfahrungen. Als durchgängiges Problem erweist sich die Existenz einer doppelten Buchführung in Lohn- und Arbeitszeitfragen. Selbst auf die vertraglich vereinbarten Mindestlöhne kommen die meisten Arbeitskräfte nur mit unregistrierten Überstunden, deren Ausmaß oftmals sogar die laschen Landesgesetze verletzt.

Die Erfolgschancen einer Durchsetzung formell geltender CSR-Verpflichtungen durch externe NGO-Kontrollen sind – das legen die Befunde aus den Studien nahe – sehr komplex und noch kaum gründlich erforscht. Sie sind dann extrem gering, wenn

– die TNCs als Herren der Wertschöpfungsketten extremen Termindruck auf die Lieferbetriebe der Dritten Welt ausüben;
– die Betriebe No-Name-Produkte für Discounter-Ketten produzieren;
– die Arbeitskräfte kein Recht zur Bildung von Gewerkschaften oder anderen Zusammenschlüssen haben;
– zwischen lokalen Arbeiterorganisationen oder Menschenrechtsgruppen und internationalen NGOs keine stabilen Verbindungen bestehen;
– eine Berichterstattung in den Medien fehlt oder nicht genügend kontinuierlich ist;
– nationale Regierungen oder lokale Instanzen ihren eigenen Gesetzen keine Geltung verschaffen.

Es zeigt sich, dass nur äußerer Druck im Innern der TNCs die zumeist wenigen engagierten Kräfte unterstützen kann, die sich für eine wirkliche Umsetzung der CSR-Leitbilder einsetzen. Die Existenz wohlklingender *Codes of Conduct* verbürgt nichts; so war den Arbeitskräften der Fabriken in Bangladesch das

Regelwerk von Ikea durchweg nicht bekannt (de Haan/van Dijk 2006: 13). Ohne unangemeldete, nicht voraussehbare Kontrollen, bei denen die Prüfer Zugang zu allen Orten und Personen haben, ist eine stabile Verbesserung der Arbeitsbedingungen nicht einmal schrittweise zu erzielen. Was die elementaren Rechte der Arbeiter und Angestellten betrifft, spielt in den Ländern der Fabrikstandorte die institutionelle Umwelt eine negative Rolle, die freilich, wie gezeigt, von den Institutionen der neoliberalen Wirtschafts- und Handelspolitik (WTO, IWF, Weltbank und internationale Entwicklungspolitik) entscheidend geprägt ist und von den Unternehmen genutzt wird. Da es in deren Interesse liegt, in dem Land ihrer Standortwahl allenfalls die Minimalstandards der UN- und ILO-Normen einzuführen, können Veränderungen nur von dem Bündnis aus lokalen sozialen Bewegungen (Gewerkschaften und Menschenrechtsgruppen) und angesehenen, zugleich konfliktfähigen NGOs ausgehen.

Die übergreifende Erkenntnis aus bisher vorliegenden Fallstudien ist einerseits ernüchternd: Vor allem mit der Internationalisierung der Unternehmung und der qualitativen, weil strategischen Ausdehnung ihrer Wertschöpfungsketten haben sich die Machtgewichte zugunsten des Marktes und der Unternehmen verschoben. Diese können es sich weithin leisten, die zu ihrer Geschäftsstrategie je passenden Forderungen *auszuwählen* und in die eigene CSR-Praxis einzubinden. Andererseits bleiben die TNCs an einer Flanke verwundbar: Mit der globalen Verbreitung billiger Informationsmedien wächst für Gewerkschaften, Menschenrechts-NGOs und kritische Konsumenten die Möglichkeit, durch weltweit wirkende Aktionen Druck auf Unternehmen und Standortstaaten zu erzeugen.

Der ökonomische Globalisierungsprozess hat damit nicht nur die Gewerkschaften geschwächt, sondern auch – eine von den Unternehmen unbeabsichtigte Nebenfolge – neue zivilgesellschaftliche Gegenspieler auf den Plan gerufen. Deren organisatorische Schwäche, der ins Auge springende Mangel an Kontinuität und die schwache Mitgliederbasis, ist zugleich auch ein Moment ihrer andersartigen Stärke. Ihre Beweglichkeit verdanken die NGOs und die Neuen Sozialen Bewegungen einem wissensvermittelten Engagement, das gerade nicht mehr (nur) an den Beschäftigungsstatus oder eine 'Klasse' gebunden ist. Ihre Aktivisten entwickeln vielseitige Fähigkeiten zur Aufdeckung von Missständen durch rasch und weltweit verbreitete Informationen und Aktionen.

Die transnationalen Unternehmen müssen, um die neu eroberten Handlungsspielräume ökonomisch und politisch abzusichern, den Neuen Sozialen Bewegungen mehr als nur Public Relations (zu deutsch: *öffentliche* Angelegenheiten) entgegensetzen. Denn die moralische Lücke, die sie in der Konstruktion der weltweiten Wertschöpfungsketten aufreißen, versetzt ihre Kritiker in die Lage, sich auf den universalistischen Kern der Menschenrechte zu berufen. Dieser

Kern besteht nicht aus einem weltweit einheitlichen Standard an Rechten, er enthält vielmehr den ständigen *Auftrag* zur Verwirklichung menschenwürdiger Arbeits- und Lebensverhältnisse (vgl. Miller 2007: 166). Mit der Politisierbarkeit dieser Forderungen müssen sich die weltweit agierenden Unternehmen jenseits ihrer auf den Markt bezogenen Ziele ständig auseinandersetzen.

Gegenüber einer Öffentlichkeit, die sich über die neuen Medien tagesaktuell und weltweit herstellt, waren die Unternehmen zu einem Lernprozess gezwungen, den sie bislang weitgehend erfolgreich bestanden haben. Aus den Konflikten hat die darüber entstandene CSR-Industrie gelernt. Sie behält die Definitionsmacht über die Felder der Unternehmensverantwortung und drängt die NGO-Bewegung in die Defensive, indem sie ausgewählte Gruppen kooptiert oder sogar eigene 'Initiativen' gründet.[15] Auch die unabhängigen, engagierten NGOs, die auf dem schmalen Grat zwischen Enthüllung und Mitwirkung, Skandalisierung und ressourcensichernder Einbindung balancieren, sind in einer zwiespältigen Konfliktpartnerschaft mit den Unternehmen verbunden. Aus ihrer Sicht ist die Bindung an eigentlich durchschaute, ungeliebte CSR-Konzepte in der schwachen Hoffnung, die Regeln gelegentlich auch durchsetzen zu können, ein ernüchternder Zustand.

5. Fazit: CSR – ein politisches Projekt mit Risiken

„Wenn der Hund mit der Wurst über'n Eckstein springt
und der Frosch in der Luft den Storch verschlingt."
aus Kassel überlieferter Kinderreim

Auf die Frage, ob Unternehmen gesellschaftlich verantwortlich handeln oder handeln sollten, hält die Wirtschaftssoziologie keine eindeutigen Antworten parat. Sie beschreibt die CSR-Bewegung als Beispiel für neue Regulationsformen, die „auf eine erhöhte *Moralisierung* von Unternehmen angewiesen" seien (Bluhm 2008: 158). Regulationsformen, die auf etwas 'angewiesen' sind statt anzuweisen? Der Befund wirft die Frage nach den Inhalten und den Nutznießern des global erweiterten Handlungsrahmens auf. Die freundlichen Antworten dazu sind erstaunlich. Beckert (2010: 122) nimmt die koordinierte Anwendung der unternehmerischen CSR-Konzepte als Zeichen dafür, dass die Politik der Deregu-

15 Am Beispiel von Shell und Coca Cola zeigen Sklair/Miller (2010: 489, Fig. 1) deren enge Verflechtung mit neun Organisationen der unternehmensfreundlichen CSR-Industrie einerseits und elf Lobby-Organisationen andererseits, die durchweg die Liberalisierung der Arbeitsmärkte und der öffentlichen Dienstleistungen betreiben. Für Deutschland ließen sich ähnliche Abhängigkeitsbeziehungen zeigen.

lierung nicht „zur umstandslosen Durchsetzung ökonomischer Marktprinzipien führt, ... vielmehr die Unternehmen jetzt selbst zu Ansprechpartnern auch für die nicht-ökonomischen Belange der Gesellschaft macht" – was aber, wenn der 'Ansprechpartner' die Macht hat, die Ansprache zu verweigern? Für Münch (2008: 174) kann das Eigeninteresse am Reputationsgewinn die Unternehmen sogar in „moralische Pioniere" verwandeln, die unter dem sanften Druck von NGOs das „ökonomische Liberalisierungsprogramm in humanitäre, sozialpolitische und ökologische Bahnen" lenken – die Reputation als unsichtbare Hand? Auch andere Soziologen deuten die neuen Unternehmensstrategien als Beitrag zur „Moralisierung von Märkten" (Stehr 2007). Stärker als auf marktbegrenzende Institutionen setzen sie zudem auf 'innengeleitete' moralische Akteure, die sich als Mitglieder eines kooperativen Zusammenhangs begreifen. Aber dieser Rückgriff auf Durkheim taucht die Herrschaftsformen und Interessen, die den *kapitalistischen* Globalisierungsprozess prägen, in ein merkwürdig mildes Licht.

Das kritische Gegenbild dazu entwerfen Sklair/Miller (2010). Sie begreifen die zur Industrie formierte CSR-Bewegung als Projekt der *Vermarktlichung von Moral.* Mit ihm setze die ökonomische und politische *Transnational Capitalist Class* ihre interessierte Definition von Sozialpolitik und Nachhaltigkeit durch und versuche obendrein zu 'beweisen', wie Multi-Stakeholder-Dialoge zum Nutzen aller sind und verbindliche Verpflichtungen ersetzen. Indem die CSR-Industrie die Illusion eines *privaten* Welfare-Kapitalismus erzeugt, greift sie weit über die Unternehmensebene hinaus und exportiert das Leitbild individueller Verantwortung in alle Bereiche des gesellschaftlichen Lebens.

Diese von der CSR-Ideologie gerahmte Landnahme ist freilich immer wieder gefährdet. Wenn der kapitalistische Globalisierungsprozess die Klassenverhältnisse weltweit polarisiert und die Umwelt zerstört, lässt sich die *private* Konstruktion einer *gesellschaftlichen* Unternehmensverantwortung nicht mehr ethisch verbrämen. Die in der Ersten wie in der Dritten Welt gebrochenen Versprechen der CSR rufen soziale Bewegungen auf den Plan. Unter den skizzierten Bedingungen ist allein ein *neues Bündnis* zwischen Organisationen, die den Kapital-Arbeit-Gegensatz bearbeiten, und den Akteuren der Neuen Sozialen Bewegungen erfolgversprechend. Dabei haben die Gewerkschaften in der Auseinandersetzung mit der veränderten globalen Wirklichkeit mehr zu lernen als NGOs, die ein Kind dieser Entwicklung sind. Beide Seiten müssen das Zusammenwirken in Projekten erlernen, die unterschiedliche Interessen, Konfliktebenen und Zeithorizonte zu beachten haben. Wie Beispiele erfolgreicher Kampagnen (gegen Shell, Coca-Cola, Lidl, Schlecker etc.) zeigen, können im Kampf um öffentliche Aufmerksamkeit kleine, bewegliche Akteure die auch im Internetzeitalter nach wie vor bestehende Informationsasymmetrie abbauen und Teilerfolge gegen die strukturelle Macht des Kapitals erringen (vgl. Harvey 2010: 215ff.). In der praktischen Kritik an globalen Wertschöpfungsketten können sich auch Ansätze zu anderen, regional vernetzten und genossenschaftlichen Formen des Wirtschaftens entwickeln.

Auf der Ebene der Wissenschaft mag die Blamage des CSR-Begriffs wenigstens Wege der politischen Aufklärung eröffnen. *Being Good while Being Bad* – diesen von Strike/Gao/Bansa (2006) benannten Grundwiderspruch der CSR kann die unternehmerische Selbstzuschreibung eines gesellschaftlichen Gewissens nicht überspielen. Um Chargaff (1997: 37) zu bemühen: Die Ethik verhält sich zur Unternehmensethik wie die Musik zur Militärmusik. Milde gedeutet wäre die CSR-Melodie der Radetzkymarsch (Johann Strauss Vater 1848), der in breiten Kreisen beliebt und damit als 'Ventilsitte' nützlich ist. Aber Vorsicht, auf ihn hat sich der Volksmund von jeher seinen Reim gemacht: *Wenn der Hund mit der Wurst übern Eckstein* springt ... Was den Fabrikherrn und die Arbeiter betrifft, so war dem Volk schon früh klar, wer im wirklichen Leben der Hund ist und wer die Wurst. Allzu viel dürfte sich daran im gegenwärtigen Kapitalismus nicht geändert haben. Die von seiner Verantwortungsrhetorik betroffenen Menschen, vor allem die Mitglieder der sozialen Bewegungen, die das Leitbild kritisch beim Wort zu nehmen versuchen, benötigen Ungeduld und Geduld zugleich, um zu bewirken, dass zumindest gelegentlich der zweite Vers in Erfüllung geht *und der Frosch in der Luft den Storch verschlingt.*

Mehr ist fürs erste nicht zu erwarten.

Literatur

Altvater, Elmar; Brunngräber, Achim; Haake, Markus; Walk, Heike (Hg.) (2000): *Vernetzt und verstrickt. Nicht-Regierungs-Organisationen als gesellschaftliche Produktivkraft*, Münster.

Bakan, Joel (2005): *The Corporation. The Pathological Pursit of Profit and Power*, New York.

Beckert, Jens (2010): Sind Unternehmen sozial verantwortlich? In: Schumann, Olaf J.; Brink, Alexander; Beschorner, Thomas (Hrsg.): *Unternehmensethik. Forschungsperspektiven zur Verhältnisbestimmung von Unternehmen und Gesellschaft* (Bd. 4: Ethik und Ökonomie), Marburg, 109-124.

Beschorner, Thomas (2007): Corporate Social Responsibility und Corporate Citizenship. Theoretische Perspektiven für eine aktive Rolle von Unternehmen, in: Beschorner, T.; Schmidt, M. (Hrsg.): *Corporate Social Responsibility und Corporate Citizenship*, München und Mehring.

Bluhm, Katharina (2008): Corporate Social Responsibility – Zur Moralisierung von Unternehmen aus soziologischer Perspektive, in: Maurer, Andrea; Schimank, Uwe (Hg.): *Die Gesellschaft der Unternehmen – Die Unternehmen in der Gesellschaft. Gesellschaftstheoretische Zugänge zum Wirtschaftsgeschehen*, Wiesbaden, 144-162.

Brand, Ulrich; Demirovic, Alex; Görg, Christoph; Hirsch, Joachim (Hg.) (2001): *Nichtregierungsorganisationen in der Transformation des Staates*, Münster.

Breuer, Markus; Brink, Alexander; Schumann, Olaf J. (Hg.) (2003): *Wirtschaftsethik als kritische Sozialwissenschaft*, Bern u.a..

Brunnengräber, Achim; Klein, Ansgar; Walk, Heike (Hg.) (2005): *NGOs im Prozess der Globalisierung. Mächtige Zwerge – umstrittene Riesen*, Bonn.

Chargaff, Erwin (1997): Zwei schlaflose Nächte, in: Jünger, Friedrich Georg; Himmelheber, Max (Hg.): *Scheidewege. Jahresschrift für skeptisches Denken*, Jg. 27, 14-37.

Chiapello, Ève (2009): Die Konstruktion der Wirtschaft durch das Rechnungswesen, in: Diaz-Bone, Rainer; Krell, Gertraude (Hg.): *Diskurs und Ökonomie. Diskursanalytische Perspektiven auf Märkte und Organisationen*, Wiesbaden, 125-149.

Corporate Watch (2006): *What's Wrong with Corporate Social Responsibility?* Corporate Watch Report 2006, o.O..

Crane, Andrew; McWilliams, Abagail; Matten, Dirk; Moon, Jeeremy; Siegel, Donald D. (Eds.) (2008): *The Oxford Handbook of Corporate Social Responsibility*, Oxford-New York.

Curbach, Janina (2009): *Die Corporate-Social-Responsibility-Bewegung*, Wiesbaden.

De Haan, Esther; van Dijk, Michiel (2006): *Labour Conditions in Ikea's Supply Chain. Case Studies in Bangladesh and Vietnam* (published by SOMO), August 2006, Amsterdam.

DiMaggio, Paul J.; Powell, Walter W. (1983): The Iron Cage Revisited: Institutional Isomorphism and Collective Rationality in Organizational Fields, in: *American Sociological Review*, Vol. 48, 147-160.

Doane, Deborah (2005): The Myth of CSR, in: *Stanford Social Innovation Review*, Fall 2005, 22-29.

Dörre, Klaus (2010):Überbetriebliche Regulierung von Arbeitsbeziehungen, in: Böhle, Fritz; Voß, G. Günter, Wachtler, Günther (Hg.): *Handbuch Arbeitssoziologie*, Wiesbaden, 873-912.

Freeman, R. Edward (2004): The Stakeholder Approach Revisited, in: *Zeitschrift für Wirtschafts- und Unternehmensethik*, 5. Jg., Heft 3, 228-241.

Friedman, Milton (1970): The social responsibility of business is to increase its profits. In: *The New York Times Magazine*, September 13, 1970.

Hall, Peter A., Soskice, David (2001): *Varieties of Capitalism: The Institutional Foundations of Comparative Advantage*, Oxford.

Hanlon, Gerard (2008): Rethinking Corporate Social Responsibility and the Role of the Firm, in: Crane, Andrew et al. (Eds.): *The Oxford Handbook of Corporate Social Responsibility*, Oxford-New York, 156-172.

Hansen, U.; Schrader, U. (2005): Corporate Social Responsibility als aktuelles Thema der Betriebswirtschaftslehre, in: *Die Betriebswirtschaft*, Jg. 65, Heft 4, 373-395.

Harvey, David (2007): *Kleine Geschichte des Neoliberalismus*, Zürich.

Harvey, David (2010): *The Enigma of Capital and the Crises of Capitalism*, London.

Heath, Joseph; Potter, Andrew (2009): *Konsumrebellen. Der Mythos der Gegenkultur*, Berlin.

Hirschman, Albert O. (1974): *Abwanderung und Widerspruch. Reaktionen auf Leistungsabfall bei Unternehmungen, Organisationen und Staaten*, Tübingen.

Hiß, Stefanie (2005): *Warum übernehmen Unternehmen gesellschaftliche Verantwortung? Ein soziologischer Erklärungsversuch*, Frankfurt/New York.

Hiß, Stefanie (2009): Corporate Social Responsibility – Innovation oder Tradition? Zum Wandel der gesellschaftlichen Verantwortung von Unternehmen in Deutschland, in: *Zeitschrift für Wirtschafts- und Unternehmensethik*, 10/3: 287-303.

Hundt, Sönke (1977): *Zur Theoriegeschichte der Betriebswirtschaftslehre*, Köln.

Jenkins, Rhys (2001): *Corporate Codes of Conduct: Self Regulation in a Global Economy* (Technology, Business and Society, Programme Paper No 2, April 2001), Geneva.

Kädtler, Jürgen (2005): Finanzmärkte – zur Soziologie einer organisierten Öffentlichkeit. In: *SOFI-Mitteilungen* Nr. 33, 31-37.

Kädtler, Jürgen (2009): *Finanzialisierung und Finanzmarktrationalität. Zur Bedeutung konventioneller Handlungsorientierungen im gegenwärtigen Kapitalismus* (SOFI-Arbeitspapier 2009-5). Göttingen.

Kädtler, Jürgen (2010): Finanzmärkte und Finanzialisierung. In: Böhle, Fritz; Voß, G. Günter; Wachtler, Günther (Hrsg.): *Handbuch Arbeitssoziologie*, Wiesbaden, 619-639.

Kieser, Alfred; Oechsler, Walter A. (2004): *Unternehmenspolitik*, 2. überarb. u.. akt. Auflage, Stuttgart.

KOM (Kommission der Europäischen Gemeinschaften) (2001): *Grünbuch. Europäische Rahmenbedingungen für die soziale Verantwortung der Unternehmen*, Brüssel.

Lieberman, Trudy (2008): In the Beginning. From a consumer movement to consumerism, in: Columbia Journalism Review, September-October 2008.

Lindenmeier, J.; Teschlin, Dieter K. (2008): Konsumentenboykott: State-of-the-Art und Forschungsdirektiven, in: Zeitschrift für Betriebswirtschaft, 78. Jg., Heft 5: 553-578.

Loew, Thomas (2005): CSR in der Supply Chain: Herausforderungen und Ansatzpunkte für Unternehmen, Berlin (Institute 4 Sustainability und future e.V.).

MacKenzie, Donald (2006): An Engine. Not a Camera. How Financial Models Shape Markets, Cambridge/Mass., London.

McLuhan, Marshall (1951/1996): Die mechanische Braut. Volkskultur des industriellen Menschen, Amsterdam.

Messner, D. (2005): Global Governance: Globalisierung im 21. Jahrhundert gestalten, in: Behrens, M. (Hrsg.): Globalisierung als politische Herausforderung. Global Governance zwischen Utopie und Realität. Wiesbaden, 27-54.

Miller, David (2007): *National Responsibility and Global Justice*, Oxford.

Morgan, Glenn (2011): Reflections on the macro-politics of micro-politics, in: Dörrenbächer, Christoph; Geppert, Mike (Eds.): *Politics and Power in the Multinational Corporation. The Role of Institutions, Interests and Identities*, Cambridge, 415-436.

Münch, Richard (2008): Jenseits der Sozialpartnerschaft. Die Konstruktion der sozialen Verantwortung von Unternehmen in der Weltgesellschaft, in: Maurer, Andrea; Schimank, Uwe (Hg.): Die Gesellschaft der Unternehmen – Die Unternehmen in der Gesellschaft, Wiesbaden, 163-187.

Münch, Richard; Frerichs, Sabine (2008): Markt und Moral. Transnationale Arbeitsteilung und Netzwerksolidarität, in: Maurer, Andrea (Hg.): *Handbuch der Wirtschaftssoziologie*, Wiesbaden, 394-410.

Musil, Robert (1952/1970): *Der Mann ohne Eigenschaften*, Hamburg.

Porter, Michael E.; Kramer, Mark. A. (2006): Strategy and Society. The Link between Competitive Advantage and Corporate Social Responsibility, in: *Harvard Business Review*, December 2006: 78-92.

Priddat, Birger P. (2007): *Moral als Indikator und Kontext von Ökonomie*, Marburg, 163-195.

Pruett, Duncan (2005): *Looking for a quick fix. How weak social auditing is keeping workers in sweatshops* (Clean Clothes Campaign), Amsterdam.

Rogall, Holger (2011): *Grundlagen einer nachhaltigen Wirtschaftslehre,. Volkswirtschaftslehre für die Studierenden des 21. Jahrhunderts*, Marburg.

Saage-Maß, Miriam; von Gall, Anna (2010): *Fairer Wettbewerb weltweit! Am Beispiel „Lidl-Klage“* (Gegenblende vom 13. Juli 2010).

Salazar, José; Husted, Bryan W. (2008): Principals and Agents: Further Thoughts on the Friedmanite Critique of Corporate Social Responsibility, in: Crane, Andrew et al. (Eds.): *The Oxford Handbook of Corporate Social Responsibility*, Oxford-New York, 137-155.

Schmidpeter, René; Palz, Doris (2008): Corporate Social Responsibility in Europa, in: Habisch, André; Schmidpeter, René; Neureiter, Martin (Hg.): *Handbuch Corporate Citizenship. Corporate Social Responsibility für Manager*, Berlin-Heidelberg, 493-510.

Sklair, Leslie; Miller, David (2010): Capitalist Globalization, Corporate Social Responsibility and Social Policy, in: *Critical Social Policy*, Vol. 30 (4), 472–495.

Smith, N. Craig (2009): Consumers as Drivers of Corporate Social Responsibility, in: Crane, Andrew et al. (Eds.): *The Oxford Handbook of Corporate Social Responsibility*, Oxford-New York, 281-302.

Stehr, Nico (2007): *Die Moralisierung der Märkte. Eine Gesellschaftstheorie*, Frankfurt/M..

Steinmann, H., Schreyögg, G. (2005): *Management. Grundlagen der Unternehmensführung. Konzepte – Funktionen – Fallstudien*, 6., vollständig überarbeitete. Aufl., Wiesbaden.

Strike, Vanessa; Gao, Jijun; Bansa, Pratima (2006): Being Good While Being Bad. Social Responsibility and the International Diversification of U.S. Firms, in: *Journal of International Business Studies*, 37(6): 850-862.

Trinczek, Rainer (2010): Betriebliche Regulierung von Arbeitsbeziehungen, in: Böhle, Fritz; Voß, G. Günter, Wachtler, Günther (Hg.): *Handbuch Arbeitssoziologie*, Wiesbaden, 841-872.

Ulrich, Peter (2003): Wirtschaftsethik als praktische Sozialökonomie. Zur kritischen Erneuerung der Politischen Ökonomie mit vernunftethischen Mitteln, in: Breuer, Markus; Brink, Alexander; Schumann, Olaf J. (Hg.): *Wirtschaftsethik als kritische Sozialwissenschaft*, Bern u.a., 141-165.

Ulrich, Peter (2005): *Zivilisierte Marktwirtschaft. Eine wirtschaftsethische Orientierung*, Freiburg/Br.

Ulrich, Peter (2007): Unternehmensverantwortung aus soziologischer Perspektive, in: Beschorner, T.; Schmidt, M. (Hrsg.): *Corporate Social Responsibility und Corporate Citizenship*, München und Mehring.

Van Oosterhout, J. Hans; Heugens, Pursey P.M.A.R. (2008): Much Ado About Nothing. A Conceptual Critique of Corporate Social Responsibility, in: Crane, Andrew et al. (Eds.): *The Oxford Handbook of Corporate Social Responsibility*, Oxford-New York, 197-223.

Varul, Matthias Zick (2009): Ethical Consumption: The Case of Fair Trade, in: Beckert, Jens; Deutschmann, Christoph (Hg.): *Wirtschaftssoziologie* (Kölner Zeitschrift für Soziologie und Sozialpsychologie, Sonderheft 49/2009), Wiesbaden, 366-385.

Vehrkamp, R.B.; Kleinsteuber, A. (2007): *Soziale Gerechtigkeit 2007 – Ergebnisse einer repräsentativen Bürgerumfrage* (Gemeinschaftsinitiative der Bertelsmann Stiftung, Heinz Nixdorf Stiftung und Ludwig-Erhard-Stiftung), Gütersloh.

Vinz, Dagmar (2005): Nachhaltiger Konsum und Ernährung. Private KonsumentInnen zwischen Abhängigkeit und Empowerment, in: *PROKLA*, Heft 138, 35. Jg., 29-31

Visser, Wayne (2008): Corporate Social Responsibility in Developing Countries, in: Crane, Andrew et al. (Eds.): *The Oxford Handbook of Corporate Social Responsibility*, Oxford-New York, 473-499.

Windolf, Paul (2005): Was ist Finanzmarkt-Kapitalismus? In: Ders. (Hg.): *Finanzmarkt-Kapitalismus. Analysen zum Wandel von Produktionsregimen* (Kölner Zeitschrift für Soziologie und Sozialpsychologie, Sonderheft 45/2005), Wiesbaden, 20-57.

Philippe Kellermann

Anarchismus-Agnolismus
Über die misslungene Inszenierung eines libertären Marx im „Marxismus-Agnolismus“

„Hoch lebe der Marxismus-Agnolismus, die einzige Waffe gegen den Opportunismus der roten Professoren!“
Graffiti an der Universität von Arcavacata

„Aber auch innerhalb der antiautoritären Studenten selbst ist das Interesse für den Anarchismus halbherzig und zwiespältig. Obwohl viele der Grundpositionen der antiautoritären Bewegung nichts anderes als neoanarchistische Thesen sind (außerparlamentarische Opposition, Kampf gegen die Institutionen, direkte Aktion, Basisgruppen, Straßenagitation, Bewertung der sozialen Randgruppen und rückständigen Länder als wichtige Träger der Revolution) bedienen sich die antiautoritären Studenten eher einer marxistischen als einer anarchistischen Terminologie.“
Heleno Saña

Vorab

Unlängst wurde in der PROKLA 160 von Jan Schlemermeyer Agnolis Projekt einer „Kritik der Politik“ in Erinnerung gerufen, um von diesem – und den Ausführungen Postones – ausgehend Probleme aktueller staatstheoretischer Debatten zu diskutieren. Ich will mich im Folgenden nicht mit den von Schlemermeyer aufgeworfenen Fragen auseinandersetzen, sondern vielmehr auf einen – nicht nur in den Ausführungen Schlemermeyers, sondern auch in der gegenwärtigen staatstheoretischen Diskussion – Abwesenden hinweisen: den Anarchismus. Dies scheint mir nicht nur deshalb gerechtfertigt, weil der Anarchismus eine wichtige Strömung innerhalb der sozialistischen Bewegung darstellt, sondern auch, weil er für Agnolis Projekt einer „Kritik der Politik“ eine zentrale Rolle spielt und sich die von Agnoli vertretenen Positionen weit mehr einer anarchistischen als einer marxistischen Tradition zurechnen lassen.[1] Agnoli selbst hatte erklärt:

1 Bezeichnend für diese Abwesenheit des Anarchismus ist auch die in PROKLA 162 geführte Debatte zwischen Demirović und Schlemermeyer. Klassische Streitpunkte der Marxismus/Anarchismus-Kontroverse werden dort diskutiert, wobei aber keiner der Beteiligten den

PROKLA. Verlag Westfälisches Dampfboot, Heft 164, 41. Jg. 2011, Nr. 3, 487 – 508

„Innerhalb der emanzipatorischen Entwicklung (...) hat es einen fundamentalen Irrtum gegeben. Das war die Auseinandersetzung zwischen Marxismus und Anarchismus. (...) Ich versuche seit jeher klar zu machen, dass dieser Widerspruch überwunden werden muss. Man kann es 'anarchischen Kommunismus' oder 'kommunistische Anarchie' nennen, das ist mir gleich. Aber auf jeden Fall ist das ein Weg, den man beschreiten sollte." (Agnoli 2001: 15f.) Dieser Ansatz Agnolis wird oft nicht thematisiert oder aber als Selbstverständlichkeit betrachtet, da Marx – im Gegensatz zu der auf ihn folgenden marxistischen Tradition – selbst als libertärer Denker gewertet wird. Dass eine solche Inszenierung eines libertären Marx schon bei Agnoli nur vor dem Hintergrund einer weitgehend unkritischen Betrachtung des Marxschen Denkens und Handelns, bei gleichzeitigem Ignorieren der zeitgenössischen, anarchistischen Kritik an Marx möglich ist, möchte ich im Folgenden belegen.

Diese These mag erstaunen, da Agnoli sein Verhältnis zu Marx – im Gegensatz zu vielen anderen – immer wieder humorvoll nüchtern beschrieben hat: „Was ich bei meinen hochverehrten orthodoxen Genossen als komisch empfinde, ist der Legitimationsdruck, unter den sie sich freiwillig und ohne Zwang stellen. Ganz gleich, was sie sagen, alles muss mit Marx übereinstimmen. (...) Als ob das der Nachweis der Wahrheit wäre. Da denke ich anders. Wenn in meinen Seminaren die Marxistische Gruppe auftaucht und sagt: 'Johannes, was Du sagst stimmt nicht mit Marx überein', dann antworte ich: 'um so schlimmer für Marx!'" (Agnoli 1984: 218; vgl. 1978: 22) Und tatsächlich hat Agnoli *auch* in diesem Sinne gehandelt, wenn er beispielsweise in einer Diskussion aus dem Jahre 1976 einwirft, dass der Vorwurf an den Mitdiskutanten Claus Offe, dieser habe sich einer „gänzliche[n] Fehlinterpretation des Marxschen Systems" schuldig gemacht, „methodologisch schief" sei, denn: „Geht es uns um die richtige Interpretation des Marxschen Systems oder um die Analyse der Wirklichkeit?" (Agnoli 1976: 321) Andererseits – und hierin ähnelt Agnoli durchaus jener Orthodoxie, die er so vehement kritisierte, – hat er sich immer wieder auf Marx berufen und dabei diesem Positionen unterstellt, die, sobald man einen Blick auf die historische Auseinandersetzung zwischen den Anarchisten und Marx innerhalb der Ersten Internationale wirft, nur Kopfschütteln verursachen können.

Anarchismus erwähnt. Vielleicht bringt es tatsächlich „nichts, heute noch einmal die Theoriekontroversen der 1970er Jahre zu wiederholen" (Demirović 2011: 149), aber angemerkt werden darf, dass es sich im Kern um Kontroversen der „1870er Jahre" handelt.

Ausgangspunkt: Die Auseinandersetzung zwischen Anarchismus und Marxismus als historischer „Irrtum"

Schon das anfangs zitierte Statement Agnolis ist von einer Unklarheit gekennzeichnet: Handelt es sich bei der Auseinandersetzung zwischen Marxismus und Anarchismus um einen „Irrtum" oder einen „Widerspruch"? Es ist bezeichnend, dass Agnoli sich für die Variante „Irrtum" entscheidet und erklärt: „Es war die private Auseinandersetzung zwischen Marx und Bakunin – beide waren übrigens autoritäre Personen –, die auch in eine organisatorische Auseinandersetzung mündete" (Agnoli 2001: 15f.; vgl. 1989/1990: 223). Diese Behauptung, die in vielerlei Hinsicht problematisch und auch verkehrt ist – was man auch damals schon wissen konnte[2] –, ist insofern interessant, weil sie Agnolis Versuch zeigt, jene von ihm eingeforderte Versöhnung „feindliche[r] Brüder" (Most 1900: 111) durch eine Entnennung der eigentlichen inhaltlichen Streitpunkte zu erreichen. Dass Agnoli dabei nicht einmal diese scheinbar „neutrale" Darstellung – werden doch gleichermaßen Marx wie Bakunin kritisiert – durchhält, da Marx von Agnoli ansonsten als keineswegs autoritäre Person präsentiert wird (vgl. z.B. Agnoli 1984: 219), während über Bakunin großes Schweigen herrscht, sei nur nebenbei bemerkt. Interessanterweise hat Agnoli – wie aus einzelnen Bemerkungen hervorgeht – dennoch auch inhaltliche Differenzen zwischen Marx und Bakunin diagnostiziert, die aber niemals ernsthaft in ihrem historischen Kontext erläutert oder diskutiert werden. Hierzu ein Beispiel, das das Verhältnis von revolutionärer Strategie und Organisation betrifft.

Eine falsche Kritik: Bakunin und die Organisation

In einer frühen Veröffentlichung stellt Agnoli „Bakunins Methode des unvermittelten Aufstands" der „marxistischen Strategie der organisierten Revolution" gegenüber (Agnoli 1964: 219). Weder wird Bakunin zitiert noch auf irgendeine Quelle hingewiesen, in der man sich über diese „Methode" informieren kann. Was auch immer einen „unvermittelten Aufstand" genau kennzeichnen mag, geht doch aus der Gegenüberstellung hervor, dass Bakunin – hier reproduziert Agnoli ein klassisches Fehlurteil über den Anarchismus[3] – ein Gegner jeglicher

---

2 Zu Geschichte und Verlauf des Konfliktes zwischen Marx und Bakunin vom heutigen Forschungsstand aus, siehe Eckhardt (2004; 2011).

3 Vgl. z.B. noch jüngst Thomas Heinrichs: „Der Anarchismus hat sich gegen jede Organisation gewandt. Dies ist falsch." (Heinrichs 2002: 114) Falsch ist vielmehr Heinrichs Behauptung, die ja noch nicht einmal erklären kann, warum der Anarchismus eine maßgebliche Kraft in der Internationale gewesen ist, die doch zweifelsohne eine Organisation

Form von Organisiertheit gewesen sei bzw. die Notwendigkeit von Organisation nicht bedacht habe. Dies ist nicht nur vor dem Hintergrund merkwürdig, dass Bakunin von manchem zum „Organisator des größten revolutionären Aufstandes auf deutschem Boden" (Eisner 1913: 224) – gemeint sind die Dresdener Kämpfe 1849 – ernannt wurde[4], sondern auch, dass sich dies z.B. in Bakunins *Staatlichkeit und Anarchie* ganz anders anhört. Dort heißt es: „Unser [russisches] Volk braucht eindeutig Hilfe. Es befindet sich in einer so verzweifelten Lage, dass man mühelos jedes beliebige Dorf zur Revolte bringen könnte. Doch (...) sind solche isolierten Ausbrüche nicht ausreichend. Man muss alle Dörfer auf einmal aufrütteln. (...) Der Hauptmangel, der die allgemeine Volkserhebung in Russland paralysiert und bisher unmöglich gemacht hat, ist die Isoliertheit der Obščina, die Abgeschiedenheit und Vereinzelung der lokalen Bauern-Mirs. Um jeden Preis muss diese Abgeschlossenheit überwunden werden, muss ein lebendiger Strom revolutionären Denkens, Wollens und Tuns zu diesen einzelnen Mirs geleitet werden. Man muss eine Verbindung unter den besten Bauern aller Dörfer, Bezirke und möglichst auch Gebiete, unter den Progressiven, den natürlichen Revolutionären des russischen Bauerntums herstellen und, wo es möglich ist, ein ebenso lebendiges Band zwischen den Fabrikarbeitern und der Bauernschaft knüpfen." (Bakunin 1873a: 384 und 386) Auch in der Ersten Internationale war Bakunin maßgeblich organisatorisch tätig, wurden doch überhaupt erst auf seine Initiativen hin Sektionen in Ländern wie Spanien und Italien gegründet.[5] Und nicht zufällig heißt es in Bakunins Abschiedsbrief „An die Genossen der Juraföderation": „Heute ist vor allem die Organisation der Kräfte des Proletariats von Wichtigkeit. (...) Der Euch bevorstehende Kampf wird furchtbar sein. Aber lasst Euch nicht entmutigen und wisst, dass trotz der ungeheuren materiellen Macht Eurer Gegner der Endsieg

---

war. Ulkig wird es dann, wenn Heinrichs anfügt: „Aber ebenso falsch war es, dass der Kommunismus herrschaftsförmige Organisationen schuf und nutzte. Selbstverständlich kann man unter Nutzung solcher Organisationsformen die bürgerliche Gesellschaft abschaffen. Was man aber nicht abschaffen kann, ist die Herrschaftsförmigkeit von Gesellschaft. Die Form der Organisation muss daher bereits im hier und heute geändert werden, die Form der Organisiertheit überhaupt muss dagegen beibehalten werden." (Ebd. 114f.) Gerade das war die Position der Anarchisten in der Internationale!

4 In seiner Schrift *Revolution und Konterrevolution in Deutschland* schreibt Engels: „In Dresden währte der Kampf in den Straßen der Stadt vier Tage lang. (...) Diese [die Aufständischen] wiederum bestanden fast ausschließlich aus Arbeitern der umliegenden Fabrikbezirken. Sie fanden *einen fähigen, kaltblütigen Führer in dem russischen Flüchtling Michail Bakunin*" (MEW 8: 100).

5 „Es war doch eine Leistung für einen armen Flüchtling, der nichts besaß als seinen Geist und seinen Willen, in einer Reihe europäischer Länder, in Spanien, Italien und Russland, die ersten Fäden der internationalen Arbeiterbewegung gesponnen zu haben." (Mehring 1918: 409).

Euch sicher ist, wenn Ihr nur folgende zwei Bedingungen treu befolgt: 1. Haltet fest am Prinzip großer und weiter Volksfreiheit, ohne welche selbst Gleichheit und Solidarität nur Lügen sind; 2. Organisiert immer mehr die praktische, militante internationale Solidarität der Arbeiter aller Berufe und aller Länder und erinnert Euch, dass, wie unendlich schwach Ihr sein mögt als Einzelpersonen, als alleinstehende Lokalitäten oder Länder, Ihr unendliche, unwiderstehliche Kräfte in dieser universellen Gesamtheit schöpfen werdet." (Bakunin 1873b: 846f.) Ein kurzer Blick in die Biographie und die Texte Bakunins zeigt also schon, dass die Differenz zwischen Marx und Bakunin keineswegs die zwischen dem Konzept einer blinden Revolte und dem einer organisierten Revolution gewesen ist. Worum es eigentlich ging, erläutert der Anarchist Rudolf Rocker: „Die Anhänger der alten [Ersten] Internationale, einerlei, zu welcher besonderen Richtung sie sich bekannten, waren alle überzeugte Anhänger der Organisation. Und als später der Kampf zwischen den Autoritären und den Antiautoritären im Schoße der Internationale entbrannte, stritt man sich nicht um die Organisation als solche, sondern lediglich um die Form derselben; denn an der Notwendigkeit der Organisation, sowohl für den Befreiungskampf des Proletariats als auch für den Aufbau einer neuen Gesellschaft, zweifelte keiner." (Rocker 1924: 126) Agnoli, für den der Konflikt in der Internationale „keineswegs der Konflikt des antiautoritären Prinzips gegen das autoritäre" gewesen ist, „sondern (...) der ganz und gar persönliche Streit zweier zutiefst autoritärer Knochen" (Agnoli 1989/90: 223), ignoriert in seinen Schriften die Auseinandersetzung um die Organisations-„Form" der Internationale einfach und begnügt sich damit vage anzudeuten, dass die private Auseinandersetzung zwischen Marx und Bakunin „auch in eine organisatorische Auseinandersetzung" gemündet wäre, worunter sich dann jeder vorstellen kann, was er will.[6] Betrachten wir deshalb die von Rocker erwähnte Streitfrage.

Über die Dialektik von Form und Zweck in der Organisationsfrage der Internationale

Ein wesentlicher Punkt in der Organisationsdebatte der Internationale war die Frage nach dem Verhältnis von Form und Zweck. Auch Agnoli hat sich zu dieser Frage, wie gesagt ohne die Debatte der Internationale damit in Verbindung zu

6 Eine der historischen Wahrheit adäquatere Darstellung des Verhältnisses von Ursache und Wirkung in dieser Frage, vertritt Julius Braunthal, wenn er erklärt, dass der „Konflikt zwischen Anarchismus und Marxismus – ein Konflikt widerstreitender Ideen der Ziele des Sozialismus, der Methoden der sozialen Revolution und der Organisationsform der Internationale (...) in gehässige Feindschaft zwischen den Anhängern der beiden Richtungen, vor allem zwischen Bakunin und Marx" entartet sei (Braunthal 1974: 184).

bringen, geäußert. So erklärt er, ebenfalls in einem Interview: „Eine Organisation, die sich die Emanzipation zum Ziel setzt, muss in der Lage sein, im Vorlauf zu diesem Ziel selber die Emanzipation zu verwirklichen. Eine Organisation, die, um die Emanzipation zu erzielen, sich eine hierarchische Struktur gibt, wird unmöglich dieses Ziel erreichen. Gerade die Geschichte der sozialdemokratischen und kommunistischen Parteien zeigt das. (...) Wie das freilich zu erreichen ist, weiß ich nicht, ich weiß nur, dass dies geschehen sollte. (...) Wenn man mich nach einem Modell fragt, nenne ich immer das Rätemodell. Doch genau lässt sich dies nicht beschreiben." (Agnoli 1998) Schon vor über hundert Jahren wäre Agnoli mit seiner Ansicht nicht alleine gewesen, denn diese Position wurde auch innerhalb der Ersten Internationale vertreten. So ist im sogenannten „Jurazirkular" denkbar prägnant zu lesen: „Die künftige Gesellschaft soll nichts anderes sein, als die allgemeine Durchführung der Organisation, die die Internationale sich gegeben haben wird. Wir müssen also Sorge tragen, diese Organisation so viel als möglich unserem Ideal zu nähern. Wie könnte eine egalitäre und freie Gesellschaft aus einer autoritären Organisation hervorgehen? Das ist unmöglich. Die Internationale, Embryo der künftigen menschlichen Gesellschaft, ist gehalten, schon von jetzt an das treue Bild unserer Grundsätze von Freiheit und Föderation zu sein und jedes der Autorität, der Diktatur zustrebende Prinzip aus ihrer Mitte herauszuwerfen." (Guillaume 1871: 169)[7] Wäre Agnoli also nicht alleine mit seiner Ansicht gewesen, so hätte er sich doch einem Gegner gegenüber gesehen, der vor keiner polemischen Verleumdung zurückschreckte: Marx.[8] Und dieser, gegen dessen Organisationsvorstellungen das Jurazirkular im Übrigen gerichtet war, hat dann – zusammen mit Engels – den Text auch gebührend kommentiert: „Mit anderen Worten, wie die Klöster des Mittelalters das Ebenbild des himmlischen Lebens repräsentierten, soll die Internationale das Ebenbild des neuen Jerusalems werden, dessen 'Keim' die Allianz in ihrem Schoße trägt. Die Pariser Föderierten hätten keine Niederlage erlitten, wenn sie begriffen hätten, dass die Kommune 'der Keim der künftigen menschlichen Gesellschaft' war, und

---

7 Es ist eigentlich ungeheuerlich, dass kaum jemand dieses für die (Ideen-)Geschichte des Sozialismus so wichtige Dokument zu kennen oder sich dafür zu interessieren scheint. Umso mehr, als die darin formulierte Position heute geradezu den Status einer Binsenweisheit besitzt.

8 Wie Wolfgang Eckhardt zu Recht feststellt: „Noch heute verblüfft der unsachliche Stil, mit dem Marx seine erbitterte Polemik gegen Bakunin zu einem Zeitpunkt beginnt, an dem sich die historische Differenz zwischen Marxismus und Anarchismus abzeichnet und eine *inhaltlich* bestimmte Auseinandersetzung wichtig gewesen wäre." (Eckhardt 2005: 14) Bakunin selbst klagte darüber, dass „uns" von den „Marxischen Artilleristen" statt „Kugeln" nur „eine Sintflut stupider und unflätiger Verleumdungen" entgegengeschleudert wurden (Bakunin 1872: 821).

sich jeder Disziplin und aller Waffen entledigt hätten, Dinge, die verschwinden müssen, sobald es keine Kriege mehr gibt." Es folgt der Vorwurf, dass „dieses hübsche Projekt der Desorganisation und Entwaffnung der Internationale in einem Augenblick ausgeheckt" worden sei, „wo sie um ihre Existenz kämpft" (MEW 18: 43). Die Blindheit gegenüber der eigentlich zur Debatte stehenden Frage, dass, da „die Organisation der Internationale nicht die Schaffung neuer Staaten oder Despotismen zum Ziel hat, sondern die radikale Zerstörung aller Einzelherrschaften", sie deshalb „einen wesentlich verschiedenen Charakter von der Organisation der Staaten haben" müsse (Bakunin 1871: 385), wird auch an einer Stellungnahme von Engels deutlich, wo dieser schreibt: „Hätte es in der Pariser Kommune ein wenig Autorität und Zentralisation gegeben, so hätte sie über die Bourgeois gesiegt. Nach dem Sieg können wir uns organisieren, wie wir wollen, doch für den Kampf scheint es mir notwendig, alle unsere Kräfte zusammenzuballen und sie auf denselben Angriffspunkt zu richten." (MEW 33: 372) Agnoli, der uns über die Position von Marx in dieser Debatte nichts mitteilt, erwähnt nur einmal in einem Aufsatz, dass Engels „schon" 1874 – die Debatte in der Internationale war 1871/1872 – für eine „autoritäre[.] Organisationsform" eingetreten sei (Agnoli 1964: 219), wobei er die Position von Engels mit der deutschen Sozialdemokratie und nicht mit Marx in Verbindung bringt. Über Marx heißt es einmal lediglich: „Emanzipation, gesellschaftliche Autonomie können nur noch – auf der Suche nach neuen Organisationsformen der Reproduktion ohne politischen Charakter (ohne Herrschaft und Macht, ohne Palast) – außerhalb der staatlichen Instanzen, Organe und Einrichtungen gefunden werden. Die Utopie der 'Gesellschaft der Freien und Gleichen' (Marx) kann nicht als Gesetzesvorlage weder oppositioneller noch regierender Fraktionen in den Bundestag eingebracht werden. Marx hat uns freilich und leider nur die Aufgabe und das Problem, nicht die Lösung hinterlassen." (Agnoli 1986: 213) Marx aber hat kein „Problem" hinterlassen, denn er hat das Problem noch nicht einmal gesehen. Das von Agnoli aufgeworfene Problem hat vielmehr die Juraföderation aufgeworfen und ganz im Sinne Agnolis, allerdings über 100 Jahre ihm zuvorkommend, beantwortet – gegen Marx!

Organisatorische Ausrichtung der Internationale: Arbeiterpartei oder revolutionäre Gewerkschaft

Agnoli hat für Organisationsformen „außerhalb der staatlichen Instanzen, Organe und Einrichtungen" plädiert. Es verwundert also nicht, dass sich Agnoli einen „erklärte[n] Parteigegner" (Agnoli 1989a: 102) nennt. Auch diese Frage bildete einen zentralen Streitpunkt innerhalb der Organisationsdebatte der Internationale. Sehr schematisch lassen sich dabei die Befürworter der Gründung von nationalen Arbeiterparteien und die Befürworter föderaler, strikt außerparlamentarisch-agierender Gewerkschaften voneinander unterscheiden. Von Agnoli erfahren wir weder etwas über diese Streitfrage, noch welche Position Marx in dieser Auseinandersetzung eingenommen hat. Dass aber seine Parteigegnerschaft mit Marx in Verbindung gebracht werden kann, wird mitgeteilt. So wendet er sich einmal gegen die „Kautsky-Lenin-Linie" und betont, dass „Marxens Kritik der Politik konsequent auch zu einer Kritik der Form Partei führen" „muss" (Agnoli 1980a: 150). Zwar wird nicht deutlich, ob Agnoli diese Kritik schon bei Marx selbst (aus)formuliert sieht; der Versuch aber ist offenkundig, seine Parteikritik als logische Weiterführung des Marxschen Ansatzes und somit als im Marxschen Denken (implizit oder explizit) präsent darzustellen. Agnolis Position, wonach die „Volksmassen (...) ihre elementaren Kräfte außerhalb des Staates und gegen ihn organisieren müssen" (Bakunin 1873a: 329), wurde nun tatsächlich innerhalb der Internationale vertreten, nur leider von Seiten der Anarchisten. So empfahl die Romanische Föderation „allen Sektionen der Internationalen Arbeiterassoziation auf alle Aktionsformen zu verzichten, die auf die Umgestaltung der Gesellschaft mittels nationaler Reformpolitik abzielen, und ihre gesamte Tätigkeit auf den föderativen Aufbau von Gewerkschaften zu richten, dem einzigen Weg zum Erfolg der sozialen Revolution. Diese Föderation ist die wirkliche Repräsentation der Arbeit und muss unbedingt außerhalb der politischen Regierungen stattfinden" (zit.n.: Eckhardt 2004: 194). Der Marx, den uns Agnoli präsentiert, hat jedenfalls die Konsequenzen seiner (angeblichen) „Kritik der Politik" nicht verstanden, denn gerade er war es allen voran, der auf dem Kongress von Den Haag 1872 (zu dessen abenteuerlichen Ablauf, siehe Eckhardt 2011) allgemeinverbindlich festlegen ließ: „In seinem Kampf gegen die kollektive Macht der besitzenden Klasse kann das Proletariat *nur dann* als Klasse handeln, wenn es sich selbst als besondere Partei im Gegensatz zu allen alten, von den besitzenden Klassen gebildeten Parteien konstituiert." (MEW 18: 149; H.v.m.)[9] Auch diese strategische

9 Welche Konsequenzen sich aus dieser grundsätzlich vorgetragenen Position historisch ergeben konnten, zeigt die Argumentation des die stalinistische KPF verteidigenden Sartre, der erklärte: „[I]ch wende mich noch einmal an alle diejenigen, die sich sowohl für Marxisten wie für Antimarxisten ausgeben und heute frohlocken, weil die Arbeiterklasse ‚im Begriff ist, sich von der KP zu lösen'; ich erinnere sie an jenen Satz von Marx, den sie alle gelesen und hundertmal kommentiert haben: ‚Die Arbeiterklasse [kann] ... nur als Klasse handeln, indem sie sich selbst als besondere politische Partei konstituiert', und fordere sie auf, die Konsequenzen daraus zu ziehen: was immer sie von den ‚Stalinisten' halten, und selbst wenn sie meinen, dass die Massen sich täuschen oder getäuscht werden, wer anderes sorgt für ihren Zusammenhalt, wer anderes garantiert die Wirksamkeit ihrer Aktion, wenn nicht die KP? Was ist das ‚als besondere politische Partei konstituierte

Weichenstellung führte dazu, dass die Mehrheit der Landesföderationen sich von Marx und dem Generalrat abwandte und die Erste Internationale zerbrach.

Marx und der Parlamentarismus oder: der böse Engels

Mit der Frage der Parteibildung war die Frage des Parlamentarismus verknüpft. Agnoli selbst hat sich – obwohl mit Schwankungen, die hier nicht diskutiert werden können[10] – zumindest in der Hinsicht durchgängig als Antiparlamentarist verstanden, als dass eine Gesellschaft der Freien und Gleichen nicht über das Parlament eingeführt werden könne und er die „Klebrigkeit des parlamentarischen Regierungssystems" (Agnoli 1967: 85) seit jeher zum Thema gemacht hat. Die (reformistische) Aufgeschlossenheit des Marxismus gegenüber dem Parlamentarismus hat Agnoli vor allem mit dem (späten) Engels in Verbindung gebracht. So erwähnt er die „Illusion [von] Engels" (Agnoli 1968a: 104), spricht abwertend von der „Engelsschen Euphorie" (Agnoli 1986: 183) und charakterisiert in seinen „Thesen zur Transformation und zur außerparlamentarischen Opposition" die „von Engels entwickelte [!] Perspektive" dahingehend, dass für diesen „die 'bürgerliche Republik' (...) die beste Form für die offene, unter Umständen sogar friedliche Austragung des Klassenkampfes und des Herrschaftskonflikts" sei (Agnoli 1968b: 231). Und in einem anderen Text grenzt er Engels explizit von Marx ab: „Anders als Marx nahm Engels (...) gegenüber dem bürgerlichen Staat eine abgestuftere Position ein, deren Unschärfe die reformistische Wende in der Politik traditioneller Arbeiterparteien ermöglichte und theoretisch begründen half." (Agnoli 1977: 142) Agnoli, der an diesen Stellen auf die vom alten Engels verfasste „Einleitung" (1895) zu Marx' Klassenkämpfen in Frankreich anspielt, stellt wohl bewusst heraus, dass wir es mit Aussagen des *späten* Engels zu tun haben – folglich einem Engels, der nicht mehr von Marx hätte korrigiert werden können bzw. mit dem Marx in keinerlei Verbindung gebracht werden kann: „Der spätere Engels, von den Wahlerfolgen der Bebelschen Sozialdemokratie betroffen und fasziniert" stilisierte „die 'bürgerliche Republik' (...) zur möglichen Form der Diktatur des Proletariats (...) und den legalen Kampf durch Wahlzettel zum

---

Proletariat' heute in Frankreich, wenn nicht die Gesamtheit der von der KP organisierten Arbeiter? Wenn die Arbeiterklasse sich von der Partei lösen will, steht ihr nur ein Mittel zur Verfügung: zu Staub zu zerfallen." (Sartre 1952: 162)

10 „Ich habe früher eine Fundamentalopposition in Aussicht gestellt, die parlamentarisch tätig ist. Inzwischen bin ich zu der Ansicht gekommen, dass dies innerhalb der Institutionen nicht möglich ist, dass die Institutionen stärker sind als ein möglicher reformerischer Wille. Das Institutionensystem ist ein Machtsystem objektiven Charakters, das nicht abhängt von den Menschen, die in ihm sind. Das gilt auch für die Parteiform." (Agnoli 1998)

großen Alptraum der Bourgeoisie" (Agnoli 1977: 142) Hiergegen ist einerseits einzuwenden, dass Engels diese Positionen nicht erst nach Marx' Tod vertreten hat,[11] sowie es andererseits zu betonen gilt, dass Marx selbst solche Positionen vertreten hat. Beispielsweise wenn er 1852 erklärt: „Das allgemeine Wahlrecht ist (...) für die Arbeiterklasse Englands gleichbedeutend mit politischer Macht; denn das Proletariat bildet dort die große Majorität der Bevölkerung und hat sich in langem, wenn auch versteckt geführtem Bürgerkrieg zum klaren Bewusstsein seiner Klassenlage durchgerungen. (...) Das Durchsetzen des allgemeinen Wahlrechts wäre daher in England in weit höherem Maße eine Errungenschaft sozialistischen Inhalts als irgendeine Maßnahme, die auf dem Kontinent mit dieser Bezeichnung beehrt worden ist. Hier wäre ihr unvermeidliches Ergebnis *die politische Herrschaft der Arbeiterklasse*." (MEW 8: 344) Und es ist gerade Marx, der in der Internationale diese Auffassung gegen die außerparlamentarisch ausgerichteten Gruppen stark macht: „In fast allen Ländern haben gewisse Mitglieder der Internationale (...) zugunsten der Abstention von der Politik Propaganda gemacht; und die Regierungen haben sich wohl gehütet, dem Einhalt zu gebieten. (...) Man soll keineswegs glauben, dass es von geringer Bedeutung ist, Arbeiter in den Parlamenten zu haben. (...) Die Regierungen sind uns feindlich gesinnt; man muss ihnen mit allen uns zu Gebote stehenden Mitteln antworten. Arbeiter bringen in die Parlamente ist gleichbedeutend mit einem Sieg über die Regierungen, aber man muss die richtigen Männer auswählen" (MEW 17: 650f.). Wie Schieder meint, zeichnete es „den Politiker Marx gerade" aus, „dass er im Unterschied zu allen seinen Kampfgenossen in der Internationale die parlamentarische Tätigkeit als politische Alternative zu revolutionärer Fundamentalopposition entdeckte" (Schieder 1991: 94).[12] Wenn Agnoli uns auch über diese Streitfrage nichts mitteilt, so wusste er doch, dass Marx nicht so meilenweit von Engels entfernt war, wie er es des öfteren behauptete. So heißt es an einer Stelle der *Transformation der*

11 So schreibt Engels 1870, dass in England die „Ausdehnung des Stimmrechts (...) in ihren Folgen der ganzen Bourgeoisherrschaft ein Ende machen muss" (MEW 7: 534). Tadelnd heißt es z.B. auch 1881 über die Briten: „Überall kämpft der Arbeiter um die politische Macht, um die direkte Vertretung seiner Klasse in den gesetzgebenden Körperschaften – überall, nur in Großbritannien nicht." (MEW 19: 278)

12 So verweist Engels in seiner „Einleitung" zu den Klassenkämpfen selbst zu Recht auf die Kontinuität zwischen den früheren Auffassungen von Marx und ihm, wenn er erklärt: „Schon das 'Kommunistische Manifest' hatte die Erkämpfung des allgemeinen Wahlrechts, der Demokratie als eine der ersten und wichtigsten Aufgaben des streitbaren Proletariats proklamiert" (MEW 7: 519). Und wenn Engels kurz darauf erklärt, es müsse darum gehen, das Wahlrecht aus einem „Mittel der Prellerei" in ein „Werkzeug der Befreiung" umzufunktionieren (MEW 7: 519), zitiert er Marx selbst, der dies in das Programm der marxistischen Partei Frankreichs hineingeschrieben hatte (vgl. MEW 19: 238).

Demokratie in Anschluss an ein Zitat aus Marx' *Klassenkämpfen in Frankreich*, dass dort „in Aussicht gestellt" werde, „dass der Durchbruch zur sozialen Emanzipation – und nicht bloß die Reproduzierung des Klassenkampfes – auf dem Boden und mit den Mitteln der bürgerlichen Verfassung erfolgen kann" (Agnoli 1967: 40). Und in einem anderen Aufsatz wird nebenbei die „Marxsche Hypothese von der parlamentarischen Chance der Revolution in bestimmten, fortgeschrittenen Nationalgesellschaften" erwähnt (Agnoli 1968c: 37). Wobei das Problem an diesem Relativierungsversuch nur ist, dass die gesamte politische Strategie von Marx auf diese „bestimmten, fortgeschrittenen Nationalgesellschaften" ausgerichtet war.[13] Diese Einsichten verarbeitet Agnoli aber niemals grundsätzlich, ignoriert sie vielmehr oder relativiert sie immer wieder.[14] Diese Ignorierung und Relativierung fällt Agnoli umso leichter, als er an diesen Stellen nirgendwo darauf zu sprechen kommt, dass es sich hier um einen der zentralen Streitpunkte zwischen der anarchistischen Bewegung und Marx handelte.[15] Bringt er dann einmal die

---

13 So kritisierte schon Bakunin: Marx hat „hauptsächlich nur die englischen Verhältnisse im Auge (...). Man könnte sagen, dass da ein Engländer ausschließlich zu Engländern spricht" (Bakunin 1872: 818).

14 So plädiert er an einer Stelle für eine „Revision der Marxschen, *noch mehr der Engelsschen* Ansichten über die ‚demokratische Republik' und deren klassenkampfgünstigen politischen Charakter" (Agnoli 1968d: 65; H.v.m.). Oder an anderer Stelle spricht er für eine „Überprüfung der theoretischen Positionen von Marx, Engels und Lenin gegenüber dem Parlamentarismus", um sogleich hinzuzufügen, dass „es in erster Linie hier um Lenin" ginge (Agnoli 1968a: 105).

15 Agnolis Geschichtsschreibung ist in diesem Zusammenhang denkbar erstaunlich. Beispielsweise erklärt er: „Es scheint mir jedoch, dass im vorigen Jahrhundert Politiker konservativer Richtung sich [in Bezug auf das freie, allgemeine Wahlrecht] als weitaus klüger und sachgerechter erwiesen haben als einige Theoretiker der Revolution." (Agnoli 1977: 142) Dies wusste seinerzeit schon Bakunin: „Als Staatsmann der neuesten Schule fürchtet Gambetta weder weitestreichende demokratische Formen noch das allgemeine Wahlrecht. Er weiß besser als jeder andere, wie wenig Garantien sie für das Volk enthalten, wie viele dagegen für die es ausbeutenden Personen und Klassen; er weiß, dass der Despotismus der Regierung nie so schrecklich und so stark ist, wie wenn er sich auf die Pseudo-Vertretung eines Pseudo-Volkswillens stützt." (Bakunin 1873a: 132f.) Schön auch, wenn Agnoli schreibt: „Man richtete sich doch sehr nach den Hoffnungen des späten Engels. Heute sind wir klüger geworden: Daraus [aus dem allgemeinen, freien Wahlrecht] wurde das sicherste Mittel, Revolutionen behördlich-rechtlich als zwecklos und überflüssig erscheinen zu lassen." (Agnoli 1986: 201). „Heute": 1986? Noch mal Bakunin: „Damals [1815] ahnte noch niemand diese Wahrheit, die heute [1873!] auch der dümmste Despot kennt, dass nämlich die sogenannten konstitutionellen Regierungsformen oder die einer Volksvertretung kein Hindernis für staatlichen, militärischen, politischen und finanziellen Despotismus sind, sondern seine innere Festigkeit und Stärke beträchtlich erhöhen können, indem sie ihn gleichsam legalisieren und ihm den trügerischen Anschein einer Volksvertretung verleihen." (Bakunin 1873a: 252f.)

Namen Marx und Bakunin mit der Frage des Parlamentarismus in Verbindung, wird es geradezu grotesk.

Exegese mit Humor: Der Reformist Bakunin wird von Marx widerlegt

In einem Interview mit der anarchistischen Zeitschrift *Schwarzer Faden* erklärt Agnoli: „Marx hat in einem Punkt leider Recht behalten gegenüber Bakunin: Die Institutionen sind stärker als der Wille des Einzelnen. Die Institutionen entwickeln eine eigene Dynamik und Klebrigkeit." Und Agnoli erläutert: „Wenn man bedenkt, dass die Grünen als Fundamentalopposition in den Bundestag kamen und sich jetzt als prinzipiell koalitionsfähig bezeichnen, merkt man, wie die Institution die Menschen einkassiert." (Agnoli 1984: 217) Offenkundig soll Marx als fundamentaler Kritiker einer instrumentalistischen Auffassung der (bürgerlich-parlamentarischen) Institutionen in Szene gesetzt werden, während Bakunin der Unterschätzung der integrativen Macht der Institutionen überführt wird. Betrachten wir diese Behauptung Agnolis näher. Erstens wird nicht ausgewiesen, wo Marx diese anti-institutionelle Position vertreten haben soll, geschweige denn, ob er dies als Kritik an Bakunin geäußert hat. Vermutlich bezieht sich Agnoli auf den jungen Marx, der erklärt hatte: „Die eigentliche Radikalkur der Zensur wäre ihre Abschaffung; denn das Institut ist schlecht, und die Institutionen sind mächtiger als die Menschen." (MEW 1: 27)[16] Gerade in Marx' Positionierung gegenüber dem Parlamentarismus in der Debatte der Internationale finden wir diesen Vorbehalt aber nicht. Erinnern wir uns: „Arbeiter bringen in die Parlamente ist gleichbedeutend mit einem Sieg über die Regierungen, aber man muss die richtigen Männer auswählen" (MEW 17: 651). Nicht nur finden wir hier keinerlei Spur eines Wissens um die „Klebrigkeit des parlamentarischen Regierungssystems" (Agnoli 1967: 85), es ist auch zu erkennen, dass Marx hier genau jene Position vertritt, die Agnoli Bakunin unterstellt. Denn es ist wohl der Wille der „richtigen Männer", die für eine gute Politik in den Parlamenten sorgt. Jene Position dagegen, die Agnoli Marx unterstellt, hat nun gerade Bakunin – gegen Marx – vertreten: „Die Arbeiterabgeordneten, in bürgerliche Existenzbedingungen gebracht und in eine Atmosphäre ganz bürgerlicher politischer Ideen, aufhörend wirkliche Arbeiter zu sein, um Staatsmänner zu werden, werden Bourgeois werden, und vielleicht mehr Bourgeois als die Bourgeois selbst

---

16 Auf diese Stelle verweist Agnoli immer wieder – zitiert sie in unterschiedlichen Abwandlungen – ohne jemals die MEW-Stelle genau auszuweisen (vgl. z.B. Agnoli 1986: 163; 1989b: 267).

sein. *Denn nicht Männer bilden die Stellungen, die Stellungen im Gegenteil bilden die Männer.* Und wir wissen aus Erfahrung, dass die Bourgeoisarbeiter oft nicht weniger egoistisch sind als die Bourgeoisausbeuter, nicht weniger verhängnisvoll für die Internationale als die Bourgeoissozialisten, nicht weniger eitel und lächerlich als der geadelte Bourgeois. (...) Es gibt keine guten Absichten und keine Aufrichtigkeit, die standhielten gegen die Einflüsse der Stellung" (Bakunin 1869: 169f.; H.v.m.).[17] Marxistische Dialektik, ob orthodox oder subversiv, treibt manchmal merkwürdige Blüten. „Marx hat viele Fehler begangen", so Agnoli, „manchmal aber etwas sehr wichtiges gesagt. Unter anderem meint er, dass die Institutionen mächtiger sind als der Wille des einzelnen. Sie haben eine eigene Logik. Wer sich in die Institutionen begibt, beginnt mit dem Abbau des Protestes. (...) Wer sich in die Institutionen begibt (...) fühlt sich darin wohl. Er mästet sich. Er wächst und gedeiht, bekommt immer noch ein paar Stimmen mehr und glaubt, damit die Welt verändern zu können. In Wirklichkeit ist er tot, bestätigt genau das System, das er ursprünglich sprengen wollte." (Agnoli 1994: 62) Sicherlich: Marx hat viele Fehler begangen, aber einer seiner größten Fehler war es, die fundamentale, anarchistische Kritik am Parlamentarismus nicht einmal ernst genommen zu haben.[18]

Die Inspiration seiner Parlamentarismuskritik hat Agnoli dann 1986, auf seinen „Klassiker" über die *Transformation der Demokratie* rückblickend, folgendermaßen erläutert: „Linkskommunismus, Anarchosyndikalismus, vor allem aber revolutionärer Syndikalismus: das sind die Quellen der linken Parlamentarismus-Kritik: in ihren Vorschlägen, Hoffnungen und (meinetwegen!) Utopien, Irrungen und Wirrungen finden sich Motive wieder, die in der *Transformation*

---

17 Schlemermeyer schließt unausgesprochen an diese Problematisierung Bakunins an, wenn er von „bestimmte[n] Handlungs- und Denkmuster[n]" spricht, die den Akteuren „aufgrund einer entsprechenden institutionellen Struktur" nahe gelegt wird (Schlemermeyer 2011: 160). Demirović hat in seiner Replik hierzu, darin der vorherrschenden Tendenz bei Marx folgend, nichts zu sagen.

18 „Trotz aller Ungereimtheiten und Mängel, die dem Anarchismus noch leichter nachzuweisen und vorzuwerfen sind als dem Marxismus, erhebt sich die Frage, ob die Warnungen vor dem Integrationsmechanismus der Macht, die sowohl im Reformismus als auch im Bolschewismus zur Deformation des sozialistischen Ansatzes führte, nicht historische Früchte hätte tragen können, wenn man diese Warnungen von marxistischer Seite als ein Element der Vervollständigung, als Herausforderung der eigenen Wirklichkeit, als Aufruf zum Einsatz seiner äußersten Möglichkeiten verstanden und nicht als Böswilligkeit oder baren Unsinn abgetan hätte. Gerade die selbstzufriedene marxistische Überzeugung aber, ohnehin im Besitze einer vollständigen Theorie zu sein, die alle Elemente der Wirklichkeit zu integrieren fähig wäre, beraubte den marxistischen Sozialismus jenes fehlenden Integrationselements, das der Anarchismus bei aller inneren Widersprüchlichkeit und Unvollständigkeit doch repräsentierte." (Leser 1971: 268)

der Demokratie auftauchen." (Agnoli 1986: 179) Es ist hier nicht möglich Agnolis Interpretation des Anarchosyndikalismus zu diskutieren. Wichtig ist vielmehr, dass Agnoli den revolutionären Syndikalismus bzw. Anarchosyndikalismus, auf den er sich in seinen Schriften des Öfteren beruft, immer ausschließlich als Widersacher von Sozialdemokratie und Leninismus darstellt und niemals der Frage nachgeht, inwieweit die Auseinandersetzung zwischen Marx und Bakunin schon jene Konfrontationen vorwegnahm.[19] Agnoli bemüht sich vielmehr, den revolutionären Syndikalismus als in Einklang mit Marx stehend darzustellen. Ich möchte dies nur an einem Beispiel aufzeigen, das auch das Misslingen dieses Versuches illustrieren soll.

Marx und der revolutionäre Syndikalismus

In einem seiner Texte verteidigt Agnoli „bestimmte, anarchosyndikalistische Strategien" gegen den „Vorwurf, diese entzögen sich der 'Politik' und erwiesen sich als 'apolitisch', weil sie die Teilnahme am Kampf um die parlamentarisch-gouvernementale Macht verweigerten". Agnoli erklärt, dass in diesem Vorwurf „bereits die allgemeine Perspektive, oder genau die Einschränkung der Wirklichkeit und der wirklichen Machtprozesse auf die Konstitutionalität und den ihr vorgesehenen Rahmen der Austragung von Konflikten" stecke (Agnoli 1977: 126). Er selbst sieht diese anarchosyndikalistischen Strategien offensichtlich mit Marx in Einklang, heißt es doch an anderer Stelle: „Die bürgerlichen Theoretiker sagen unisono, es sei für die revolutionären Syndikalisten bezeichnend, dass sie, weil sie die Wahlen boykottierten, den politischen Kampf ablehnten. Aber tatsächlich verstanden sie unter politischem Kampf etwas anderes, nämlich den zwar außerinstitutionellen, aber allerdings öffentlichen Kampf zur Zerschlagung von Kapital und Staat. – Die bürgerliche Gleichsetzung von Politik und Öffentlichkeit vermag sich unmöglich vorzustellen, was Karl Marx den Kommunismus nannte: eine Öffentlichkeit ohne politischen Charakter, das heißt eine Öffentlichkeit ohne Herrschaftsstrukturen." (Agnoli 1989/90: 73) Folgerichtig meint er, dass die Kritik am Anarchosyndikalismus ein „alte[r] Hut der traditionell-sozialdemokratischen Arbeiterbewegung" sei (Agnoli 1979: 191). Agnoli mag damit auf Bebel, Kautsky oder wen auch immer anspielen, auf Marx sicher nicht. Dabei liegt der ganzen Polemik von Engels und Marx gegen die angebliche „politische Abstention" oder den „politischem Indifferentismus" Ba-

---

19 Marx hat sich auf der Londoner Konferenz der Internationale (1871) gegen syndikalistische Positionen ausgesprochen (vgl. Molnár 1964: 335; MEW 32: 675), während sich Bakunin solchen Ideen gegenüber positiv positionierte.

kunins und der Anarchisten genau jener Politikbegriff zugrunde, den Agnoli als bürgerlich kennzeichnet. So schreibt Marx: „Mit einem Wort, die Arbeiter sollen [nach Bakunin] die Hände verschränken und ihre Zeit nicht für politische und ökonomische Bewegungen verschwenden. (...) In ihrem alltäglichen praktischen Leben müssen die Arbeiter die gehorsamsten Diener des Staats sein, in ihrem Innern aber müssen sie auf das energischste gegen seine Existenz protestieren und ihm ihre tiefe theoretische Verachtung durch Kaufen und Lesen von literarischen Traktaten über die Abschaffung des Staats bekunden; sie müssen sich aber hüten, der kapitalistischen Ordnung einen anderen Widerstand entgegenzusetzen als Deklamationen über die Gesellschaft der Zukunft, in der die Existenz dieser verhassten Ordnung aufhören wird!" (MEW 18: 300) Solcherart absurde Vorwürfe kommentierte Bakunin folgendermaßen: „Die Marxanhänger werfen uns vor, politische Kämpfe außer Acht lassen zu wollen und stellen uns fälschlicherweise als eine Art arkadische, platonische oder friedliebende, jedenfalls nicht als revolutionäre Sozialisten dar. Mit solchen Behauptungen über uns lügen sie ganz bewusst, denn sie wissen besser als sonst jemand, dass auch wir dem Proletariat empfehlen, sich mit Politik zu beschäftigen. Nur dass die Politik, die wir predigen, absolut auf die Massen bezogen und internationalistisch statt bürgerlich-national ausgerichtet ist und nicht die Gründung und Umgestaltung von Staaten, sondern deren Zerstörung zum Ziel hat." (Zit.n.: Eckhardt 2004: 47)[20] Nicht von Marx, sondern von Bakunin leitet sich der anarchosyndikalistische Politikbegriff her, den Agnoli gegen die marxistische Orthodoxie verteidigt. Und nicht die Orthodoxie ist die Urheberin dieses verengten Politikbegriffs, wie Agnoli suggeriert, sondern Marx selbst.

---

20 Zu Bakunins Politikbegriff vgl. auch: „Der Staat, wie volkstümlich man ihn auch in seinen Formen mache, wird immer eine Einrichtung zur Beherrschung und Ausbeutung sein und folglich für die Volksmassen eine permanente Quelle von Sklaverei und Elend. Es gibt also kein anderes Mittel, die Völker ökonomisch und politisch zu befreien, ihnen gleichzeitig Wohlstand und Freiheit zu geben, als die Abschaffung des Staates, aller Staaten, und dadurch ein für allemal die Tötung dessen, was man bis heute *Politik* nennt; denn die Politik ist nichts anderes als das Funktionieren, die Äußerung nach innen und außen hin der Staatstätigkeit, das heißt die Praxis, Kunst und Wissenschaft, die Massen zum Vorteil der privilegierten Klassen zu beherrschen und auszubeuten. Es ist also nicht wahr, wenn man sagt, dass wir von der Politik absehen. Wir tun dies nicht, weil wir sie ja gerade töten wollen. Das ist der wesentliche Punkt, der uns von allen Politikern und bürgerlich-radikalen Sozialisten trennt. Sie setzen auf die Politik und den Staat, die sie reformieren und umgestalten wollen; unsere Politik hingegen, die einzige, die wir anerkennen, besteht in der völligen *Abschaffung* des Staates und der Politik, die seine notwendige Erscheinungsform ist." (Bakunin 1871: 362)

Marx als Staatsfeind

Kommen wir abschließend zur Staatsfrage. Agnoli ist, wie nicht anders zu erwarten, „kein Freund des Staates", eine Bezeichnung, die er aus „polizeirechtlichen Gründen" der Bezeichnung „Staatsfeind" vorziehe, würden „Staatsfeinde" doch „bekanntlich verfolgt und dürf[t]en auf keinen Fall Professoren sein" (Agnoli 1988: 235). Auch in diesem Punkt sieht sich Agnoli in Einklang mit Marx. So erklärt er im Interview mit Ernest Mandel: „Marx sagte, dass der Staat, ein Instrument der Herrschaft, nicht geeignet sei, zum Instrument der Emanzipation zu werden." (Agnoli 1980b: 114) Die Marxsche Staatsfeindschaft begründet Agnoli zumeist mit Rückgriff auf eine Stelle der *Deutschen Ideologie*, an der es heißt, dass die Proletarier „den Staat stürzen" müssten „um ihre Persönlichkeit durchzusetzen" (MEW 3: 77; vgl. Agnoli 1975: 43; 1977: 150; 1985: 223; 1986: 213; 1990: 14;) oder durch einen pauschalen Hinweis auf Marx' „Kritik des Gothaer Programms" (Agnoli 1980b: 17; 1985: 224; 2001: 68). Erstaunlich selten rekurriert Agnoli auf Marx' Schrift über die Pariser Kommune, erwähnt aber schon einmal, dass Marx die „eindeutige Negation des Staates", die er in der *Deutschen Ideologie* formuliert habe, in seinen „Schriften [!?] zur Pariser Kommune wiederaufgenommen" hätte (Agnoli 1977: 150). Mit dieser Darstellung versucht Agnoli offenkundig die Differenzen zwischen Marx und dem Anarchismus zu verwischen, was z.B. an einer Stelle besonders anschaulich wird, an der es – die schon erwähnte Stelle der *Deutschen Ideologie* kommentierend – heißt: „Alle, die von ihrer Arbeit und deren Verkauf leben, 'befinden sich ... im direkten Gegensatz zu der Form, in der die Individuen der Gesellschaft einen Gesamtausdruck geben, zum Staat, und müssen den Staat stürzen, um ihre Persönlichkeit durchzusetzen'": „Bakunin (...)? Nein: Marx" (Agnoli 1990: 14). Dass in der *Deutschen Ideologie* aber auch davon die Rede ist, dass „jede nach der Herrschaft strebende Klasse, wenn ihre Herrschaft auch, wie dies beim Proletariat der Fall ist, die Aufhebung der ganzen alten Gesellschaftsform und der Herrschaft überhaupt bedingt, sich zuerst die politische Macht erobern muss" (MEW 3: 34), erwähnt Agnoli nicht. Ähnlich problematisch sind Agnolis Hinweise auf Marx' „Kritik des Gothaer Programms". So meint er, dass Marx zur Staatsfrage, die immer dazu gedient hätte, „Anarchismus und Marxismus zu trennen", erklärte hätte, dass „der Beginn des Sozialismus mit der Abschaffung des Staates beginnt" (Agnoli 2001: 68). Von einer „Abschaffung" des Staates aber ist in der „Kritik" nirgendwo die Rede. Vielmehr spricht Marx von einer ersten und einer höheren Phase der kommunistischen Gesellschaft (vgl. MEW 19: 21), davon dass in der „Zukunft" die „jetzige Wurzel [des heutigen Staatswesens], die bürgerliche Gesellschaft, abgestorben" sein wird (MEW 19: 28) und von einer „politische[n] Übergangsperiode, deren Staat nichts andres sein kann als *die revolutionäre Diktatur des Proletariats*" (MEW 19: 28).

Wie Agnoli es in seinem Versuch Marx und den Anarchismus in der Staatsfrage aneinander anzunähern in Kauf nimmt, höchst unklar zu werden, zeigt auch das Interview mit Ernest Mandel. Auch dort behauptet Agnoli, dass für Marx der „Aufbau des Sozialismus nach der proletarischen Revolution zugleich Abbau der Form Staat" bedeute, ein Punkt, den Marx in der „Kritik des Gothaer Programms" „unmissverständlich geklärt" hätte (Agnoli 1980b: 17) Mandel entgegnet nun konkretisierend mit seiner wohl von Lenin geprägten Lesart des Marxschen Textes: „Diktatur des Proletariats, d.h. (...) Aufbau eines Arbeiterstaats in der Übergangsperiode" – und fügt hinzu: „Marx war kein Anarchist" (ebd. 17f.) Agnoli wiederum erklärt: „Die Probleme liegen (...) genau in diesem nicht strittigen Punkt: dass schon in der Übergangsgesellschaft gerade der Staat, der den Übergang besorgen soll, zugleich von Anfang an beginnt abzusterben. Ich formuliere es anders: Aufgabe des Übergangs ist die Verwirklichung der proletarischen Revolution, in dem der objektive Zwangscharakter der gesellschaftlichen Reproduktion (...) abgebaut wird. Ich halte dies für das Wesentliche an Marxens Kritik der Politik. Ob hier Marx sich der Anarchie anschließt oder nicht, halte ich für eine sekundäre, beinah philologische Frage." (Ebd.: 19) Während Agnoli die Frage nach dem Verhältnis von Marx zum Anarchismus zur „sekundäre[n], beinah philologische[n] Frage" erklärt, spricht er von „Abbau", „Absterben" und an anderen Stellen von „Abschaffung"[21] oder „Zerstörung"[22], als wäre das alles das gleiche und als würden diese Begriffe nicht zentrale Differenzen innerhalb der sozialistischen Bewegung markieren. Differenzen aber scheint es in der Staatsfrage – zumindest zwischen Marx und dem Anarchismus – keine gegeben zu haben, da sowohl Marx und Engels wie auch die Anarchisten für die „Abschaffung des Staates" eingetreten seien (Agnoli 1988: 257).

Im Gegensatz zu Agnoli haben Marx und Engels die fundamentale Differenz zum Anarchismus immer wieder klar gemacht. So schreibt Marx in seinem Artikel *Der politische Indifferentismus*: „Wenn (...) die Arbeiter an Stelle der Diktatur der Bourgeoisie ihre revolutionäre Diktatur setzen, dann begehen sie [nach Bakunin] das schreckliche Verbrechen der Prinzipienverletzung, weil sie (...) um der Brechung des Widerstandes der Bourgeoisie willen, dem Staate eine revolutionäre und vorübergehende Form geben, statt die Waffen niederzulegen

---

21 Vgl. auch: „Die Freiheit eines Jeden wird erst dann Wirklichkeit, wenn der Zwangscharakter der Gesellschaft, in der Form Staat kodifiziert (...) überwunden, abgeschafft wird." (Agnoli 1986: 213)

22 Vgl. „Strategisch ergibt sich aus der Erkenntnis, dass die Aufgabe des Staats in der Garantie der Kapitalreproduktion liegt, nur die abstrakte Forderung, den Staat zu zerstören, wenn man den Kapitalismus nicht will; oder den Kapitalismus zu akzeptieren, wenn man den Staat nicht behelligen möchte." (Agnoli 1976: 304)

und den Staat abzuschaffen." (MEW 18: 300) Und Engels schreibt in *Die Entwicklung des Sozialismus von der Utopie zur Wissenschaft* (1880), von Marx als „*Einführung in den wissenschaftlichen Sozialismus*" gelobt (MEW 19: 185): „*Das Proletariat ergreift die Staatsgewalt und verwandelt die Produktionsmittel zunächst in Staatseigentum.* Aber damit hebt es sich selbst als Proletariat, damit hebt es alle Klassenunterschiede und Klassengegensätze auf und damit auch den Staat als Staat. (...) Der erste Akt, worin der Staat wirklich als Repräsentant der ganzen Gesellschaft auftritt – die Besitzergreifung der Produktionsmittel im Namen der Gesellschaft –, ist zugleich sein letzter selbständiger Akt als Staat. Das Eingreifen einer Staatsgewalt in gesellschaftliche Verhältnisse wird auf einem Gebiete nach dem andern überflüssig und schläft dann von selbst ein. An die Stelle der Regierung über Personen tritt die Verwaltung von Sachen und die Leitung von Produktionsprozessen. Der Staat wird nicht 'abgeschafft', *er stirbt ab.* Hieran ist die Phrase vom 'freien Volksstaat' zu messen, also sowohl nach ihrer zeitweiligen agitatorischen Berechtigung wie nach ihrer endgültigen wissenschaftlichen Unzulänglichkeit; hieran ebenfalls die Forderung der sogenannten Anarchisten, der Staat solle von heute auf morgen abgeschafft werden" (MEW 19: 223f.). Agnoli hat Marx und Engels offenkundig besser als sie selbst verstanden, wenn er entproblematisierend erklärt: „Der Begriff [Diktatur des Proletariats] taucht bei Marx vielleicht drei oder viermal auf; jeweils eine Zeile, und daraus hat man ein politisches System konstruieren, legitimieren wollen." (Agnoli 1984: 217) Wo kritische Marxisten nachfragten und besonders nach der „Degeneration" des Marxismus Klärungsbedarf sahen,[23] tendiert Agnoli in Bezug auf Marx zur Entproblematisierung. Deutlich auch an anderer Stelle, wenn er erklärt: Der „sogenannte reale Sozialismus" hat „einen Satz im Kommunistischen Manifest vergessen (...): 'Die Freiheit jedes Einzelnen ist die Voraussetzung für die Freiheit aller'." (Agnoli 2001: 28). Agnoli stellt sich hier bezeichnenderweise nicht die Frage, ob das Marxsche Konzept des Absterbens des Staates und der Diktatur des Proletariats zu dem so genannten Realsozialismus hat führen müssen, wie es Anarchisten immer wieder prophezeiten. Schließlich war jene „Assoziation, worin die freie Entwicklung eines jeden die Bedingung für die freie Entwicklung aller ist" (MEW 4: 482), auf die Agnoli anspielt, erst ein Resultat einer „Entwicklung", deren „erste[r] Schritt (...) die Erhebung des Proletariats zur herrschenden Klasse"

23 Beispielhaft sei auf Ernst Bloch verwiesen: „Was ist von Marx nicht genügend abgesichert worden in seiner Lehre gegen Missbrauch oder gegen vorhersehbare Konsequenzen? Da zeigt sich vor allem die ungenügende Durchdenkung der Kategorie Diktatur." (Bloch 1965: 198) Dies führt Bloch auch zu der Erklärung, dass es immerhin einen „ganz kleine[n] Tribut" gebe, „den der Marxismus Bakunin zu zollen" habe, habe dieser doch „die Gefährlichkeit des Staatsapparates schärfer gesehen" (Bloch 1970: 230).

sei, während der dieses „seine politische Herrschaft dazu benutzen" werde, „der Bourgeoisie nach und nach alles Kapital zu entreißen, alle Produktionsinstrumente in den Händen des Staats, d.h. des als herrschende Klasse organisierten Proletariats, zu zentralisieren" (MEW 4: 481).

Schluss

Ich hoffe nachvollziehbar gezeigt zu haben, dass sich Agnoli erstens in zentralen Fragen anarchistischen Positionen angeschlossen hat und dass zweitens sein Versuch, an einen libertären Marx anzuknüpfen, fehlschlägt, da es diesen Marx in der Form, in der ihn Agnoli präsentiert, nicht gegeben hat. Bei aller Sympathie für Agnoli ist deshalb festzuhalten, dass dieser eine „theoretisch vorurteilsfreie Rezeption (...) des Anarchismus in der Ersten [Internationale]", wie sie neben anderen Hans Jürgen Krahl seinerzeit einforderte (Krahl 1971: 255) nicht geleistet hat.

Nun mag all das für die Gegenwart nicht sonderlich von Interesse sein, drehen sich die hier rekapitulierten Streitpunkte innerhalb der klassischen sozialistischen Bewegung doch vor allem um die Positionierung gegenüber dem Staat. Welche Relevanz aber können diese Fragen besitzen, wenn es kein Außerhalb des Staates gibt, wir in jeder Hinsicht verstaatlichte Subjekte sind etc.? Haben sich diese Fragen erledigt und wird sich manch gegenwärtiger, analytisch geschulter Staatstheoretiker lächelnd dieser anarchistisch-antietatistischen Naivitäten erfreuen? Nur: War aber nicht der Marxsche Reformismus in so ziemlich jeder Hinsicht naiver?

Die Position jedenfalls, wonach es „zwischen den Maschen ihres Netzes [der Macht] keine Inseln elementarer Freiheiten" gebe (Foucault 1977: 546), bleibt meines Erachtens daran zu messen, ob sie dazu dient, weitestgehend autonome, selbstbestimmte Räume zu schaffen und selbstkritisch immer wieder vor ihrer Vermachtung zu schützen oder ob sie lediglich die analytische Begleitmusik einer „revolutionären Realpolitik" bildet, die sich dann – sobald es konkret wird – als ein mit ein wenig Pathos aufgebauschter Reformismus erweist.[24] Bei Foucault selbst, einem der Stichwortgeber vieler der gegenwärtigen Debatten, war

24 Vgl. Philippe Gavi von *Libération*: „Es gibt keine Oase, keine besondere, außerhalb der Gesellschaft stehende Gruppe... Die Befreiung kann nur zur Freiheit hinführen, wenn die Bewegung unaufhörlich jede Macht, die sich gegen andere Menschen richten kann, in Frage stellt." (zit.n.: Sartre/Gavi/Victor 1974, 268). Dies scheint mir auch der gar nicht so „kleine Unterschied ums Ganze" zu sein, von dem Schlemermeyer in seiner Replik auf Demirović spricht (Schlemermeyer 2011: 158) Im Übrigen und damit kein falscher Eindruck entsteht: Ich selbst bin durchaus kein Revolutionär und möchte mich hier auch nicht als ein solcher präsentieren. Die Kritik am Reformismus ist durchaus auch gegen mich selbst gerichtet.

der Ausgangspunkt seiner Machtanalyse im Übrigen ein an die anarchistische Marxkritik anschließender, wenn er kritisierte, dass „zwischen der Analyse der Macht im bürgerlichen Staat und der These von seinem zukünftigen Absterben" im Marxismus „die Analyse, die Kritik, die Zerschlagung und die Umwälzung der Machtmechanismen" fehlen würde (Foucault 1976: 98). Und deshalb hatte der Anarchist Alexander Berkman schon 1929 erklärt: „Wir müssen lernen, anders über Regierung und Autorität zu denken, denn solange wir so denken und handeln wie heute, wird es Intoleranz, Verfolgung und Unterdrückung geben, selbst wenn die organisierte Regierung abgeschafft ist." (Berkman 1929: 50)

Literatur

Agnoli, Johannes (1959): Alexis de Tocquevilles Wirkung auf das politische Denken in Deutschland, in: ders. *Politik und Geschichte. Schriften zur Theorie*, Freiburg, 2001, 41-92.

Agnoli, Johannes (1964): »Viva il socialismo proletario!" Drei Rundfunkvorträge zur Geschichte der Arbeiterbewegung, in: ders. *Politik und Geschichte. Schriften zur Theorie*. Freiburg, 2001, 216-239.

Agnoli, Johannes (1967): Die Transformation der Demokratie, in: ders. *Die Transformation der Demokratie und andere Schriften zur Kritik der Politik*, Freiburg, 1990, 21-106.

Agnoli, Johannes (1968a): Revolutionäre Strategie und Parlamentarismus, in: ders. *Der Staat des Kapitals und weitere Schriften zur Kritik der Politik*, Freiburg, 1995, 90-122.

Agnoli, Johannes (1968b): Thesen zur Transformation und zur außerparlamentarischen Opposition, in: ders. *Der Staat des Kapitals und weitere Schriften zur Kritik der Politik*, Freiburg, 1995, 229-239.

Agnoli, Johannes (1968c): Zur Faschismusdiskussion, in: ders. *Faschismus ohne Revision*, Freiburg, 1997, 27-72.

Agnoli, Johannes (1968d): Zur Parlamentarismus-Diskussion in der Bundesrepublik, in: ders. *1968 und die Folgen*, Freiburg, 1998, 61-66.

Agnoli, Johannes (1975): Der Staat des Kapitals, in: ders. *Der Staat des Kapitals und weitere Schriften zur Kritik der Politik*, Freiburg, 1995, 21-89.

Agnoli, Johannes (1976): *Abendroth-Forum. Marburger Gespräche aus Anlass des 70.Geburtstags von Wolfgang Abendroth*. Herausgegeben von Frank Deppe, Georg Fülberth und anderen, Marburg, 1977.

Agnoli, Johannes (1977): Wahlkampf und sozialer Konflikt, in: ders. *Die Transformation der Demokratie und andere Schriften zur Kritik der Politik*, Freiburg, 1990, 107-150.

Agnoli, Johannes (1978): Vorbemerkung zur italienischen Ausgabe von Der Staat des Kapitals, in: ders. *Der Staat des Kapitals und weitere Schriften zur Kritik der Politik*, Freiburg, 1995, 21-26.

Agnoli, Johannes (1979): Gespräch mit Johannes Agnoli, in: Wolfgang Dreßen (Hg.). *Sozialistisches Jahrbuch*. 184-195.

Agnoli, Johannes (1980a): Nachbemerkung über die politische Sprengkraft des Zweifels, in: ders. *Offener Marxismus. Ein Gespräch [mit Ernest Mandel] über Dogmen, Orthodoxie und die Häresie der Realität*, Frankfurt am Main/New York, 147-152.

Agnoli, Johannes (1980b): *Offener Marxismus. Ein Gespräch [mit Ernest Mandel] über Dogmen, Orthodoxie und die Häresie der Realität*, Frankfurt am Main/New York.

Agnoli, Johannes (1984): Marx, der Staat, die Anarchie. Ein Gespräch mit Wolfram Beyer für die Zeitschrift »Schwarzer Faden«, in: ders. *1968 und die Folgen*, Freiburg, 1998, 211-221.

Agnoli, Johannes (1985): Lockerungen für ein neues linken Denken, in: ders. *1968 und die Folgen*, Freiburg, 1998, 223-233.

Agnoli, Johannes (1986): Zwanzig Jahre danach. Kommemorativabhandlung zur »Transformation der Demokratie", in: ders. *Die Transformation der Demokratie und andere Schriften zur Kritik der Politik*, Freiburg, 1990, 163-221.

Agnoli, Johannes (1988): Und immer noch kein Staatsfreund (Gespräch mit Clemens Nachtmann und Justus Wertmüller für die Zeitung Arbeiterkampf), in: ders. *1968 und die Folgen*, Freiburg, 1998, 235-248.

Agnoli, Johannes (1989a): Diskussionsrunde: Oktoberrevolution, Novemberrevolution und die deutsche Linke, in: DGB (Hg.), *Rosa Luxemburg im Widerstreit*, Hattinger Forum, Schüren, 1990.

Agnoli, Johannes (1989b): Das deutsche '68. Theoretische Grundlagen und historische Entwicklung einer Revolte, in: ders. *1968 und die Folgen*, Freiburg, 1998, 249-271.

Agnoli, Johannes (1989/90): *Subversive Theorie. »Die Sache selbst« und ihre Geschichte*, 2.durchgesehene und verbesserte Auflage, Freiburg, 1999.

Agnoli, Johannes (1990): Destruktion als Bestimmung des Gelehrten in dürftiger Zeit, in: ders. *Der Staat des Kapitals und weitere Schriften zur Kritik der Politik*, Freiburg, 1995, 10-20.

Agnoli, Johannes (1994): Die 68er Studentenbewegung – eine vergessene Revolte? Diskussion zwischen Johannes Agnoli, Bernd Rabehl und Wolfgang Gehrcke (Teil 2), in: *Utopie kreativ*. Heft 50. 60-69.

Agnoli, Johannes (1998): Über die Abschaffung des Staates, die Verteidigung sozialstaatlicher Errungenschaften und linke Emanzipationsstrategien. (Interview mit Christoph Jünke), in: *Neues Deutschland*. 9/10.Mai.

Agnoli, Johannes (2001): *Das negative Potential. Gespräche mit Johannes Agnoli*, Herausgegeben von Christoph Burgmer, Freiburg, 2002.

Bakunin, Michael (1869): Politik der Internationale, in: ders. *Staatlichkeit und Anarchie und andere Schriften*, Frankfurt am Main/Berlin/Wien, 1972, 155-172.

Bakunin, Michael (1871): Protest der Allianz, in: ders. *Staatlichkeit und Anarchie und andere Schriften*, Frankfurt am Main/Berlin/Wien, 1972, 348-394.

Bakunin, Michael (1872): An die Redaktion der Brüssler Liberté, in: ders. *Staatlichkeit und Anarchie und andere Schriften*, Frankfurt am Main/Berlin/Wien, 1972, 808-841.

Bakunin, Michael (1873a): *Staatlichkeit und Anarchie*, Berlin, 2007.

Bakunin, Michael (1873b): An die Genossen der Juraföderation, in: ders. *Staatlichkeit und Anarchie und andere Schriften*, Frankfurt am Main/Berlin/Wien, 1972, 843-847.

Berkman, Alexander (1929): *ABC des Anarchismus*, Berlin, 1978.

Bloch, Ernst (1965): Über ungelöste Aufgaben der sozialistischen Theorie (Ein Gespräch mit Fritz Vilmar), in: ders. Tendenz, Latenz, Utopie. Ergänzungsband zur Gesamtausgabe, Frankfurt am Main, 1978, 194-209.

Bloch, Ernst (1970): Marx, Bakunin und der Staat (Ein Gespräch mit Prvoslav Ralić und Djordje Zorkič, Belgrad), in: ders. *Tendenz, Latenz, Utopie*. Ergänzungsband zur Gesamtausgabe, Frankfurt am Main, 1978, 228-233.

Braunthal, Julius (1974): *Geschichte der Internationale*, Band 1, 2.Auflage, Bonn.

Demirović (2011): Kritische Staatstheorie in emanzipatorischer Absicht. Anmerkungen u Jan Schlemermeyers Aufsatz in PROKLA 160, in: *PROKLA 162*, 133-152.

Eckhardt, Wolfgang (2004): *Michael Bakunin. Ausgewählte Schriften. Band 5. Konflikt mit Marx. Teil 1: Texte und Briefe bis 1870*, Berlin.

Eckhardt, Wolfgang (2005): *Von der Dresdner Mairevolution zur Ersten Internationale*, Lich.

Eckhardt, Wolfgang (2011): *Michail Bakunin. Konflikt mit Marx. Teil 2: Texte und Briefe ab 1871*, Berlin.

Eisner, Kurt (1913): Marx und Bakunin, in: ders. *Die ½ Macht den Räten. Ausgewählte Aufsätze und Reden*, Köln, 1969, 220-224.

Foucault, Michel (1976): Verbrechen und Strafen in der UdSSR und anderswo, in: ders. *Schriften. Band 3*, Frankfurt am Main, 2003, 83-98.

Foucault, Michel (1977): Mächte und Strategien, in: ders. *Schriften. Band 3*, Frankfurt am Main, 2003, 538-550.

Heinrichs, Thomas (2002): *Freiheit und Gerechtigkeit. Philosophieren für eine neue linke Politik.* Münster.

Guillaume, James (1871): Das Jurazirkular vom 12.November 1871, in: Michael Bakunin. *Gesammelte Werke. Band 3*, Berlin, 1924, 164-169.

Krahl, Hans-Jürgen (1971): Das Elend der kritischen Theorie eines kritischen Theoretikers. Eine Antwort auf Jürgen Habermas, in: ders. *Konstitution und Klassenkampf*, Frankfurt am Main, 5. veränderte Auflage, 2008, 251-260.

Leser, Norbert (1971): Marx und Bakunin, in: ders. *Die Odyssee des Marxismus. Auf dem Weg zum Sozialismus*, Wien/München/Zürich, 231-272.

Mehring, Franz (1918): *Karl Marx. Geschichte seines Lebens*, Berlin, 1960.

Molnár, Miklós (1964): Die Londoner Konferenz der Internationale 1871, in: ders. *Archiv für Sozialgeschichte. Band 4*. 283-445.

Most, Johann (1900): Der kommunistische Anarchismus, in: ders. *Die freie Gesellschaft*. Münster, 2006, 95-122.

Rocker, Rudolf (1924): *Johann Most. Das Leben eines Rebellen*, Berlin/Köln, 1994.

Sartre, Jean-Paul (1952): Der Streik vom 4.Juni 1952 (Die Kommunisten und der Frieden. Teil 2), in: ders. *Krieg im Frieden. Band 1,* Reinbek, 1982, 131-205.

Sartre, Jean-Paul/Gavi, Philippe/Victor, Pierre (1974): *Der Intellektuelle als Revolutionär. Streitgespräche*, Reinbek, 1976.

Schieder, Wolfgang (1991): *Marx als Politiker*, München.

Schlemermeyer, Jan (2010): Kritik der Politik als Politikwissenschaft? Zur Aktualität der Staatstheorie von Johannes Agnoli und den Chancen einer kategorialen Marxrezeption, in: *PROKLA 160*, 455-472.

Schlemermeyer, Jan (2011): Die historische Dynamik des Kapitalismus und linke Strategien. Zu Alex Demirović' Anmerkungen, *PROKLA 162*, 153-162.

Hans-Peter Büttner: Critique of ruling economics. The discourse of Piero Sraffa. Neoclassical economic theory and its apparatus of methodological individualism, subjectivism and marginalism is the dominant paradigm within the field of economic science. Nevertheless the research program of Piero Sraffa and the neo-Ricardian school has shown that neoclassical theory is internally inconsistent and faced with serious problems with respect to its empirical relevance – as a concrete and well investigated example for empirical observation, I present neoclassical cost theory, the fundament of standard neoclassical supply function. The text discusses three historical debates initiated by the neo-Ricardian school against neoclassical ecomomics and shows the importance of these results for critical economic approaches.

Hanno Pahl: Textbook Economics: A Social Studies of Science Perspective. The paper argues that introductory textbooks in economics are an important object of inquiry. Although the knowledge presented in this type of literature often does not cover the research frontiers of the discipline, economics textbooks are influential media of the external communication of mainstream economics as well as agents of academic socialization on the inside. Therefore, they need to be analysed in terms of content and rhetorical strategies, a task that is not identical with the general critique of neoclassical economics. A case study is undertaken to identify symptomatic and problematic framings of the bodies of knowledge in three popular textbooks. The final section contextualizes the findings and poses further research questions.

Leonhard Dobusch, Jakob Kapeller: Economy, Economics and Politics: On the Socio-scientific Conditionality of Progressivism. Neoliberal hegemony in politics and neoclassical dominance in economics are closely intertwined. For a comeback of reform-oriented progressivism, which is dependent upon reliable and pluralistic socio-scientific research, overcoming this neoclassical dominance is a conditio sine qua non. Paradigmatic change in economics is, however, unlikely to happen even after neoclassical deficiencies have become obvious in the course of the financial crisis, due to several reciprocally enforcing institutional factors such as career opportunities, disciplinary discourse culture, and citation-based research evaluation. Based on this analysis, we sketch inner- and extradisciplinary avenues for (re-)pluralizing economics as a discipline.

Katharina Mader, Jana Schultheiss: Feminist Economics – Challenging Mainstream Economics? The prevailing assumption that economics is inherently gender-neutral is not always explicitly formulated, but is tacitly assumed. Economics does not only conceal the category of gender, both in its biological and social understanding, but also gender relations and the corresponding power, domination and inequalities. However, economic theories are not gender-neutral, but based on androcentric values and world views. The examination herewith is an object of feminist economics. Gender-blind economics systematically underestimates the contributions of women to the economy. In particular, the entire area of unpaid work, social cohesion and interpersonal responsibility remains invisible, with no broader public appreciation and no adequate attention within economic theory and economic policy. The paper contains an overview of the state of feminist economics, given its pluralistic characteristics and common assumptions. It reflects upon the extent to which feminist economics can provide answers and alternatives to the central points of criticism of orthodox economics and its political implications.

Katrin Hirte, Walter Ötsch: Perpetuation of paradigmatic orientation by institutions – the example of the German „Sachverständigenrat": A central criticism of economics is that there exists a determinate, relatively monolithic approach: mainstream economics. A representative example is the „German Council of Economic Experts“ (Expert Council for the Assessment of the Macroeconomic Development, Sachverständigenrat, SVR) with four mainstream members plus one dissenter, a „4 :1“ quota with institutionalized minority recognition. In this article we ask from a sociological and especially from a performative point of view whether this quota will be reflected in the annual reports of SVR and whether it can be found in structures in the scientific field as well, especially in textbooks and in appointment practices of its members.

Vanessa Redak: Europe's next model: The impact of risk measurement on finance theory, regulatory practice and industry behaviour. The importance of Finance theory and risk modelling has dramatically increased over the past decades in academic life, banks and the finance industry, and in regulatory and supervisory bodies. This increase not only nurtured the somewhat illusory belief that risk is measurable but also changed the lending behaviour of banks and the funding function of financial intermediaries with potential ample effects on the accumulation process.

Luise Görges, Ulf Kadritzke: Corporate Social Responsibility – from Reputation Management to the Strategic Advance of Corporate Power. This history of CSR exemplifies the advancement of corporate power in the process of capitalist globalization. Initially started in response to reports on the violation of human rights, the transnational corporations (TNCs) managed to design the CSR concept as a *voluntary* and highly selective commitment to bridge the gap between the rhetoric and the reality of corporate conduct. With the worldwide rise of the neoliberal paradigm in economic and social policy, these CSR-concepts were combined into a capital-dominated CSR-complex. The article tries to reconstruct the scientific, political and ideological roots of the concept and the steps transforming the corporate CSR-movement into a successful 'industry'. But the company-driven CSR is consistently confronted with actors and actions of a new social movement (including NGOs as well as unions). These organizations of civil society steadily uncover the social consequences of corporate global strategies. The so far asymmetric balance of power may nevertheless give NGOs and their allies– backed by the new media – a chance to lay open corporate misconduct and demonstrate the main 'performance' of global corporate power: the deepening of class polarization and ecological instability.

Philippe Kellerman: Anarchism-Agnolism. On the failed performance of a libertarian Marx in „Marxism-Agnolism“. It is shown that Johannes Agnoli, the famous libertarian Marxist, can only present his „Kritik der Politik“ as being related to Marx by suppressing or playing down the historical dispute between Marx and the anarchist movement. Instead, we see that in central parts of his theory Agnoli takes up those anarchistic positions that Marx vehemently fought against.

Zu den AutorInnen

Hans-Peter Büttner ist Dozent in der Erwachsenenbildung und arbeitet für verschiedene Bildungszentren, hp-buettner@web.de

Leonhard Dobusch arbeitet am Institut für Management des Fachbereichs Wirtschaftswissenschaften der FU Berlin, leonhard.dobusch@fu-berlin.de

Luise Görges absolviert gegenwärtig den Masterstudiengang „Ökonomische und Soziologische Studien" an der Universität Hamburg, luise.goerges@gmx.de

Katrin Hirte arbeitet am Institut zur Gesamtanalyse der Wirtschaft an der Johannes Kepler Universität Linz, katrin.hirte@jku.at

Ulf Kadritzke lehrt Soziologie an der Hochschule für Wirtschaft und Recht Berlin und ist Mitglied im Beirat der PROKLA, kadritzk@hwr-berlin.de

Jakob Kapeller arbeitet am Institut für Philosophie und Wissenschaftstheorie der Universität Johannes Kepler Universität Linz, jakob.kapeller@jku.at

Philippe Kellermann studierte Philosophie und Geschichte in Berlin und ist Mitglied der Punkband „Kackfeuer", philippe.kellermann@gmx.de

Katharina Mader arbeitet am Institut für Institutionelle und Heterodoxe Ökonomie der Wirtschaftsuniversität Wien, katharina.mader@wu.ac.at

Walter Ötsch ist Ökonom und Kulturwissenschaftler und lehrt an der Johannes Kepler Universität Linz, walter.oetsch@jku.at

Hanno Pahl arbeitet am Soziologischen Seminar der Universität Luzern, Hanno.pahl@web.de

Vanessa Redak ist Bankangestellte und Lektorin für Volkswirtschaft an der Universität Wien und der Wirtschaftsuniversität Wien, vanessa-maria.redak@oenb.at

Jana Schultheiss ist Volkswirtin in Wien und Mitglied im Beirat des Bundes demokratischer Wissenschaftlerinnen und Wissenschaftler (BdWi), jana.schultheiss@gmx.de

…men früherer Hefte (im Internet unter www.prokla.de …er www.dampfboot-verlag.de)

PROKLA 163 Sparen und Herrschen (Juni 2011) *Bieling*: Vom Krisenmanagement zur neuen Konsolidierungsagenda der EU * *Eicker-Wolf/Himpele* Die Schuldenbremse als politisches Projekt * *Reiner* Gute Leben und gute Arbeit weggespart * *Marquardsen* Eigenverantwortung ohne Selbstbestimmung in der Arbeitsmarktpolitik? *Mayer* Elend der US-Städte: Klassenkampf von oben * *Alnasseri* Revolution in der arabischen Welt * *Solty* Krieg gegen einen Integrationsunwilligen in Libyen?

PROKLA 162 Nie wieder Krieg? (März 2011) * *Schmidt* Deutscher Militarismus * *Euskirchen/Singe* Gesellschaftliche Militarisierung * *Strutynski* Neue NATO-Strategie * *Ruf* Militärpolitische Emanzipation Deutschlands * *Lauermann* Zum Frieden verdammt * *Armanski/Warburg* Afghanistan * *Flörsheimer* Die Bundeswehr als „modernes" Wirtschaftsunternehmen * *Januschke* Politisch relevanter Totenkult * *Demirovic* Replik zu Schleyermacher (PROKLA 160) * *Schleyermacher* Antwort auf Demirovic

PROKLA 161 China im globalen Kapitalismus (Dezember 2010) * *Schmalz* China im globalen Kapitalismus * *Schmidt* Exportorientiertes Wachstum in China, Japan und Deutschland – Herausforderung oder Bestandteil der US-Hegemonie? * *Armanski* Chinas Abgang von der Weltbühne * *Sum* Kulturelle Politische Ökonomie der BRIC-Staaten * *ten Brink* Der Aufstieg Chinas und die Kräftekonstellation in Ostasien * *Goldberg* Afrika und die neuen asiatischen Wirtschaftsmächte * *Silver/Zhang* China als Mittelpunkt der neuen Arbeiterunruhe * *Butollo* Streikwelle in China * *Harris* Irans grüne Bewegung

PROKLA 160 * Kulturkämpfe (September 2010) * *Salomon* Elemente neuer Bürgerlichkeit * *Siri* Halbierung der Bürgerlichkeit * *Draheim/Krause/Reitz* Von Chancen und Statuskämpfen * *Freudenschuß* Prekäre (Kultur)Kämpfe? * *Weber* Finanzbildungsbürgertum * *Seeliger/Knüttel* „Ihr habt alle reiche Eltern, also sagt nicht, Deutschland hat kein Ghetto!" * *Schnath* Hartz IV * *Burkett/Forster* Stoffwechsel, Energie und Entropie in Marx' Kritik der politischen Ökonomie (Teil II) * *Mangold* Arbeitsrecht unter Druck * *Schlemermeyer* Kritik der Politik als Politikwissenschaft? Zur Aktualität J. Agnolis

PROKLA 159 * Marx! (Juni 2010) * *Demirovic* Struktur, Handlung und idealer Durchschnitt * *Marti* Marx und die politische Philosophie der Gegenwart * *Stadlinger/Sauer* Dialektik der Befreiung oder Paradoxien der Individualisierung? * *Burkett/Foster* Stoffwechsel, Energie und Entropie in Marx' Kritik der politischen Ökonomie (Teil I) * *Pahl* Marx, Foucault und die Wissenssoziologie der Wirtschaftswissenschaften * *Milios/Sotiropoulos* Marxsche Theorie und Imperialismus

PROKLA 158 * Postkoloniale Studien als kritische Sozialwissenschaft (März 2010) * *Franzki/Aikens* Postkoloniale Studien * *Quijano* Paradoxien der eurozentrierten Moderne * *Ernst* Dekolonisierung Boliviens * *Framke/Tschurenev* (Anti-)Faschismus und (Anti-)Kolonialismus in Indien * *Neuhold/Scheibelhofer* Provincialising Multiculturalism * *Ahn/Havertz* Orientalismus im Verhältnis Südkorea – Japan * *Kron* Subjektivitä in transmigrantischen Räumen.

PROKLA 157 * Der blutige Ernst: Krise und Politik (Dezember 2009) * *R. Schmidt* Nachruf auf Jürgen Hoffman * *Hoffman* Die Krise von 1929 * *I. Schmidt* Große Krisen seit den 1930er Jahren * *Becker/Jäger* Die EU und die Krise * *Dörre u.a.* Krise ohne Krisenbewusstsein? * *Kaindl* Extrem Rechte in der Krise * *Demirovic* Wirtschaftskrise und Demokratie * *Stützle* Keynesianismus * *Boris/Schmalz* Machtverschiebungen in der Weltwirtschaft * *Al Taher/Ebenau* Indien und die Wirtschaftskrise * *van Dyk* Gegenstrategien als Systemressource?

PROKLA 156 * Ökologie in der Krise? (September 2009) * *Dietz/Wissen* Kapitalismus und „natürliche Grenzen" * *Swyngedouw* „Ökologie als neues Opium für's Volk" * *Bauhardt* Ressourcenpolitik und Geschlechtergerchtigkeit * *Brunnengräber* Prima Klima mit dem Markt? * *Mez/Schneider* Renaissance der Atomkraft? * *Pye* Biospritbankrott * *Wolf/Paust-Lassen/Peter* Neue Arbeitspolitik und politische Ökologie * *Brand* Grüner New Deal als magic bullet * *Friedman* Gewerkschaften in China und den USA

PROKLA 155 * Sozialismus? (Juni 2009) vergriffen

PROKLA 154 * Mit Steuern steuern (März 2009) * *Himpele/Recht* Möglichkeiten und Grenzen der Steuerpolitik * *Truger* Kosten von Steuersenkungen * *Krauss* Unternehmensbesteuerung * *Liebert* Steuerwettbewerb * *Schultheiss* Steuern und Familienmodelle * *Missbach* Schweiz als Steueroase * *Krätke* Finanzkrise des Staates * *Weber* Krise der Finanzmärkte * *Brangsch* Verstaatlichung in Krisenzeiten